ALTE ABENTEUERLICHE REISEBERICHTE

George Bogles Freund, der Teschu Lama (Pantschen Lama),
auf einem alten tibetischen Holzschnitt

George Bogle

Im Land der lebenden Buddhas

Entdeckungsreise in das
verschlossene Tibet
1774–1775

Mit einem Beitrag
von
Sven Hedin

Herausgegeben von Wolf-Dieter Grün

Mit 25 zeitgenössischen Abbildungen

Thienemann
Edition Erdmann

Die Abbildungen auf den inneren Umschlagseiten zeigen den Potala in Lhasa und eine mögliche frühe Ansicht von Teschu Lumbo.

Herausgeber und Verlag danken der Niedersächsischen Staats- und Universitätsbibliothek Göttingen und der Württembergischen Landesbibliothek Stuttgart für die freundliche Bereitstellung der Bildvorlagen.

Sven Hedin, Der Taschi Lama als Gast in Jehol.
Aus: Sven Hedin, *Jehol, die Kaiserstadt,*
F. A. Brockhaus, Leipzig 1932. (Der Abdruck erfolgte mit freundlicher Genehmigung des Verlages F. A. Brockhaus, Wiesbaden.)

CIP-Kurztitelaufnahme der Deutschen Bibliothek

Bogle, George:
Im Land der lebenden Buddhas: Entdeckungsreise
in d. verschlossene Tibet 1774–1775 / George Bogle.
Mit e. Beitr. von Sven Hedin. Hrsg. von Wolf-Dieter Grün.
Stuttgart: Thienemann, Edition Erdmann, 1984.
(Alte abenteuerliche Reiseberichte)
ISBN 3-522-60060-6

Umschlag- und Einbandgestaltung besorgten
Hilda und Manfred Salemke in Karlsruhe.
Gesetzt in der Garamond, zehn Punkt, von Utesch in Hamburg.
Gedruckt auf Salzer-Werkdruckpapier 90 g/qm und gebunden in Iris-Leinen
von Welsermühl in Wels/Oberösterreich.

Inhalt

Einführung des Herausgebers   7
Dokumente zur Vorgeschichte der Mission Bogles . . .   31

GEORGE BOGLES TAGEBUCH

Von Kalkutta nach Tassisudon   49
Tassisudon, die Hauptstadt von Bhutan   64
Geschichte und Regierung von Bhutan   80
Die Reise nach Tibet   92
In Descheripgay   119
Ritt von Descheripgay nach Teschu Lumbo   130
Teschu Lumbo   139
Ein Besuch auf einem tibetanischen Landsitz   163
Rückkehr von Tibet nach Bengalen   173

GEORGE BOGLES BERICHTE AN
WARREN HASTINGS

Verhandlungen in Bhutan   183
Eine Beschreibung Tibets   196
Der Handel von Tibet   201
Verhandlungen   208

Gespräche mit dem Teschu Lama in Teschu Lumbo . . 231
Die Episode mit dem Chauduri 266
Hauptbericht Bogles bei seiner Rückkehr aus Tibet . . . 273
Bogles Plan, den Teschu Lama in Peking zu treffen . . . 281

SVEN HEDINS BERICHT

Der Taschi Lama als Gast in Jehol 287

Worterklärungen 311
Literatur 314
Zeitgenössische Karte über die Reiseroute von Buxa-
Duar über Tassisudon nach Teschu Lumbo (aus Turner) 316

Einführung des Herausgebers

Tibet

Schon der Name dieses Landes läßt in unserer Vorstellung das Bild der höchsten Berge der Erde erstehen, denen es auch die Bezeichnung »Dach der Welt« verdankt: ein grandioses Hochgebirgspanorama mit den bis über 8000 Meter hoch aufragenden Bergriesen, den »Thronen der Götter« – ein Bild, das auch die Gipfelstürmer unserer Zeit mit bestimmt haben. Das heutige Tibet ist andererseits das Ergebnis einer vollkommenen Abschottung von der Außenwelt, zuletzt als Folge des Einmarsches der Chinesen im Jahre 1959. So bleibt nur der Blick von außen auf die Berge im Süden des Landes, die dort die Grenze bilden.

Eigentlich kann man auch heute noch nicht von Tibet behaupten, es sei erforscht. Daß wir keine »weißen Flecken« mehr auf den Landkarten haben, verdanken wir der Fernerkundung durch Satelliten, deren Bilder gute Grundlagen für die Erstellung von Landkarten liefern. Früher kam das Verschwinden solcher »weißen Flecken« oft durch die Großzügigkeit der Kartographen zustande, welche die auf den schmalen Pfaden der Reisenden gesammelten Beobachtungen zum Füllen kartographischer Wissenslücken verwandten.

Von einer wirklichen Erforschung kann man aber trotz verbesserter Landkarten nicht sprechen, denn ein Land wie Tibet besteht ja nicht nur aus dem Relief der Erdoberfläche, so imponierend diese auch immer sein mag. Ein Satellitenfoto vermittelt ebensowenig eine Vorstellung von den dort lebenden Menschen. Wirkliche Erforschung schließt aber auch den Menschen ein – bei einem derart verschlossenen Land wie Tibet eine sehr schwierige Aufgabe.

Frühere Reisende ließen sich nicht so weitgehend in ihrer Bewegungsfreiheit einengen, wie es heute möglich ist. Sie konnten deshalb ein vollständigeres Bild dieses Landes vermitteln: das Bild einer von der Religion geprägten Kultur, Bilder der zahllosen großen und kleinen Klöster in Lhasa, Schigatse, Kum-bum und an anderen Orten, Bilder von Nomaden, die mit ihren Herden durch das Hochland zogen...

Es stimmt, daß Tibet ein von Hochgebirgen geprägtes Land ist, das größte Hochland der Erde, mit über zwei Millionen Quadratkilometern mehr als achtmal so groß wie die Bundesrepublik Deutschland, durchschnittlich 4500 bis 5000 Meter hoch über dem Meer gelegen. Die nördliche Begrenzung bildet das Kun-lun-Gebirge, die südliche der Himalaya. Dazwischen liegt nicht, wie noch im vorigen Jahrhundert angenommen wurde, ein einheitliches Hochbecken, sondern dieses wird von zahlreichen, meist in west-östlicher Richtung verlaufenden Gebirgsketten durchzogen. Der größte Teil Tibets liegt über der Baumgrenze, die Vegetation ist dürftig, und dort ist nur nomadische Viehhaltung möglich. Wald gibt es nur in tiefen Tallagen, wo dann auch der Anbau von Obst und Getreide möglich ist.

Die *Autonome Region Tibet* (Xi-zang) der Volksrepublik China ist nur ein Teil dieses Hochlandes, Gebiete nördlich und östlich davon rechnen geographisch ebenfalls zu Tibet. Als politische Einheit erlebte dieses Land seine größte Ausdehnung im 7. und 8. Jahrhundert, als es von Khotan im Norden bis Nepal im Süden und Gilgit im Westen reichte. Schon damals lag der kulturelle Mittelpunkt in Lhasa, unweit des Flußtales des Tsangpo.

Zu Beginn dieser Zeit vollzog sich auch die Einführung des Buddhismus, der sich zu Ende des 8. Jahrhunderts zum Lamaismus in einer der heutigen ähnlichen Form wandelte. Wohl unter dem Einfluß der Eroberungen der Mongolen verfiel das Ansehen des Königtums in Tibet, und die Bedeutung der geistlichen Macht stieg. Kublai Khan erhob den Lama Pasepa (Pagpa Lodrö Gyältsen) zum Oberhaupt aller Lamas und verlegte damit den Schwerpunkt der religiösen Hierarchie seines Reiches nach Tibet.

Von besonderer Bedeutung war die von dem Mönch Tsongkapa bewirkte Reformation gegen Ende des 14. Jahrhunderts. Im Vordergrund stand dabei eine Reinigung des Glaubens und eine Rückbesinnung auf Buddha. Äußeres Zeichen war die Annahme des gelben Kleides und der gelben Mütze, da der Stifter dieser Religion nach der Überlieferung Gewänder der gleichen Farbe getragen hat. Die Anhänger dieser Bewegung wurden als »Gelbmützensekte« und die Gegner der Reformen als »Rotmützen«, entsprechend der Farbe ihrer Kleidung, bezeichnet. Auch die etwas in Vergessenheit geratene Ehelosigkeit der Priester wurde wieder eingeführt. Die »Gelbmützen« setzten sich in Tibet allgemein durch, sowohl der Dalai Lama als auch der Pantschen Lama gehören dieser Sekte an. »Rotmützen« gibt es zwar auch noch in Tibet, vorherrschend aber sind sie in Nepal, Sikkim und Bhutan. Für eine Gegnerschaft zwischen beiden Sekten finden sich auch bei Bogle an einigen Stellen deutliche Hinweise; er selbst bezeichnet sich als Anhänger der »Gelbmützen« (S. 177)!

Die Tibeter nennen sich selbst »Bod« und ihr Land »Bod-jul«; über die Bedeutung ist man sich nicht ganz einig, es könnte etwas mit »Buddha« zu tun haben, also »Land Buddhas« bedeuten. Noch im 18. Jahrhundert finden sich wegen der Ähnlichkeit häufig Verwechslungen zwischen »Bod-jul«, also Tibet, und »Bhutan«, z. B. in der *Erklärung von Warren Hastings an den Rat.*

9

Der von uns gebrauchte Name »Tibet« ist mongolischen Ursprungs; er lautete dort »T'ubod«. Von daher hat Marco Polo diese Bezeichnung mit nach Europa gebracht; er spricht von »Tebet«. Der Name findet sich allerdings erstmals bereits in den »Östlichen Reisen« des arabischen Kaufmanns Soleyman von 851.

Marco Polo hat Tibet nicht betreten, er berichtet nur, was er über dieses Land erfahren hat. Die ersten Europäer, die es bereist haben, waren Männer der Kirche, meist Missionare:

1325   der Franziskaner-Mönch Oderich von Pordenone, auf dem Rückweg von China nach Europa.

1624   gründete der Jesuit Antonio de Andrade mit einigen Brüdern in Tsaprang eine Missionsstation, die bis 1636 bestand.

1628   hatten die Jesuitenpatres João Cabral und Estevão Cacella für kurze Zeit in Shigatse eine Mission eingerichtet.

1661   durchquerten die Jesuiten Johann Grueber und Albert d'Orville Tibet auf dem Weg von China nach Indien. Sie erreichten im Oktober/November 1661 als erste Europäer Lhasa. Grueber zeichnete dort den Potala, den Palast des Dalai Lama, was bis 1904(!) die einzige Abbildung dieses Gebäudes blieb, die nach Europa gelangte. Wenn also in Büchern der Potala wiedergegeben war, dann lag diesen Bildern bis dahin immer die Zeichnung des Jesuiten zugrunde, zweieinhalb Jahrhunderte lang!

1707   gründeten Kapuziner-Mönche in Lhasa eine Mission, die bis 1711 bestand.

1716   kamen die Jesuiten Ippolito Desideri und Manoel Freyre ebenfalls nach Lhasa; Freyre reiste gleich weiter nach Indien, und Desideri blieb, bis er 1721 auf Beschwerden der Kapuziner vom Papst zurückberufen wurde; er ist der erste europäische Tibetologe.

1716 bis 1733 hielt sich Francisco Oracio della Penna als Leiter der Kapuziner-Mission in Lhasa auf.

1717 erreichte ein unbekannter Franzose Lhasa als erster Europäer, der kein Geistlicher war.

1725 bis 1736 reiste der holländische Abenteurer Samuel van de Putte von Europa über Persien, Indien und Tibet nach China und wieder zurück. 1731 erreichte er Lhasa. Aber alles, was uns von seinen Reisen geblieben ist, *war* eine grobe Kartenskizze, die im Zweiten Weltkrieg verbrannte. Er selbst hatte, bevor er 1745 starb, seine Tagebücher vernichtet!

1741 bis 1745 kehrte Francisco Oracio della Penna noch einmal nach Lhasa zurück.

1774 kamen George Bogle und Alexander Hamilton nach Tibet.

1783 reisten Samuel Turner, Samuel Davis und Robert Saunders mit dem gleichen Auftrag nach Tibet.

George Bogle war also der erste europäische Tibet-Reisende, der kein Missionar war und uns einen Reisebericht hinterlassen hat. Bei ihm verbanden sich diplomatisches Geschick, Toleranz und eine genaue Beobachtungsgabe mit der Bereitschaft, auch eine ganz fremde Sprache zu erlernen, was ihm zu einem guten Einblick in das Leben und Denken der Tibeter verhalf. Seine Vorgänger, die Missionare, zumeist Jesuiten, waren zwar auch hervorragende Beobachter, aber sie hatten ihren besonderen »Blickwinkel«, sie wollten die Bewohner zum *richtigen* Glauben, dem ihren nämlich, bekehren, und sie brachten den Sitten und Gebräuchen dieses Landes nicht viel Sympathie entgegen. Die verblüffend vielen Ähnlichkeiten zwischen der römisch-katholischen Kirche und dem Lamaismus, die viel später auch Ernst Schäfer, dem ersten Deutschen, der 1939 Lhasa betrat, auffielen, erschienen ihnen als Listen des Teufels, und so stellten sie es auch in ihren Schriften dar, die in Europa weite Verbreitung fanden und in vielem zuverlässige Quellen über dieses Land sind. Auch die in Tibet verbreitete Sitte der Polyandrie, der »Vielmännerei«, stieß bei den Gottesmännern natürlich auf schroffste Ablehnung.

Bogle sah es anders; auch wenn er vielleicht von seinen Zeitgenossen Rousseau, Voltaire oder Kant nie etwas gehört hatte, so war er doch von dem Geist der Zeitströmung, die wir als die »Aufklärung« bezeichnen und die ja ursprünglich von England ausgegangen war, deutlich beeinflußt. Er verfügt gleichfalls über diese Toleranz oder gar Achtung einer anderen Kultur gegenüber und die Kritikfähigkeit an der eigenen, wie sie gerade in den Reiseberichten seiner Zeit, aber auch in der Literatur ihren Ausdruck gefunden hat.

George Bogle

Am 26. November 1746 wurde George Bogle zu Daldowie, der Besitzung seines Vaters, unweit Bothwell am rechten Ufer des Clyde in Schottland, geboren. Er war das jüngste von neun Geschwistern, von denen allerdings zwei schon früh starben. Sein Vater, Kaufmann im nahegelegenen Glasgow, wurde zwischen 1737 und 1748 sechsmal zum *Lord Rector* der Universität gewählt.

Seine erste Schulbildung erhielt er im Elternhaus, anschließend besuchte er eine Schule in Haddington und entschloß sich dann, in die Fußstapfen seines Vaters zu treten und den Beruf eines Kaufmanns zu ergreifen. Er wollte entweder in das Kontor Bogle & Scott in London eintreten, an dem sein Bruder Robert beteiligt war, oder in das Handelshaus seines Bruders John, der sich in Falmouth am Rappahannock River in Virginia niedergelassen hatte. Aber zunächst mußte er seine Ausbildung verbessern. Dazu besuchte er von November 1760 bis 1761 die Universität in Edinburgh und studierte unter anderem Logik. Anschließend wurde er auf die Schule des Herrn Kinross in Enfield (nördlich von London) geschickt.

Im Dezember 1764 begleitete George Bogle einen kranken Freund nach Südfrankreich, der allerdings schon im Januar 1765 in Toulouse starb. Er bereiste das Land noch bis Juni, wurde dann aber von seinem ältesten Bruder Robert nach London zurückbeordert, um als Kommis (Handlungsgehilfe) im Kontor der Firma Bogle & Scott zu arbeiten. Vier Jahre blieb er dort und sammelte manche Geschäftserfahrung, die ihm später noch zugute kommen sollte.

Durch Vermittlung von Freunden erhielt er dann 1769 eine Stellung bei der Britischen Ostindischen Kompanie. An Bord des Indienfahrers »Vansittart« verließ er am 25. Januar 1770 England. George Bogle war jetzt 23 Jahre alt. Bei sich hatte er Kreditbriefe über eine ansehnliche Summe und Empfehlungsschreiben an die wichtigsten Persönlichkeiten Bengalens. Nach einer Reise von 206 Tagen ging er am 19. August in Kalkutta an Land.

Das Jahr 1770 war das Jahr einer fürchterlichen Hungersnot in Bengalen; fast ein Drittel der Bevölkerung des Landes verhungerte! Erschüttert über das unermeßliche Leid schrieb George Bogle im September an seinen Vater:

»Im vorigen Jahre fand eine Mißernte statt, wie sie hier seit Menschengedenken noch nicht vorgekommen war und die unsägliches Elend über die Einwohner gebracht hat. Diese Stadt (Kalkutta) war besser versorgt als die meisten andern, und doch hat sie entsetzlich gelitten. Der Gouverneur und der Rat hatten ein Getreidemagazin, aus dem sie während einiger Monate täglich 15 000 Menschen ernährten, und doch konnte dies nicht verhindern, daß Tausende aus Mangel umkamen und die Straßen mit den elendesten Geschöpfen angefüllt waren. An manchen Tagen wurden 150 Leichen aufgesammelt und in den Fluß geworfen. Auf dem Lande war die Not noch größer, da es weiter entfernt vom Meer ist und nicht so leicht von andern Ländern aus versorgt werden kann.

Kalkutta

Ganze Familien starben aus Hunger oder lebten von Baum-
blättern oder im Widerspruch zu ihrer Religion von animali-
scher Nahrung, manche sogar von Tierkadavern. Ihr Elend
ist ohnegleichen, und es schmerzt mich, daran zu denken.
Anderthalb Millionen Menschen sollen in den Provinzen, die
den Engländern gehören, verhungert sein. Aber eine Sache
muß jeden in Erstaunen setzen, der ein freies Land gewöhnt
ist: Die Einwohner sind von einer Trägheit und Gleichgültigkeit, die erstaunlich ist und die durch die Verzweiflung eher

14

noch vermehrt wird. Sie sind gestorben, ohne eine einzige
Anstrengung gemacht zu haben, sich Getreide durch Gewalt
oder auch durch eigene Mühe und Arbeit zu verschaffen.
Was gäbe es da bei uns Aufruhr und Erregung, wenn der
Preis des Getreides auf das Dreifache stiege, und hier war er
an vielen Orten das Hundertfache von dem, was er gewöhnlich ist.«

In einem späteren Brief vom 24. Oktober 1770 kam er auf
die Hungersnot zurück:

»Das Elend hat in gewissem Sinne dem Handel ein Ende gemacht, denn Getreide war einer der besten Exportartikel des Landes und brachte Geld in dasselbe; Tod und Ruin einer solchen Anzahl von Einwohnern muß notwendig die Baumwollmanufakturen schädigen, für die Bengalen in der ganzen Welt berühmt ist. Ich hoffe indessen, daß die Dinge bald wieder aufleben und die Bewohner, sowie sie von ihrem Elend befreit sind, wieder zu ihrem Gewerbe und ihren Manufakturen zurückkehren werden.«

Im Dezember schrieb er:

»Der Preis des Getreides ist sehr gefallen, und das Volk lebt wieder im Überfluß und ist zufrieden.«

In den nächsten Jahren war sein Schicksal eng mit dem der Britischen Ostindischen Kompanie verbunden. Ursprünglich war die 1600 gegründete Gesellschaft eine Organisation von Kaufleuten im Asienhandel. Ihre Privilegien mußten von der englischen Regierung in bestimmten Zeitabständen erneuert werden. Das verlief nicht immer ganz reibungslos. Oft genug wurden erhebliche Bestechungsgelder gezahlt, und die Regierung nutzte diese Gelegenheit, um ihren Einfluß auf die Gesellschaft zu vermehren. Im Laufe der Zeit wandelte sich die Handelskompanie in eine Kolonialgesellschaft; aus einer Gesellschaft mit festen Handelsplätzen wurde eine Territorialmacht. Um 1770 war sie faktisch zwar schon eine solche Kolonialmacht, organisatorisch aber immer noch eine Handelsgesellschaft. Die Folgen, die sich aus diesem Mißverhältnis ergaben, waren für alle Seiten fatal: ungeklärte Rechtsansprüche für die Inder, eine schlechtbezahlte, korrupte Verwaltung der Gesellschaft und eine fast endlose Folge von Übergriffen und Kriegen gegen eine ähnliche französische Gesellschaft und indische Fürsten. Auch die Hungersnot von 1770 dürfte wenigstens teilweise dieser Mißwirtschaft und der Plünderung dieses Landes zuzuschreiben sein.

George Bogle kam zum »Select Committee«, der *besonderen Kommission*, durch deren Hände alle politischen Angelegenheiten gingen, so daß er einen guten Einblick in die Verhältnisse der Besitzungen der Gesellschaft und deren äußeren Beziehungen erhielt. Gleichzeitig erlernte er fleißig Persisch, und schon nach einem Jahr war er in der Lage, einen in dieser Sprache abgefaßten Text zu lesen und ein Gespräch zu führen.

1772 stand die Ostindische Kompanie vor dem Bankrott; so entschloß man sich in London endlich zum Handeln. Man schickte Warren Hastings, der sich schon in anderen Aufgaben dieser Gesellschaft bewährt hatte, nach Bengalen und stellte ihn an die Spitze des dortigen Rates. Im Februar 1773 beschloß das Parlament gegen Widerstände der Gesellschaft dann eine grundlegende Änderung von deren Verfassung durch den *Regulating Act,* weil man nicht zu unrecht die Ursache vieler Mißstände in der bisherigen Verfassung vermutete. Warren Hastings wurde zum Generalgouverneur aller britischen Besitzungen in Indien ernannt, zu seinem Amtssitz wurde Kalkutta bestimmt. Es würde zu weit führen, hier im einzelnen die Art und Weise darzulegen, wie Warren Hastings in der folgenden Zeit die Mißstände in der Verwaltung und vor allem das bestehende Defizit beseitigte. Nur soviel – er war eine schillernde Persönlichkeit; die Gesellschaft war mit Geschick, Tatkraft und Ausdauer ihres obersten Repräsentanten in Kalkutta höchst zufrieden, denn der Generalgouverneur mit seinem weiten politischen Gewissen und seiner Rücksichtslosigkeit führte den ihm gestellten Auftrag glänzend aus. Den Herren im Parlament sträubten sich allerdings manchmal die Haare, denn recht oft, nach ihrer Meinung zu oft, heiligte der Zweck die Mittel.

Im Februar 1772 war Warren Hastings von Madras nach Kalkutta gekommen. George Bogle wurde am 10. Oktober 1772 zum zweiten Sekretär beim Finanzamt ernannt. Noch im gleichen Monat begleitete er den Gouverneur und einige Ratsmitglieder zu Staatsländereien, auf denen neue Arten der Verpachtung erprobt werden sollten. Die Aufgabe, die Bogle dabei hatte, brachte ihm viel Arbeit ein und wenig Lohn, aber der Gouverneur wurde auf den tüchtigen jungen Schotten aufmerksam.

Unterdessen erlitt das Geschäft seines Bruders Robert in London schwere Verluste. George Bogle schränkte sich in den folgenden Jahren sehr ein, um die auf dem väterlichen Landsitz Daldowie lastenden Schulden abzutragen. In vielen Briefen an seine Schwestern schrieb er immer wieder, wie sehr er an seinem Elternhaus hinge.

Am 9. März 1773 wurde er zum Registrator beim *Sadr Diwáni Adálat*, dem Berufungsgericht für Eingeborene, und bald danach zum Sekretär des *Select Committee* ernannt. Zu dieser Zeit schrieb er über den Gouverneur:

»Herr Hastings ist ein Mann, der in jeder Beziehung der ihm gestellten Aufgabe gewachsen ist. Er besitzt Beständigkeit und gleichzeitig Ausgeglichenheit des Charakters, in Geschäften ist er schnell und beharrlich. Er spricht eine gepflegte Sprache und er besitzt Kenntnis der Bräuche und des Wesens der Eingeborenen, deren Sprache er auch versteht, und obwohl nicht leutselig, so ist er doch für jeden zugänglich. Während seiner Verwaltung wurden viele Mißbräuche abgestellt, und viele nützliche Vorschriften wurden in jeder Abteilung der Verwaltung eingeführt. Die Eingeborenen besitzen ein Gesetzbuch, das viel älter ist als das von Justinian und das über die Zeiten hinweg überliefert wurde und auf das Engste mit ihrer Religion verflochten ist und den Sitten des Volkes, für das es geschaffen wurde, entspricht. Es ist zur Zeit eines der wichtigsten Ziele von Herrn Hastings, diese Gesetze wieder zu beleben, und einen Fortschritt in diese Richtung hat es durch ihre Übersetzung in die englische Sprache gegeben. Dieses Werk wird, wenn es beendet ist, Herrn Hastings großes Ansehen verleihen, und den Gerichtshöfen wird es eine ausgezeichnete Anleitung für Urteile geben, denn es befriedigt das Volk, das mit seinen eigenen Gesetzen und Gebräuchen sehr verbunden ist.«

Warren Hastings schätzte die Fähigkeit seines jungen Untergebenen gut ein. In seinen bisherigen Stellungen in der Gesellschaft war er mit politischen und wirtschaftlichen Fragestellungen vertraut gemacht worden; er hatte Persisch, eine wichtige Verkehrssprache dieser Region, erlernt. Zusammen mit dem persönlichen Eindruck, den der Gouverneur von ihm gewonnen hatte, ließ das George Bogle für heikle Aufgaben geeignet erscheinen.

Der unmittelbare Anlaß für seine Entsendung nach Tibet war ein Krieg mit dem Fürsten von Bhutan, für den sich, als britische Truppen sein Land besetzten, der Pantschen Lama (Bogle und seine Zeitgenossen sagten »Teschu Lama«) vermittelnd einsetzte. Hastings wies seine Truppen zur Räumung des besetzten Gebietes an, um mit dem geistlichen Herrn aus Tibet ins Gespräch zu kommen. Sein Ziel war die Belebung des fast zum Erliegen gekommenen Handels zwischen Tibet und Bengalen. Entsprechende Verträge sollte George Bogle aushandeln. *Das Weitere, die Reise und die Verhandlungen, sind Gegenstand der in diesem Buch abgedruckten Tagebücher und Berichte.*

Mitte Mai 1774 brach George Bogle mit dem Arzt Alexander Hamilton von Kalkutta auf. Sein erstes Ziel war Tassisudon (heute Tashihu-Jong), die Sommerresidenz des Rajahs von Bhutan. Schon auf dem Wege dorthin erhielt er einen Brief des Teschu Lama, der ihn bat, nach Bengalen zurückzukehren. Als Gründe führte er eine Blattern-Epidemie in Tibet an und daß er erst das Einverständnis des chinesischen Kaisers einholen müsse. Bei seinem Eintreffen in Tassisudon mußte sich Bogle die gleichen Begründungen vom Rajah von Bhutan noch einmal anhören. Weiterreisen *konnte* er also nicht, zurückreisen *wollte* er nicht, also *blieb* er und nutzte die Zeit erst einmal zu Verhandlungen, die die Verstärkung des Handels zwischen Tibet und Bengalen durch Bhutan zum Ziel hatten.

Nachdem im September endlich ein Brief des Teschu Lama

mit der Einreisegenehmigung eingetroffen war, brach Bogle am 13. Oktober nach Tibet auf. Zehn Tage später betrat er erstmals tibetischen Boden und gelangte am 8. November nach Descheripgay, wohin sich der Teschu Lama wegen der Blattern-Gefahr zurückgezogen hatte. Einen Monat später kehrte der Lama mit seinem ganzen Gefolge nach dreijähriger Abwesenheit in seine Residenz, das Kloster Teschu Lumbo bei Schigatse, zurück, und Bogle begleitete ihn. Dort lernte er auch die Familie des Lama kennen und schloß mit dessen Neffen Freundschaft. Durch seine Teilnahme am Leben im Kloster und sein gutes persönliches Verhältnis zur Familie des Teschu Lama – und auch, weil er jede Gelegenheit nutzte, die Landessprache zu erlernen – bekam er einen tiefen Eindruck von dem Leben und Denken der Tibeter. *So ergaben sich Unterhaltungen mit seinen Gastgebern, die über seinen Auftrag weit hinausgingen,* sie drehten sich sozusagen »um Gott und die Welt« und vergrößerten so seine Kenntnis, aber auch sein Verständnis dieser Kultur. In Begleitung der Neffen des Lama unternahm er auch Ausflüge in die Umgebung von Schigatse.

Seinen Auftrag, die Verkehrswege nach und durch Tibet zu öffnen, konnte er allerdings nicht erfüllen. Hier konnte ihm auch der Teschu Lama beim besten Willen nicht helfen, denn so weit reichten seine Macht und sein Einfluß nicht. Der Schlüssel zu diesem Problem lag irgendwo zwischen Lhasa, wo man die politischen Aktivitäten in Teschu Lumbo mit Mißtrauen betrachtete, und Peking, wo man gegen jede Öffnung der Grenzen war, zumal man an der Westgrenze des Reiches Schwierigkeiten mit dem vordringenden Rußland hatte und jetzt ähnliche Konflikte an der Südgrenze befürchtete – abgesehen von dem wirtschaftlichen Verlust, den die Versorgung Tibets mit Gütern aus Bengalen für China bedeutet hätte. George Bogle *mußte* also scheitern!

Am 7. April 1775 trat er die Rückreise an und erreichte Tassisudon einen Monat später. Dort setzte er die auf der

Hinreise begonnenen Verhandlungen fort und konnte schließlich einen Vertragsentwurf vorlegen.

Der Wert von Bogles Aufzeichnungen liegt in der Beschreibung des Lebens, in der Wiedergabe von Gesprächen, die – da sie nicht für eine Veröffentlichung gedacht waren – das lebendige Bild einer Kultur entstehen lassen. Hier ist nicht jedes Wort auf die Goldwaage gelegt worden, und er hat seinem Tagebuch manches anvertraut, was er in einer »endgültigen« Fassung wohl geändert hätte. Das hätte allerdings den Verlust der Unmittelbarkeit bedeutet, und gerade darin liegt der Reiz dieses Berichts. Was Bogle an Vorbildung für eine wissenschaftliche Mission mangelte, glich er durch genaue Beobachtung aus und durch die Unvoreingenommenheit gegenüber dem Fremden.

In tibetischen Quellen finden sich übrigens keine Hinweise auf George Bogles Auftrag. In der *Autobiographie des Dritten Teschu Lama* wird er an mehreren Stellen als *Bho-gol Saheb* oder *Acarya Bho-gol* erwähnt. Da es sich aber um ein offizielles Dokument handelt, wird die persönliche Beziehung nicht erwähnt. Es paßte ja auch nicht in die »politische Landschaft«, wie aus dem Beitrag von Sven Hedin deutlich hervorgeht (siehe S. 283 ff.).

Als Bogle aus Tibet zurückkehrte, wurde er das Opfer der Machtkämpfe zwischen dem Rat und dem Generalgouverneur; er verlor alle seine Stellungen, denn der Rat blockierte alle, die das Vertrauen Hastings' besaßen. Dennoch kam der Rat nicht umhin, ihm neben dem Ersatz seiner Ausgaben eine Belohnung von 15 000 Rupien (1500 Pfund Sterling) auszuzahlen und die Anerkennung des Rates auszusprechen.

Bald nach dem Tode eines Ratsmitgliedes, wodurch Hastings die Mehrheit im Rat gewann, wurde Bogle am 12. November 1776 zusammen mit David Anderson, einem Beamten, mit dem er befreundet war, zur Beaufsichtigung eines Amtes eingesetzt, das die Pachtverträge in den Provinzen der Kompanie neu regeln sollte. Daneben betreute Bogle fast eineinhalb Jahre lang als Prozeßbevollmächtigter die Rechtsangelegenheiten der Gesellschaft, eine schwierige, um nicht zu sagen aufreibende Arbeit.

Warren Hastings verlor nie seine Pläne einer Handelsbeziehung zwischen Tibet und Bengalen aus den Augen. So erhielt Bogle am 19. April 1779 den Auftrag, »wieder nach diesen Ländern zu gehen und die guten Beziehungen, die zwischen den Häuptern dieser Länder und der Regierung beständen, zu befestigen und zu erweitern und einen freien und dauernden Handelsverkehr mit Tibet und den anderen Staaten nördlich von Bengalen einzurichten«.

Im Laufe des Sommers traf dann die Nachricht ein, daß der Teschu Lama nach Peking gereist sei; die Mission Bogles wurde daher aufgeschoben. Der schrieb daraufhin ein Memorandum, in dem er vorschlug, daß er nach Peking reisen könnte, um mit dem Teschu Lama zu verhandeln (vgl. S. 281 ff.). Die Reise kam aber nicht zustande.

Statt dessen wurde er im September 1779 zum Steuerdirektor *(Collector)* von Rangpur ernannt, einem an der Straße nach Bhutan gelegenen Ort. Der Platz war wohl mit Bedacht gewählt. Bogle stand auch hier in ständigem Briefkontakt zu Hastings und anderen führenden Persönlichkeiten. Alle politischen Probleme wurden darin abgehandelt. Er verfolgte dort die handelspolitischen Ziele weiter, die ihn nach Tibet geführt hatten. 1780 hielt er eine Art Messe ab, über die er seinem Vater schrieb:

»Es war ein großes Zusammenströmen bhutanesischer Händler, die, da sie von allen Zöllen befreit waren und nach ihrem eigenen Ermessen kaufen und verkaufen konnten, sehr zufrieden wieder heimzogen.«

Da die Rangpur-Messe für viele Jahre eine feste Einrichtung blieb, muß sie sehr erfolgreich gewesen sein.

Am 16. Januar 1781 schrieb ihm Warren Hastings, daß er beabsichtige, in Kalkutta einen Steuerausschuß einzurichten, zu dem er neben zwei oder drei anderen auch ihn um seine

Teilnahme bitte. George Bogle nahm die neue Aufgabe an, fuhr nach Kalkutta und erkrankte dort. Am 3. April 1781 starb er im Alter von nur 34 Jahren.

Bei C. R. Markham, dem ersten Herausgeber dieses Reiseberichts, heißt es dann weiter: »Sein Schicksal zu betrauern, hinterließ George Bogle zwei Töchter namens Martha und Mary, die nach Schottland gebracht wurden...« Bei der sonstigen Vorliebe von Markham für genealogische Details verwundert es doch sehr, daß vorher noch nie von ihnen die Rede war und ihre Mutter mit keinem Wort erwähnt wird; dagegen werden ihre Nachfahren wieder genannt. Dieses Rätsel fand erst 1962 seine Aufklärung. H. E. Richardson schreibt auf Seite 65 in einem Buch »Tibet and its history«:

»1775 erreichte er (George Bogle) Taschi Lumpo (Teschu Lumbo) und hatte bald die Freundschaft des 3. Pantschen Lama und eine enge Vertrautheit mit dessen Familie gewonnen. Er heiratete eine Tibeterin, die als Schwester des Pantschen Lama beschrieben wird, mit der er zwei Töchter hatte. Die Mädchen wuchsen später in Bogles Elternhaus in Ayrshire auf, und jede heiratete einen schottischen Ehemann. Alle Hinweise auf Bogles tibetische Ehefrau scheinen unterdrückt worden zu sein, als seine Papiere für die Veröffentlichung bearbeitet wurden; aber seine Nachkommen, von denen noch mehrere in Großbritannien leben, sind stolz auf ihre Herkunft.«

Das ist also die Lösung. Es war mit den engen viktorianischen Moralvorstellungen Markhams oder der Familie nicht zu vereinbaren, diese sehr menschliche Tatsache auch nur zu erwähnen. Gleichzeitig wird deutlich, warum Bogle in seinen Briefen immer wieder seine Anhänglichkeit an den Teschu Lama erwähnt – er gehörte ja zur Familie, es war sein Schwager!

Ein halbes Jahr vor George Bogle war in Peking am 12. November 1780 der Teschu Lama gestorben – an den Blattern, wie es hieß. Sven Hedin hat die Wahrheit dieser

Annahme bezweifelt, und wenn man die Todesumstände vieler Großlamas betrachtet, erscheint es nicht unwahrscheinlich, daß er im Auftrag des chinesischen Kaisers vergiftet wurde.

Auch wenn die Voraussetzungen für die Aufnahme von Handelsbeziehungen zwischen Tibet und Bengalen nun denkbar ungünstig waren, gab Warren Hastings nicht auf. Er nutzte die erste sich bietende Gelegenheit, um wieder einen Angestellten der Kompanie nach Tibet zu senden. Diese bot sich, als aus Tibet die Nachricht von der Wiedergeburt des Teschu Lama eintraf.

Im Januar 1783 brach die aus Samuel Turner, einem jungen Verwandten des Generalgouverneurs, Samuel Davis, der später sogar zum Direktor der Britischen Ostindischen Kompanie aufstieg, und dem Arzt Robert Saunders bestehende Mission nach Tibet auf. Am 4. Dezember stand Turner dem Teschu Lama gegenüber – einem 18 Monate alten Kind. Man hatte ihm vorher gesagt, daß es – obwohl es nicht sprechen könne – doch alles verstehe. Es saß auf einem Berg von Kissen und hörte dem britischen Gesandten aufmerksam zu und nickte manchmal mit dem Kopf, als habe es jedes Wort verstanden. Turner war beeindruckt. Im März 1784 traf die Mission wieder in Bengalen ein.

Dem erst 1800 veröffentlichten Bericht Turners mangelt es im Vergleich zu dem Bogles an Frische und, trotz seines Umfangs, an Informationsreichtum. Obwohl den Zeitgenossen der Vergleich nicht möglich war, wurde doch schon bald nach dem Erscheinen des Buches Kritik laut. M. C. Sprengel bemängelte im Vorwort der gekürzten deutschen Ausgabe (auf S. XII) die unzureichende Vorbereitung, insbesondere, daß »er weder vor, noch nach der Reise einen von seinen Vorgängern zu Rate gezogen oder einmal Bogles literarischen Nachlaß angesehen habe«. Auch der Mangel an Sprachkenntnissen wurde hervorgehoben. *Die Turners Buch beigegebenen Kupfertafeln* waren nach Aquarellen von Samuel Davis gestochen worden; sie *wurden auch für das vorliegende Buch als Illustrationen verwendet* (siehe Literaturverzeichnis).

Als Warren Hastings 1785 nach England zurückkehrte, hatte er tatsächlich einen Gesandten in Tibet. Es war der Inder Purungir Gosain, der Gefährte Bogles, der dann mit dem Teschu Lama nach Peking gereist war und auch die zweite britische Gesandtschaft nach Tibet begleitet hatte.

Die Kompanie war mit Hastings' Diensten sehr zufrieden, nicht so das Parlament. Edmund Burke klagte ihn vor dem Unterhaus an, in Ostindien in tyrannischer Willkür gehandelt, riesige Geldsummen erpreßt und den Sturz mehrerer indischer Fürsten veranlaßt zu haben. Er wurde zwar 1795 freigesprochen, aber die Prozeßkosten hatten sein Vermögen verschlungen. Die dankbare Kompanie sicherte ihm durch eine Jahrespension von 4000 Pfund Sterling einen sorgenfreien Lebensabend.

Nach ihm hatten die Briten in Indien lange kein Interesse mehr an Beziehungen zu Tibet. Als 1788 eine Bitte um Hilfe gegen die Nepalesen, die nach Tibet eingedrungen waren, eintraf, lehnte Lord Cornwallis, Hastings' Nachfolger, sie ab. Die Chinesen nahmen ihre Chance war: Sie schickten Truppen nach Tibet und sicherten ihren Einfluß auf das Land, indem sie es verschlossen – praktisch bis heute.

Zur Edition

Schon Warren Hastings hätte es gerne gesehen, wenn der ihm so interessant erscheinende Bericht George Bogles veröffentlicht worden wäre. Um das in die Wege zu leiten, schrieb er am 7. August 1775 an den Philosophen Samuel Johnson:

»Als ich den Bericht Ihres Besuches der Hebriden las, konnte ich nicht umhin, zu wünschen, der Geist, der so viel Unterhaltung und Belehrung aus einer Gegend ziehen konnte, für welche die Natur und die Gesellschaft so wenig getan haben, hätte Herrn Bogle, den Verfasser dieses Tagebuches, beseelen können. Aber ich schmeichle mir, daß Sie dieses Tagebuch trotzdem nicht unwert finden dürften, von Ihnen gelesen zu werden. Ich muß gestehen, daß es mir viel Vergnügen bereitet hat, und ich bin überzeugt, daß, welche Originalität Sie auch in der Beschreibung der Länder und Völker, von denen es handelt, finden mögen, wenigstens der liebenswürdige Charakter des Lama Ihnen gefallen wird. Ich fürchte, daß es wie ein schlechtes Kompliment aussehen mag, wenn ich, nachdem ich Sie um die Annahme dieses Werkes gebeten habe, Ihnen sage, daß ich mir Mühe gegeben habe, den Verfasser zu bewegen, es in eine mehr zusammenhängende Form zu bringen und es mit einigen Zusätzen nach England zur Veröffentlichung zu senden. Wenn es nicht eine zu große Freiheit sein sollte, möchte ich Sie ersuchen, mir Ihre Ansicht über die Angemessenheit dieses Vorhabens mitzuteilen.«

Aber dieser Versuch, wie auch ein späterer durch einen Bruder Bogles, war vergebens; es gelang einfach nicht, den Bericht erscheinen zu lassen. Wie es weiterging, beschreibt Matthias Christian Sprengel im Vorwort zu seiner gekürzten Ausgabe der »Reisen nach Butan und Tibet vom Kapitain Samuel Turner« (S. XI):

»Für die Länderkunde ist es ein wahrer Verlust, daß Herr Bogle zu frühe starb, ehe er seine Bemerkungen ordnen und zur Presse bearbeiten konnte. Daher wir nur Fragmente derselben benutzen können. Diese bestehen in einer Nachricht von Tibet, die Herr Stewart aus Bogles Papieren in Bengalen sammelte und die von Sir John Priegle im 67ten Bande der Londoner philosophischen Transactionen eingerückt ward. Herr Schlözer hat sie im 28ten Bande seines Briefwechsels verdeutscht und mit vielen nützlichen Anmerkungen versehen. Sie ist aus dieser Quelle hernach mehreren periodischen Schriften einverleibt worden. Das andere Fragment hat uns Herr Crawfurd erhalten...« (Crawfurd: Sketches chiefly relating to History, Religion, Learning and Manners of the Hindoos. Part II, London 1792).

Der Rezensent von Turners Bericht in den *Allgemeinen Geographischen Ephemeriden* vermutete sogar, daß die Papiere nach dem Tode Bogles verloren gegangen seien.

Daß der Bericht nach genau 100 Jahren erstmals gedruckt werden konnte, verdanken wir einem Zufall: In der Bibliothek von Becca, einem Landsitz in Yorkshire, wurden Manuskripte gefunden, die offensichtlich Abschriften von Teilen des Tagebuchs und einiger Berichte George Bogles waren. Angefertigt hatte sie William Markham (der Großvater des ersten Herausgebers dieser Papiere Clements R. Markham), ein früherer Besitzer von Becca und 1778 bis 1781 Sekretär von Warren Hastings. Diese Entdeckung löste Nachforschungen aus, die zur Auffindung weiterer Manuskripte führten. Fundort war Daldowie, das Elternhaus Bogles. Alle seine Tagebücher, Memoranden, amtlichen und privaten Briefwechsel waren nach seinem Tode aus Kalkutta hierher gebracht worden, und die Familie hatte sie in einem großen Kasten sorgfältig aufbewahrt. Ein Band mit den Verhandlungen mit dem Deb Rajah und dem Teschu Lama war über Umwege 1833 ins Britische Museum gelangt.

Diese Menge von Papieren wurde von *Clements Robert Markham* gesichtet und bearbeitet sowie mit Anmerkungen versehen, so daß *1876* endlich, mit hundertjähriger Verspätung, der Bericht von George Bogles Reise nach Tibet erscheinen konnte. Weitere 33 Jahre dauerte es, bis er auch in deutscher Sprache vorlag, die *Übersetzung und Bearbeitung* sowie eine weitergehende Kommentierung durch Anmerkungen hatte der Diplomat und angesehene Ostasienkenner *Maximilian von Brandt* besorgt. *Hierauf beruht auch die vorliegende Ausgabe* (siehe Literaturverzeichnis). Der sprachliche Charakter dieser ersten deutschen Übertragung wurde auch in der jetzigen Edition im wesentlichen erhalten, da er dem Originaltext aus dem späten 18. Jahrhundert in besonderer Weise gerecht wird. Wo sich allerdings heutigem Verständnis überholte Ausdrucks- und Schreibweisen entgegenstellen, wurden diese dem modernen Gebrauch entsprechend bereinigt.

Die Fassung von 1909 (also die deutsche Übersetzung von Brandts) *wurde zudem jetzt vom Herausgeber noch einmal mit der 2. englischen Auflage (1879) verglichen und, wo es nötig erschien, verbessert und ergänzt.* Die Unmenge von Anmerkungen Markhams und von Brandts wurde stark eingeschränkt. Weggefallen sind vor allem die sehr ins Detail gehenden Hinweise auf andere Literatur und Vergleiche mit anderen Reisen. Da inzwischen weit mehr und bessere Literatur (siehe auch Literaturverzeichnis) zur Verfügung steht, erschienen sie entbehrlich. Die übrigen Anmerkungen wurden möglichst im Wortlaut belassen, denn auch ihre »Patina« hat einen Reiz. Es ist zugleich hier die Erhaltung des historischen Wissensstandes wichtig und interessant; nur dort, wo krasse Differenzen gegenüber heutigen Erkenntnissen Mißverständnisse auslösen könnten, wurden die Anmerkungen entsprechend aktualisiert. Die Kennzeichnungen *M* (für Clements Robert Markham, 1876), *B* (für Maximilian von Brandt, 1909) und *G* (Wolf-Dieter Grün, 1983) verweisen auf die ursprüngliche Herkunft der Erläuterungen.

Ein besonderes Problem ist die Schreibweise von Ortsnamen und Begriffen. Dafür ein Beispiel: Der Amtssitz des Teschu Lama heißt bei Bogle *Teschu Lumbo*, Sven Hedin schreibt *Taschi-lunpo*, Ernst Schäfer *Taschilumpo* oder *Taschilhumpo*, Heinrich Harrer *Traschi Lhünpo* usw. Es lag deshalb nahe, die von Bogle gewählten Bezeichnungen beizubehalten. Im Beitrag von Sven Hedin blieb die von Bogle abweichende Schreibweise erhalten, die geringen Abweichungen dürften keinem Leser Schwierigkeiten bereiten.

In der Textgestaltung wurden erstmals das Tagebuch und die Berichte an Warren Hastings getrennt. Der Ablauf des Geschehens wird dadurch übersichtlicher.

Entfallen ist in dieser Ausgabe das Kapitel »Anregungen, Bhutan und Assam betreffend«, da es weitgehend nicht auf eigener Anschauung beruht. Im Kapitel »Verhandlungen in Bhutan« wurden ausgelassen: 1) Brief Bogles an seine Schwester (er fehlte schon in der deutschen Ausgabe von 1909) und 2) Briefe von Warren Hastings an den Rajah von Bhutan. Am Ende des Kapitels »Rückkehr von Tibet nach Bengalen« entfielen die Briefe Bogles an Warren Hastings, die vor allem die Verhandlungen in Bhutan betreffen, und der Vertragsentwurf mit Bhutan. Der »Hauptbericht George Bogles« ist, wie schon in der deutschen Ausgabe von 1909, gekürzt, um Wiederholungen zu vermeiden. Der Vollständigkeit halber sei noch erwähnt, daß gegenüber der englischen Ausgabe von 1879 einige Briefe Bogles und Hastings' fehlen, die dort ganz oder auszugsweise im Vorwort abgedruckt sind. Gegenüber der deutschen Ausgabe von 1909 wurden einige Kapitel vervollständigt.

Bonn und Boppard, Oktober 1983

Wolf-Dieter Grün

Dokumente zur Vorgeschichte der
Mission Bogles

Brief des Teschu Lama an Warren Hastings
übergeben am 29. März 1774

Die Angelegenheiten auf dieser Seite sind in jeder Beziehung blühend. Ich bin Nacht und Tag mit Gebeten beschäftigt für die Zunahme Ihres Glücks und Wohlergehens. Reisende haben mich von Ihrem erhabenen Ruhm und Ruf unterrichtet, und mein Herz schwillt wie die Blume des Frühlings von Befriedigung, Freude und Entzücken. Preis sei Gott, daß der Stern Ihres Glücks im Aufsteigen ist; Preis ihm, daß Glück und Wohlsein meine und meiner Familie Begleiter sind. Weder zu belästigen, noch zu verfolgen ist mein Streben; es ist sogar das charakteristische Kennzeichen meiner Sekte, daß wir uns selbst der notwendigen Erquickung durch den Schlaf berauben, wenn einem einzigen Wesen Unrecht zugefügt wird. Aber man hat mich benachrichtigt, daß Sie uns in Gerechtigkeit und Menschlichkeit weit übertreffen. Mögen Sie immer den Sitz der Gerechtigkeit und der Macht zieren, damit die Menschheit, unter dem Schatten Ihres Busens, sich der Segnungen des Glücks und der Ruhe erfreuen könne. Lassen Sie mich sagen, daß ich der Rajah und Lama dieses Landes bin und über zahlreiche Untertanen herrsche, ein Umstand, über den Sie zweifellos durch Reisende aus diesen

Teilen des Landes unterrichtet worden sind. Ich bin wiederholt benachrichtigt worden, daß Sie mit dem Deb Judhur in Feindseligkeiten verwickelt gewesen sind, zu denen, wie man sagt, des Debs eigenes verbrecherisches Betragen die Veranlassung gewesen ist, indem er an Ihren Grenzen Verwüstungen und andere Ausschreitungen begangen hat. Da er einer rauhen und unwissenden Rasse angehört (die Vergangenheit ist nicht ohne Fälle gleichen schlechten Verhaltens, die sein eigener Geiz ihn zu begehen verführt hat), so ist es nicht unwahrscheinlich, daß er jetzt diese Vorkommnisse erneuert hat; die Verwüstungen und Plünderungen, die er an den Grenzen der Provinzen Bengalen und Bahar verübt haben mag, sind für Sie die Veranlassung gewesen, Ihre Rachearmee gegen ihn zu entsenden. Nun ist jedoch seine Partei geschlagen worden, viele von seinen Leuten sind getötet, drei Forts ihm weggenommen worden, und er hat die Strafe erlitten, die er verdiente: Es ist so klar wie die Sonne, daß Ihre Armee siegreich gewesen ist, und daß, wenn Sie dies gewünscht gehabt, Sie ihn in zwei Tagen hätten ausrotten können, da er keine Macht besaß, Ihren Bemühungen zu widerstehen. Aber ich nehme es jetzt auf mich, sein Vermittler zu sein und Ihnen vorzustellen, daß, da der erwähnte Deb Rajah ein Untertan des Dalai Lama ist, der in diesem Lande mit unumschränkter Macht regiert (da er jedoch noch minderjährig ist, sind die Regierung und Verwaltung für den Augenblick mir übertragen), es den Lama und seine Untertanen gegen Sie aufbringen würde, wenn Sie fortführen, den Deb Rajah weiter zu belästigen. Ich wende mich daher mit dem Ersuchen an Sie, daß Sie mit Rücksicht auf unsere Religion und Gebräuche mit allen Feindseligkeiten gegen ihn aufhören wollen: Indem Sie so handeln, werden Sie mir die größte Gunst und Freundschaft erweisen. Ich habe dem Deb sein früheres Verhalten verwiesen und ihn ermahnt, in Zukunft von seinen üblen Gewohnheiten zu lassen und sich in allen Angelegenheiten Ihnen zu unterwerfen. Ich bin überzeugt, daß er dem Rat, den ich ihm gegeben, nachkommen wird, und es wird daher notwendig sein, daß Sie ihn mit Nachsicht und Milde behandeln. Was mich anbetrifft, so bin ich ein Bettelmönch, und es ist die Sitte unserer Sekte, mit dem Rosenkranz in den Händen für die Wohlfahrt der Menschheit zu beten und für den Frieden und das Glück der Bewohner dieses Landes. Und ich flehe Sie jetzt mit entblößtem Haupte an, in Zukunft alle Feindseligkeiten gegen den Deb zu unterlassen. Es würde überflüssig sein, der Länge dieses Schreibens etwas hinzuzufügen, da der Überbringer desselben, der ein Gosain ist, Ihnen alle Einzelheiten unterbreiten wird, und ich hoffe, daß Sie darin willfährig sein werden. In diesem Lande ist die Anbetung des Allmächtigen die Aufgabe aller. Wir armen Geschöpfe sind nichts im Vergleich mit Ihnen. Ich habe einige Kleinigkeiten bei der Hand, die ich Ihnen als Erinnerung sende, und hoffe, daß Sie sie annehmen werden.

Erklärung von Warren Hastings an den Rat über die Entsendung George Bogles nach Tibet

4. Mai 1774

Der Präsident benachrichtigt den Rat, daß er, seitdem er das Schreiben des Teschu Lama von Tibet demselben vorgelegt, dem Lama geantwortet und neben anderen Dingen den Abschluß eines allgemeinen Freundschafts- und Handelsvertrags zwischen den beiden Staaten Bengalen und Bhutan (d. h. Bhot, Tibet)[1] vorgeschlagen hat. Er erlaubt sich zu bemerken, daß ein solcher Vertrag stets ein Lieblingsgedanke unserer Ehrenwerten Herren[2] gewesen ist, und daß dieselben wiederholt die Herstellung eines Verkehrs mit diesem Lande

---

1 Warren Hastings gebraucht hier wie öfter Bhutan, um Tibet zu bezeichnen, während dessen Name Bhot ist. (M)
2 Der Britischen Ostindischen Gesellschaft. (M)

empfohlen haben. Die gegenwärtige Gelegenheit schien ihm die günstigste, die sich bis jetzt geboten, diese Ansichten weiter zu verfolgen.

Das Schreiben des Lama lädt uns zur Freundschaft ein, und die kürzlich erfolgte endgültige Beilegung der Grenzstreitigkeiten macht uns das Land zugänglich ohne Gefahr für die Personen und Effekten der Reisenden. Der Vertrag von Kuch Bahar[3] war daher kaum unterzeichnet und ratifiziert, als der Präsident ernsthaft daran dachte, diesen Plan zur Ausführung zu bringen, und da er glaubte, daß es das beste sein würde, einen Europäer und Beamten der Gesellschaft mit der Führung der Verhandlungen statt eines Eingeborenen zu betrauen, schrieb er sofort wegen der erforderlichen Pässe, die er, wie er zur Kenntnis des Rats bringt, nun erhalten hat. Die Person, die er für diese Vertrauensaufgabe ausgewählt hat, ist Herr George Bogle, ein Beamter der Gesellschaft, der dem Rat wegen seiner Intelligenz, Arbeitsamkeit und Genauigkeit in allen Angelegenheiten wohlbekannt ist; der Präsident erwartet ferner, vielen Vorteil in der Behandlung der Angelegenheit aus der Ruhe und Mäßigung zu ziehen, die Herr Bogle in hohem Maße zu besitzen scheint. Er schlägt vor, daß der Abgesandte ohne Zeitverlust aufbrechen solle, und übernimmt es, denselben mit den erforderlichen Weisungen und Depeschen zu versehen. Er hofft, daß der Rat diese Wahl

3 Der Vertrag zwischen der Ostindischen Gesellschaft und dem Deb Rajah von Bhutan wurde am 25. April 1774 unterzeichnet. Die Engländer gaben ihm alles Gebiet zurück, das er vor dem Kriege mit dem Rajah von Kuch Bahar besessen hatte, aber für Chichakotta mußte er einen jährlichen Tribut von fünf Tangun-Ponies entrichten. Der Deb Rajah verpflichtete sich außerdem, den Rajah von Kuch Bahar und seinen Bruder, die gefangen fortgeführt worden waren, freizulassen, weitere Einfälle in das Gebiet der Gesellschaft zu verhindern und alle Untertanen der Gesellschaft, die sich in seinem Gebiet befänden, auf deren Verlangen herauszugeben. Die Gesellschaft gestand dagegen den bhutanischen Kaufleuten zu, jährlich mit ihren Karawanen Rangpur besuchen zu dürfen, ohne Zölle bezahlen zu müssen. (M)

billigen werde, und da Herr Bogle diesen schwierigen und gefährlichen Auftrag übernimmt, ohne irgendeine augenblickliche Aussicht auf Vorteil für sich und mit großer Ungewißheit, was den Erfolg anbetrifft, so möchte der Präsident dem Rat empfehlen, daß er im Besitz der Posten gelassen werde, die er augenblicklich in der Provinz bekleidet, und ihm gestattet werde, sich durch einen Ersatzmann bis zu seiner Rückkehr, oder bis es für angemessen erachtet wird, ihn in anderer Weise zu verwenden, vertreten zu lassen. Der Präsident benachrichtigt den Rat ferner, daß er den Assistenzarzt im Dienst der Gesellschaft, Herrn Alexander Hamilton, beauftragt habe, Herrn Bogle auf dieser Mission zu begleiten.

Der Präsident hat nur noch zu bemerken, daß er weit entfernt davon ist, in seinen Hoffnungen auf Erfolg euphorisch zu sein, aber die gegenwärtige Gelegenheit scheint zu günstig für den Versuch, um sie zu vernachlässigen. Er kann dem Rat die Versicherung geben, daß die Nachrichten, die es ihm möglich gewesen ist sich über das Volk, das Land und die Regierung von Tibet zu verschaffen, sehr ermutigend für das Unternehmen sind. Die Tibetaner werden als ein einfaches, wohlgesinntes, zahlreiches und arbeitsames Volk geschildert, das unter einer wohlgeordneten Regierung lebt und viel Verkehr mit anderen Nationen, besonders mit den Chinesen und nördlichen Tataren hat und in seiner Heimat die hauptsächlichsten Mittel für den Handel, Gold und Silber, in Menge besitzt. Für die besondere Information des Rats fügt er dieser Auseinandersetzung das Wesentlichste dieser Nachrichten bei, die, da sie in den Akten ist, auch unseren Ehrenwerten Herren die Gründe für das gegenwärtige Unternehmen, was immer sein Ausfall sein möge, klarlegen und ihnen ermöglichen wird, zu beurteilen, inwieweit es ratsam erscheinen möge, es später weiter zu verfolgen.

Er fügt gleichzeitig ein Verzeichnis der Artikel bei, die er Herrn Bogle beauftragt hat, als Geschenke für den Lama oder als Proben der Waren, die dieses Land zu liefern imstande ist, mitzunehmen, und er beantragt, daß der Rat anordnen möge, daß der erforderliche Betrag von der Kasse bezahlt werde.

Brief von Warren Hastings an das Direktorium der Ostindischen Kompanie in London

Der Präsident, der ein Schreiben des Teschu Lama erhalten hat, der der Vormund und Minister des Dalai Lama, des Herrschers und Oberpriesters von ganz Tibet, ist, hält dies für eine passende Gelegenheit, einen Verkehr zwischen jenen Ländern und Bengalen durch Herrn Bogle zu eröffnen, dessen Verdienste und Fähigkeiten wir Ihnen gegenüber häufig erwähnt haben und der durch seine Geduld, Pünktlichkeit und Intelligenz besonders geeignet für diese Aufgabe erscheint. Herr Bogle wird daher an den Lama mit einem Schreiben und Geschenken und Proben von Waren, die sich dort am besten verkaufen dürften, entsandt werden. Der Assistenzarzt, Herr Hamilton, wird ihn begleiten, aber die große Länge der Reise und die natürlichen durch die Rauheit des Klimas und die Unwirtlichkeit des Landes verursachten Schwierigkeiten, denen Herr Bogle begegnen wird, werden es lange dauern lassen, bis wir von ihm hören.

Die Ernennung Bogles

Sir!
Nachdem ich Sie zu meinem Vertreter beim Teschu Lama, dem Herrscher von Tibet, ernannt habe, wünsche ich nun, daß Sie sich nach Lhasa, seiner Hauptstadt, begeben und ihm das Schreiben und die Geschenke übergeben, die ich Ihnen habe zugehen lassen.
Der Zweck Ihrer Sendung ist, einen gegenseitigen und

gleichen Handelsverkehr zwischen den Einwohnern von Tibet und Bengalen zu eröffnen; Sie werden sich von Ihrem eigenen Urteil in betreff der bei den Verhandlungen anzuwendenden Mittel, die Ihnen für diesen Zweck am passendsten erscheinen, leiten lassen.

Sie werden die auf der beifolgenden Liste angegebenen Proben von solchen Handelsartikeln mitnehmen, die von hier nach dort ausgeführt werden können, und Sie werden die Transportkosten für die einzelnen Arten so genau wie möglich aufzeichnen.

Sie werden Auskunft darüber einziehen, welche andern Artikel vorteilhaft bei diesem Handel Verwendung finden können, und Sie werden sich genau darüber unterrichten, welche Fabrikate, Produkte, Güter aus anderen Ländern in Tibet beschafft werden können, besonders solche von großem Werte, die leicht zu transportieren sind, wie Gold, Silber, Edelsteine, Moschus, Rhabarber, Munjit[4] usw.

Die folgenden Punkte werden sich ebenfalls zur Einziehung von Informationen eignen: die Art des Wegs zwischen der Grenze von Bengalen und Lhasa und der dazwischen liegenden Gegend, die Verbindungen zwischen Lhasa und den benachbarten Ländern, ihre Regierung, Revenuen und Sitten.

Alle Beobachtungen, die Sie über diese oder andere Gegenstände machen, ob es sich um nützliche Kenntnisse oder sonderbare Eigentümlichkeiten handelt, ersuche ich Sie, mir von Zeit zu Zeit mitzuteilen, wenn Sie über die Fortschritte Ihrer Verhandlungen berichten.

Die Dauer Ihres Aufenthaltes zu bestimmen, muß ich Ihnen überlassen. Ich wünsche, daß Sie lange genug bleiben, um den Zweck Ihrer Sendung zu erfüllen und eine vollständige Kenntnis des Landes und der Punkte, über die Sie Erkun-

---

4 Rubla mungista, eine zum Färben und als Medizin gebrauchte Krappart (Pflanze). (M)

digungen einziehen sollen, zu erlangen. Wenn Sie es für vorteilhaft halten sollten, daß eine dauernde Vertretung in Lhasa eingerichtet werde, ohne dadurch der Gesellschaft größere Ausgaben zu veranlassen, als ihr durch die später daraus erwachsenden Vorteile ersetzt werden würden, so ergreifen Sie die erste Gelegenheit, mich davon in Kenntnis zu setzen; und wenn Sie es notwendig finden sollten, abzureisen, bevor Sie meine Befehle über diesen Punkt erhalten haben, so können Sie solche Personen, die Sie für geeignet halten, als Ihre Agenten zurücklassen, bis ein geeigneter Resident ernannt werden kann, und Sie werden den Lama um Erlaubnis und die erforderlichen Pässe für die Person bitten, die später in diesem Charakter geschickt werden könnte.

Sie werden für Ihre Ausgaben auf mich ziehen, und Ihre Wechsel werden regelmäßig honoriert werden. Ich kann Ihnen darin keine Grenze setzen, sondern ermächtige Sie, nach Ihrem eigenen Ermessen zu handeln, da ich weiß, daß ich Ihnen nicht eine genaue Einfachheit und Sparsamkeit zu empfehlen brauche, wo das Interesse des Dienstes, in dem Sie sich befinden, nicht eine Abweichung von diesen Regeln notwendig macht.

Ich bin, Sir,

Ihr sehr gehorsamer Diener

Warren Hastings.

Herrn George Bogle.

P. S. Ich habe den Assistenzarzt Herrn Alexander Hamilton ernannt, um Sie auf Ihrer Sendung zu begleiten.

Private Aufträge für Herrn Bogle

Fort William, 16. Mai 1774.

1. Mir ein oder mehrere Paare von den Tieren zu schicken, die Tus[5] heißen, die die Schalwolle produzieren. Falls sie durch einen Wagen, Tragstuhl oder anderes Mittel vor den Mühen und Gefahren des Wegs bewahrt werden können, spielen die Kosten keine Rolle.

2. Ein oder mehrere Paare von den Rindern zu senden, die haben, was man einen Kuhschwanz nennt.[6]

3. Mir sorgfältig verpackt einige frische reife Walnüsse für Samen zu senden, oder eine ganze Pflanze, falls sie transportiert werden kann; ebenso andere seltene oder wertvolle Samen oder Pflanzen, besonders von Rhabarber und Ginseng.

4. Irgendwelche Kuriositäten, mögen sie natürliche Produkte, Manufakturen oder Malereien sein, oder was sonst Personen von Geschmack in England annehmbar erscheinen könnte. Tiere nur, wenn sie nützlich sind, sonst nur, wenn sie merkwürdig sein sollten.

5. Bei Ihren Erkundigungen über dies Volk sind die Form seiner Regierung und die Art der Erhebung der Einnahmen Punkte, die Ihre Aufmerksamkeit hauptsächlich verdienen.

6. Ein Tagebuch zu führen, in das Sie alles, was Sie sehen, eintragen, das charakteristisch für das Volk, das Land, das

5 Unzweifelhaft die Kaschmirziege, aus deren dichter Unterwolle die berühmten Schals gemacht werden. Nach L. A. Waddell in »Lhasa and its mysteries« würde die Schalwolle oder »Pashm« auch aus der verfilzten seidenartigen Unterwolle der Yaks, wenn sie im Frühjahr ihr Winterhaar verlieren, oder der Ziegen und Schafe gewonnen werden. (B)

6 D. h. des Yaks (Bos grunnicus), der am Kopf und oberen Teil des Rumpfes kurzhaarig, an den Seiten, auf der Brust und am Schwanz lange Haare hat. Er wird von den Tibetanern als Milch-, Fleisch- und Lasttier benutzt und ist als Haustier kleiner und oft weiß oder gescheckt, während der wilde Yak (Poëphagus grunnicus) größer und einförmig schwarzbraun ist. (B)

Klima oder die Wege, seine Sitten, Gewohnheiten, Gebäude, die Bereitung der Speisen ist oder Bedeutung für den Handel des Landes hat. Sie müssen einen Bleistift und ein Taschenbuch bei sich haben, um augenblicklich kurze Notizen über jede Tatsache oder Bemerkung, wie sie ihnen vorkommen, zu machen, die Sie später in Ruhe in Ordnung bringen können, solange Sie sie noch frisch im Gedächtnis haben.

7. Sich über die Länder zu unterrichten, die zwischen Lhasa und Sibirien liegen, und welche Verbindungen zwischen ihnen bestehen. Dasselbe mit Bezug auf Kaschmir und China zu tun.

8. Den Wert ihres Handels mit Bengalen in Erfahrung zu bringen nach ihren Gold- und Silbermünzen und mir Proben von beiden zu senden.

9. Jede Nation leistet in einer besonderen Wissenschaft Ausgezeichnetes. Herauszufinden, worin sich die Tibetaner auszeichnen.

10. Sich über den Lauf des Brahmaputra und die Schiffahrt auf demselben zu unterrichten, sowie über den Zustand der Länder, die er durchströmt.

Warren Hastings.

*Memorandum über Tibet von Warren Hastings,
das den Instruktionen für Bogle beigefügt war*

Tibet ist ein kaltes, hohes, bergiges Land. Die Einwohner ähneln in ihrer Gestalt mehr den Persern und anderen Bewohnern Westindiens als ihren Nachbarn, den Chinesen, Hindus und Tataren.

Es scheint, daß Tibet aus einer großen Verschiedenheit von Stämmen besteht, die mehr oder weniger ein Hirtenleben führten. Von Zeit zu Zeit scheinen sie sich in starke Bünde vereinigt zu haben und ihren Nachbarn gefährlich geworden zu sein. Zu andern Zeiten, wenn getrennt, wurden sie die

Yak, von Bogle »kuhschwänziges Rind« genannt

Beute der Einfälle der Tataren oder der Politik und der Macht
der Chinesen. Der Kaukasus bildete im Süden eine Barriere,
die beide, Hindustan und Tibet, gegen gefährliche Feindseligkeiten von dieser Seite schützte.

Im 4. Jahrhundert unterwarf der Typa-Bund der Tataren
den Norden und Osten von Tibet.[7] Im 8. und 9. Jahrhundert,
als der tatarische Bund der Türken schwach wurde, war die
Macht der Nationen, die heute die Oberherrschaft des Dalai
Lama anerkennen, sehr groß. Manchmal drangen sie bis ins

7 Etwa das nördliche Wei (Dynastie der Toba) das 386 von Topa-Kuei
gegründet wurde und Mitte des 6. Jahrhunderts unterging. Nach Bushell
»The early history of Tibet« würde der Zusammenhang mit der südlichen
Liang-Dynastie, die 397 n. Chr. durch einen Abkömmling der Toba-
Familie gegründet wurde, der auch die Herrscher der späteren (nördlichen)
Wei-Dynastie angehörten, nur ein auf die Ähnlichkeit der Laute gegründe-
ter Mythos sein. (B)

Herz von China vor, aber zu anderen Zeiten benutzten die Chinesen ihre Zerwürfnisse, um das wieder zu gewinnen, was sie verloren gehabt hatten.

1102 scheint der Häuptling von Groß-Tibet in Lhasa residiert zu haben. Er fand es damals notwendig, Lama zu werden, um seine Autorität über die verschiedenen Stämme zu stärken, die ihn zu ihrem Führer erhoben hatten, und es wird gesagt, daß er aus denselben Gründen 1125 ein Vasall des chinesischen Reiches geworden sei.

Im 13. Jahrhundert überrannte der tatarische Bund der Mongolen unter Mangu Khan Tibet, und bald darauf teilte Kublai Khan, der sowohl Kaiser von China als Chef der Mongolen war, es in Provinzen und gab dem Lama von Lhasa den Königstitel.[8] Als die mongolischen Fürsten aus China vertrieben wurden, gab der Kaiser Yunglo der Ming-Dynastie, der ihnen nachfolgte, 1373 den Königstitel acht weiteren Lamas von Tibet. 1426 nahmen dieselben den Titel von Groß-Lamas und dann, oder etwas später, der Lama von Lhasa zur Unterscheidung den Titel »Dalai Lama« an. Endlich finden wir, daß der chinesische Kaiser Kanghi 1705 einen Dalai Lama ernannte, von dem gesagt wird, daß er der sechste gewesen sei, der diesen Titel getragen habe.

Es geschah in der Mitte des 15. Jahrhunderts, daß der Dalai Lama von Bhutan (Bhot) oder Größer-Tibet zum ersten Male einen Typa Lama[9] zur Wahrnehmung der weltlichen Angelegenheiten ernannte. Die letzten Beziehungen zwischen der Präsidentschaft von Bengalen und Bhutan zeigen, daß das Amt des Typa noch fortbesteht und in der Tat die Regierung des Staats umfaßt. Es ist nicht wahrscheinlich, daß der Dalai Lama die Macht behalten hat, zu diesem Amt zu ernennen.

8 Es war der Oberpriester oder Abt des Rotmützen-Klosters zu Sakya in West-Tibet, der schon als kleiner Fürst in seinem Gebiet 1252 zum König über das ganze Tibet gemacht wurde. (B)

9 Der Typa Lama ist der Guru oder Lehrer des jungen Dalai Lama. (M)

Obgleich die chinesischen Geschichtsschreiber ihren Kaisern die Macht zuschreiben, den Dalai Lama zu ernennen, folgt daraus nicht, daß diese Ernennung mehr bedeute als die bloße Anerkennung oder Bestätigung einer Ernennung durch die Lamas oder die tibetanischen Stämme. Es scheint auch nicht unwahrscheinlich, daß der Typa Lama durch die Priester gewählt werde. Es wird wenigstens allgemein gesagt, daß die Häuptlinge der tibetanischen Stämme, die eine Art von Oberherrschaft des Dalai Lama anerkennen, alle durch die Priester oder Lamas gewählt werden, während der Adel zu gleicher Zeit einen gewissen Einfluß auf die Wahl ausübe.

Eine eigentümliche Vorsichtsmaßregel gegen Nachfolge in der Häuptlingsmacht durch Geburt wird diesen Stämmen zugeschrieben. Sobald ein neuer Häuptling gewählt worden ist, sollen sein Weib und seine Kinder für immer von ihm getrennt werden. Ich habe nie gehört, was mit ihnen geschehe oder ob dem Häuptling nach seiner Wahl der Verkehr mit Frauen verboten werde. Wenn die Einrichtung tatsächlich bestehen sollte, so beweist sie einen großen Fortschritt in politischen Einrichtungen. Kräftige Menschen haben keine Furcht, ihre Unabhängigkeit zu verlieren; Leute werden erst eifersüchtig auf ihre Freiheit, wenn sie anfangen, an ihrer Entschlossenheit zu zweifeln, sie bewahren zu können.

Die Religion und die Hierarchie, die in Tibet bestehen, sind indessen ein Gegenstand großen Interesses. Es wird erzählt, daß der Dalai Lama eine Fleischwerdung des Gesetzgeber-Propheten oder Gottes Buddha oder Fo sei, der über ganz Hindustan seinen Namen (wie Thaut oder Merkur, der Prophet-Gesetzgeber und Gott der Ägypter, dem Planeten Merkur und dem 4. Tage der Woche) gibt. Wenn der Dalai Lama stirbt, soll ein Kind ausgewählt werden, das gewisse Zeichen besitzt, die erkennen lassen, daß die Seele des Verstorbenen auf dasselbe übergegangen sei, und die neue Manifestation des Gottes wird sofort anerkannt.

Unter den verschiedenen tatarischen Stämmen, die dieser

Religion angehören, gibt es Leute, die als Ku-tchuk-tus[10] bezeichnet und gleichfalls für lebende Buddhas gehalten werden. Es wird indessen gesagt, daß, obgleich jeder Stamm seinem eigenen Ku-tchuk-tu besondere Ehrfurcht bezeige, die Göttlichkeit derer anderer Stämme nicht weniger anerkannt werde, und es wird sogar behauptet, daß die Ku-tchuk-tus die größere Heiligkeit des Dalai Lama anerkennen, dessen Exkremente als Amulette zu hohen Preisen unter allen tatarischen Stämmen verkauft werden, die dieser Religion angehören. Ich habe bereits erwähnt, daß es nicht weniger als acht Lamas unter dem Dalai Lama in Tibet gibt, die den Königstitel haben und Groß-Lamas genannt werden. Aber ich weiß nicht, ob diese auch als Inkarnationen der Gottheit ausgegeben werden und in welchem Abhängigkeitsverhältnis sie zum Dalai Lama stehen. Alle Nachrichten mit Bezug auf das Alter und Glaubensbekenntnis dieser Religion ebenso wie über die weltliche und geistliche Herrschaft der Lamas würden von größtem Interesse sein.

Es würde ebenfalls erwünscht sein, Nachrichten über den Status von Tibet gegenüber China und der Tatarei zu erhalten. Mir ist gesagt worden, daß ein großer Fluß die Grenze zwischen China und Tibet bildet, der sorgsam von Truppen der beiden Länder bewacht werde, und daß Tibet europäische Waren über das Tal von Kaschmir empfange. Aber ich habe nichts über diese Gegenstände erfahren, was mich befriedigt hätte, nicht einmal, ob Kaschmir und Klein-Tibet jetzt von Bhutan d. h. Bhot oder Größer-Tibet abhängen oder ob der Dalai Lama noch ein Vasall von China ist.

10 'Hut'ukht'u, d. h. Heilige, gewöhnlich lebende Buddhas genannt, Inkarnationen früherer Heiliger, gibt es nach der von der Mongolischen Oberaufsichtsstelle geführten Liste 160, zu denen als erste der Dalai und Pantschen (Teschu) Lama gehören; 30 von ihnen residieren in Tibet, 19 in der nördlichen, 57 in der südlichen Mongolei, 35 im Kokonor-Gebiet, fünf im Chamdo, an der chinesischen (Szechuan) Grenze und 14 in und bei Peking. (B)

Man sagt, daß es in Tibet sehr gewöhnlich sei, daß eine Dame mehrere Männer habe. Ich möchte wissen, ob dieser Gebrauch in allen Klassen der Gesellschaft besteht und ob diese Ehemänner, die alle Verkehr mit einem Weibe haben, nicht zugleich andere Weiber haben, die ihre Frauen sind, mit denen sie ebenfalls gemeinschaftlich Verkehr unterhalten. In anderen Ländern kommen Fälle vor, daß, obgleich jeder Mann in der Familie eine Frau hat, die besonders seine eigene ist, alle Männer in der Familie zugleich Verkehr mit allen Frauen unterhalten. Das ist vielleicht auch der Fall in Tibet, und wenn wir etwas von den Gesetzen der Erbfolge in Tibet wüßten, oder wem die Kinder einer Frau mit verschiedenen Männern gehörten, möchte man vielleicht imstande sein, zu entdecken, wie die Sache sich verhält, selbst wenn wir keine direkten Informationen darüber haben.

Die Geschichte, die Regierung und die Religion von Tibet sind ohne Zweifel interessantere Gegenstände für die Forschung als sein Klima oder sein topographischer und physischer Charakter, doch auch diese letzteren sind ihm eigentümlich. Die großen Ströme des südlichen und westlichen China scheinen von seinen Bergen zu kommen. Es ist daher wahrscheinlich das höchste Land des alten Kontinents, und dieser Umstand zugleich mit der Schwierigkeit des Zugangs gibt ihm eine überraschende Ähnlichkeit mit dem Tal von Quito in Südamerika, welches das höchste Land des neuen Kontinents ist und dessen Klima und Lage Herr de la Condamine[11] in so interessantem Licht dargestellt hat. Obgleich Lhasa in einer südlicheren Breite als Alexandrien in Ägypten liegt, wird uns doch gesagt, daß Leute, die Oberst

11 Charles Marie de la Condamine, 1701–1774, französischer Gelehrter, wurde 1736 von der Pariser Akademie der Wissenschaften mit Godin und Bruguer nach Peru geschickt, um dort Messungen zur genaueren Bestimmung der Gestalt der Erde zu machen. Er kehrte 1745 nach Paris zurück und hat einige Werke über diese Reise geschrieben, die 1745 und 1751 erschienen. (M)

Cumming[12] abgeschickt hatte, noch so spät wie im Monat April durch Schnee hätten passieren müssen, um dorthin zu gelangen. Alle Beobachtungen mit dem Thermometer in einem solchen Lande würden daher besonders wertvoll sein.

Ich habe vorgezogen, anzugeben, was ich von dem Gegenstande weiß, anstatt bloße Fragen zu stellen. Auf diese Art hoffe ich, daß es besser ersichtlich ist, welche Informationen ich brauche und welche wünschenswert sind.

Warren Hastings.

---

12 Oberst Cumming, einer der früheren Chefs der indischen Landesaufnahme. (M)

GEORGE BOGLES
TAGEBUCH

Von Kalkutta nach Tassisudon[1]

Als der Gouverneur Veranlassung hatte, jemanden mit Briefen an den Lama von Tibet zu schicken, dachte er an mich, und ich nahm den Auftrag gern an. Ich freute mich, so die Gelegenheit zu haben, diese Reise durch ein Gebiet, das bisher von Europäern nicht besucht worden war, machen und auch einen Beweis meines Eifers für den Dienst des Gouverneurs geben zu können. Zugleich befriedigte ich damit eine Vorliebe, die ich immer für Reisen gehabt habe, wie die Aufgabe mir auch eine Unterbrechung in der eingeschlossenen und sitzenden Beschäftigung bringen mußte, in der ich einige Jahre zugebracht hatte.

Ich wurde in meinen verschiedenen Stellungen in der Präsidentschaft belassen und erhielt die Erlaubnis, mich während meiner Abwesenheit vertreten zu lassen; Herr Hastings war auch so freundlich, mich zu versichern, daß, wie auch der Ausfall meines Auftrags sein würde, ich immer auf die Fortdauer seiner Gunst rechnen könnte.

Ich wurde in Kalkutta bis Mitte 1774 zurückgehalten und brach dann auf mit Herrn Hamilton, dem Arzt, der ernannt war, um mich zu begleiten. Es war die heißeste Zeit des Jahres; das Thermometer stieg oft über Blutwärme, und da die Sonne beinahe senkrecht stand, war es notwendig, hauptsächlich zur Nachtzeit zu reisen. Ich kam durch Murshidabat

---

1 Hier beginnt Bogles eigene Erzählung. (M)

und die Provinzen von Dinajpur und Rangpur und erreichte Bahar, die nordöstliche Grenze von Bengalen, am letzten Mai. Da die Regenzeit bevorstand, blieb ich dort nur ein paar Tage, und nachdem ich die nötigen Vorbereitungen getroffen, beeilte ich mich, die Reise fortzusetzen.

Die Gegend um Bahar ist flach; zwei Kos[2] hinter Bahar kamen wir in ein Dickicht, das aus Rohr, Gebüsch und langem, dicht verflochtenem Gras bestand; Frösche, Wasserinsekten und feuchte Luft – man konnte kaum atmen. Dies dauerte fünf Kos; am anderen Ende befanden sich Sal[3] und andere große Waldbäume. Zwei Meilen weiter überschritten wir in aus Salholz gemachten Kanus, die zusammengebunden waren, den Fluß, der Kuch-Bahar von dem Lande trennt, das dem Deb Rajah gehört (d. h. Bhutan). Ich war jetzt am Fuß der Bergkette angekommen, die sich längs der nördlichen Grenze von Bengalen hinzieht und es von Tibet trennt. In alten Karten wird sie, wie ich glaube, Nagracut[4] genannt, in neueren die Tibet- oder Bodla-Berge. Da keiner von den Angestellten der Gesellschaft, und ich könnte wohl sagen kein Europäer, jemals das Land besucht hatte, das zu betreten ich im Begriff war, so befand ich mich gleichmäßig im Dunkeln mit Bezug auf den Weg, das Klima und das Volk, und die unvollständigen Berichte einiger religiöser Bettler, die es durchzogen hatten, waren, so ungenügend sie auch sein mochten, die einzigen Nachrichten, die ich hatte erhalten können. Wir passierten die Forts von Bovani-Ganj und Chichakotta, die kürzlich zerstört worden waren, und kamen zu zwei neuen Häusern, in deren einem wir untergebracht wurden.

2 Ein Kos ist ungefähr zwei englische Meilen bzw. etwa drei km. (M)

3 Shorea robusta: ein wertvoller Nutzholzbaum. (M)

4 Nagorkote Pass liegt nördlich von Purneah, Nagri cot wird von Hodgson als ein altes Fort in Ruinen auf dem Wege von Purneah nach Nepal angegeben; auf neueren englischen Karten findet sich der Name als Nagri. (M)

Виха-Диар

Das Haus war mit Stroh gedeckt, der Flur bestand aus Bambuslatten und befand sich vier Fuß über dem Boden. Die Wände waren aus Rohr, das mit Streifen von Bambus zusammengebunden war, und die Treppe bestand aus einem Baumstamm, in den Kerben gehauen waren. Es sah beinahe wie ein Vogelkäfig aus, und die Tatsache, daß der Raum unter ihm als Schweinestall benutzt wurde, trug wenig dazu bei, es zu einem angenehmen Aufenthalt zu machen. An dem ganzen Hause war nicht ein Stück Eisen oder ein Strick. Die Häuser auf den nächsten drei Stationen waren von derselben Art. Der Dorfvorsteher und einige der Nachbarn betranken sich an einer Flasche Rum. Ein weiblicher Hausierer wohnte bei ihm. Gute Züge und Gestalt, gute Zähne und Augen wie Rubens' Weib; ihr ganzer Anzug bestand aus einer Decke, in die sie sich gewickelt hatte und die über ihren Schultern mit einer silbernen Nadel befestigt war. Sie trank auch Rum. Männer, Weiber und Kinder schlafen bunt durcheinander. Das Land am Fuße der Berge, das dem Deb Rajah gehört, wird im allgemeinen von einem Volke bewohnt, das, obgleich es mit den Eingeborenen von Bhutan verkehrt und sich mit ihnen vermischt, unzweifelhaft einer anderen Rasse angehört und den Einwohnern von Bengalen nach Farbe, Gestalt und Gesicht ähnelt.

Früh aufgebrochen. Die Bergkette, die sich längs der nördlichen Grenze von Bengalen erstreckt und 18 Meilen entfernt ist, schien über unseren Köpfen zu hängen. Als wir uns den Bergen näherten, fanden wir starke Anzeichen eines Wechsels im Klima und im Aussehen des Landes; Wälder voll von Sal, Fichten und anderen von den Bäumen in Bengalen verschiedenen, kräftigeren Arten; klare Bäche, die über Sand, Kies und Steine laufen. Der Weg wurde uneben, und wir kamen gegen zwei Uhr an den Fuß der Berge; zu Fuß weiter, die Besteigung zu Anfang leicht, der Weg führt durch einen Wald; einige schöne Gruppen von mächtigen Bäumen. Der Weg wird steiler; ein schmaler Fußpfad geht im Zickzack den

Hügel hinauf. Was für ein Weg für Truppen! Ungefähr vier Meilen zu klettern; viele kleine Quellen, um seinen Durst zu löschen. Die Berge sind vom Fuß bis zum Gipfel mit Wald bedeckt; eine große Verschiedenheit gut gewachsener Bäume von außerordentlicher Größe. Einige weite natürliche Amphitheater, in denen man das Geräusch von Wasserfällen hört. Wir kamen gegen Abend in Buxa-Duar[5] an; es liegt auf einem Berge mit sehr viel höheren über ihm, engen Schluchten unter ihm und einem drei Fuß hohen Wall von losen Steinen um es herum. Ein schöner alter Banianbaum, das ist alles.

Da der Befehlshaber (Pasang Katam, vulgo Buxa Subah) in Bahar war, werde ich von seinem Vertreter mit Geschenken besucht. Er bringt ein weißes Pelong-Schnupftuch[6], das gewöhnliche Geschenk in ganz Bhutan, Butter, Reis und etwas groben Tee. Wir wurden einen Tag durch Mangel an Kulis aufgehalten.

Am 9. Juni kamen wir in die Berge, und da wir jetzt außerhalb Bengalens und der Jurisdiktion der Gesellschaft sind, erhielt ich einen Paß vom Deb Rajah, der der Herr des

---

5 Duar ist einfach das englische Wort »door«, Tor oder Eingang zu den Bergen. (M)

6 Was Bogle ein Pelong-Schnupftuch nennt, ist die Khatag genannte Schärpe, die im Leben der Tibetaner und vieler Mongolen eine so große Rolle spielt. Sie besteht aus Seide oder grobem mit Kalk appretiertem Baumwollenstoff von hellblauer oder weißer Farbe; sie variiert in der Länge von 18 Zoll bis 30 Fuß (0,5 bis 9 m), in der Breite von vier Zoll bis über einen Fuß (10 bis 30 cm). Bei den seidenen Schärpen sind gewöhnlich Figuren in den Stoff gewebt, und sie werden nach dem Muster unterschieden. Der Preis bewegt sich zwischen wenigen Cæsh und mehreren Taels. Kein Tibetaner, mag er noch so arm sein, würde daran denken, einem vornehmen Manne zu nahen, um ihm eine Bitte vorzutragen oder ihn zu besuchen, ohne eine solche Schärpe zu überreichen. Sie werden auch mit Geschenken gegeben oder Briefe darin eingewickelt. Pelong nennen die Tibetaner die Engländer in Indien; es handelt sich also um indische oder durch Indien gekommene fremde Tücher. Pelong ist vielleicht nur, da die Chinesen P für F und L für R setzen, Fringy oder Feringhi. (M, B)

Landes ist. Der jetzige Teil der Reise stand in vollständigem Gegensatz zu dem früheren.

Die einzige Art, Güter in dieser bergigen Gegend zu transportieren, ist die durch Kulis. Die Wege sind zu eng, zu steil und zu holprig für irgendeine andere Fortschaffungsart, und die Flüsse zu steinig und reißend für Boote. Es gibt keine besondere Bevölkerungsklasse, die diese Beschäftigung betreibt. Die Träger werden gewaltsam aus den Bewohnern ausgehoben, erhalten einen Zuschuß zu ihrer Beköstigung nach dem Befinden der Person, in deren Dienst sie beschäftigt sind, und werden von anderen abgelöst, die in dem nächsten Dorfe in derselben Weise auf Befehl des Dorfvorstehers beschafft werden, ohne den man keinen Kuli bekommen kann. Dieser Dienst ist so gut eingerichtet, daß das Volk sich ihm ohne zu klagen unterwirft; kein Geschlecht oder Alter ist von ihm ausgenommen. Die Last wird auf dem Rücken der Leute mit Stricken befestigt, die unter den Armen durchgehen, und sie haben einen kurzen Stock, um die Last zu stützen, während sie sich ausruhen. Von Natur stark und an diese Art Arbeit gewöhnt, tragen sie unglaubliche Lasten. Ein Mädchen von 18 Jahren machte an einem Tage 15 oder 18 Meilen mit einer Last von 70 oder 75 Pfund. Wir könnten das kaum ohne die Last leisten.

Wir erhielten zwei Tangun-Ponies[7], die schlecht aussahen und gegen die wir ungerechterweise eingenommen waren. Bei besserer Bekanntschaft erwiesen sie sich als geduldig und sicher auf den Füßen; sie hätten einen Obelisken heraufklettern können. Manchmal, wenn ich mich in späteren Tagen an dem Rande eines Abgrundes befand und auf einem scheuen jungen Pferde saß, das ein Mann am Kopfe hielt, während ein anderer es am Schwanze lenkte, habe ich an sie gedacht. Wir

---

7 Tangun, Tanghan oder Tannian werden die starken kleinen Ponies in Tibet und Bhutan genannt, nach Tangastan, womit die bergige Gegend von Bhutan bezeichnet wird. (M)

hatten den Berg Pichakonum zu überschreiten, der über Buxa-Duar hängt. Der Weg war ein sehr schmaler und überaus steiler Pfad, der sich an der Seite des Berges entlang wand. Der obere Teil war mit Steinen gepflastert, die wie Marmor aussahen und die in schlecht gebildeten Stufen zusammengelegt waren. Um Mittag war es kalt und frostig, sehr tiefe Abgründe, aber nicht erschreckend, weil sie mit Bäumen bedeckt waren. Wir amüsierten uns damit, Steine herunterrollen zu lassen.

Der Weg führte beinahe auf den Gipfel des Berges, und ehe wir ihn überschritten, drehte ich mich um, um noch einen Blick auf Bengalen zu werfen. Es ist unmöglich, sich einen plötzlicheren Wechsel der Landschaft oder einen überraschenderen Kontrast vorzustellen. Nach Süden war die Luft klar; man konnte eine weite Gegend überblicken, und die Aussicht wurde nur durch den Horizont begrenzt. Dieser Teil der Aussicht ist allerdings nur eindrucksvoll wegen seiner Ausdehnung. Es sind keine Hügel, keine Türme oder irgendein anderer Gegenstand vorhanden, um ihm einen Charakter zu geben. Die Gegend, eine fortlaufende Fläche, unterscheidet sich nur dadurch, daß einzelne Stellen bewaldet oder abgeholzt sind, in denen man Flußläufe und einige Dörfer sieht, aus denen Rauch aufsteigt. Ob es daher kommt, daß ich eine Vorliebe für Berge habe, oder nicht – mir machte die andere Seite der Aussicht viel mehr Vergnügen. Der steile Abfall, die tiefen Schluchten, die Berge mit den höchsten und üppigsten Bäumen bedeckt, die Stadt Buxa-Duar auf eine große Entfernung unmittelbar unter uns, und hinter uns nichts als Berge mit ihren Gipfeln in den Wolken. Sie kamen mir freilich viel höher vor, als sie in Wirklichkeit sind. Wir befanden uns auf dem Gipfel eines der höchsten. Was für schöne, grundlose Theorien hätte ein Kosmograph auf die Situation aufbauen können, der aus einem Stück Torf oder einer Austernschale die verschiedenen Veränderungen bestimmen kann, die Vulkane, Überschwemmungen und Erdbeben auf der Oberfläche dieser Erdkugel hervorgebracht haben. Er würde entdecken, daß das Meer einst Bengalen bedeckt und den Fuß dieser Berge bespült haben muß, die als ein Wall gegen das weitere Vordringen des Meeres dorthin gestellt worden seien.

Aber anstatt diese antediluvianischen Träumereien, die den Kopf schwindlig machen, weiter zu verfolgen, tut man besser, zu sehen, wie die Natur sie jetzt benutzt und wie sie die Bewohner den verschiedenen Situationen anpaßt. Die Eingeborenen von Bengalen, schwach und dünnhäutig, sind schlecht veranlagt, Mühen und Kälte zu ertragen. Ihr Land ist von Strömen und Wasserläufen durchschnitten, um ihre Güter für sie zu tragen, die Erde bringt ihre Früchte mit einer merkwürdigen Leichtigkeit hervor, und jeder Pfuhl ist voll von Fischen. Die Bhutaner sind von einer kräftigeren und härteren Konstitution und bewohnen ein Land, das Kräfte erfordert. Sie müssen alles auf ihrem Rücken fortschaffen, sie sind gezwungen, Terrassen zu machen und kleine Ströme von Wasser auf dieselben zu leiten, um die Reisfelder zu bewässern, und Häuser mit dicken Steinwänden zu bauen, um sich gegen die Kälte zu schützen. Der eine kann die Hitze nicht ertragen, der andere kann die Kälte nicht ausstehen, und so sind diese Berge hingesetzt, um als eine Schirmwand zwischen ihnen zu dienen. Sie beschützen Bengalen gegen die nördlichen Winde, die von Novaja Semlia aus über die Tatarei hinblasen, und geben ihm so milde Winter. Sie dienen auch dazu, die heißen südlichen Monsune von den Bhutanern abzuhalten, und erhalten ihnen die Kühle, wenn die Sonne beinahe senkrecht über ihnen steht. Das Klima wechselt so in auffallend schneller Weise, und Muri-Jong, das nur zwei Tage von dem Fuß der Berge entfernt liegt, bringt Aprikosen, Pfirsiche, Äpfel, Birnen, Maulbeeren und selbst Eichen hervor. Aber ich verliere mich in den Wolken.

An der Stelle, wo der Weg den Berg überschreitet, sind Flaggen oder Banner aufgestellt aus weißem Stoff mit darauf geschriebenen Sprüchen.[8] Sie haben irgendeine religiöse Bedeutung und finden sich häufig auf den Spitzen der Berge. Die Aussicht innerhalb der Berge ist beschränkt; man kann nicht weiter als 25 Meilen sehen. Der Boden ist überall gleichmäßig mit Wald bedeckt; von der Spitze des Berges konnte man nicht mehr als sechs oder acht Dörfer erblicken, mit kleinen Feldern von Weizen, Gerste und Mais. Der Weg führt jetzt ganz bergab. Wir waren sehr unzufrieden damit, denn was wir jetzt herabklettern, müssen wir nachher wieder hinaufsteigen. Der erste Platz, zu dem wir kamen, war Jaigugu.

Nur drei Vogelbauerhäuser und zwei Nepalhunde. Ich pflanzte zehn Kartoffeln.[9] Durch diese Berge und vielleicht eine Meile unterhalb von Jaigugu fließt der Pachu-Chinchu in südöstlicher Richtung. Nach allen Regeln der Hydrostatik scheint es klar, daß eine ebenere Straße gemacht werden könnte, wenn man dem Laufe des Flusses folgte, als indem man über die Berge geht. Wenn das letztere geschieht, um den Eintritt in das Land zu erschweren, so ist das sehr politisch. Ein Teil dieses Flusses war neben uns während des ganzen Weges nach Tassisudon; er strömt so schnell und springt so über Steine, daß er beinahe einem Wasserfall gleicht. Der Weg bei Muri-Jong besteht ganz aus steilen Auf- und Abstiegen. Von Zeit zu Zeit ein Dorf. Es hatte stark geregnet, wir kamen an drei oder vier schönen Wasserfällen vorbei. Einer

8 Diese Gebetsfahnen sind glückerzwingende Talismane. Sie werden Drachen-Pferde genannt und haben in ihrer Mitte die Gestalt eines Pferdes mit dem mystischen »Juwel« auf seinem Rücken, umgeben von Zaubersprüchen, in denen indisch-buddhistischer Mystizismus mit chinesischen Mythen verbunden ist und die bestimmt sind, die Hilfe der beliebtesten Gottheiten der Lamas auf die Person herabzurufen, die die Flagge darbringt und deren Namen und Geburtstag gewöhnlich darauf verzeichnet sind. (B)

9 Warren Hastings hatte Bogle besonders ersucht, an jedem Halteplatz einige Kartoffeln zu pflanzen, damit diese wertvolle neue Pflanze in Bhutan eingeführt werde. Diese Maßregel scheint auch von Erfolg begleitet gewesen zu sein. (M)

Wasserfall an der Wegstrecke

fiel senkrecht ungefähr 40 Fuß von der Spitze eines Felsens herab, ein anderer war ein schäumender Strom, der über große Steine stürzte, ein dritter befand sich in einem schönen Gehölz unter Grotten, die von den Bäumen und Felsen gebildet wurden. Über alle die kleinen Flüßchen, die von ihnen gebildet wurden, führten hölzerne Brücken.

Wir kamen nach Muri-Jong, als sie den Abend-Tomtom[10] schlugen. Es besteht aus 20 Häusern, von denen einige aus Stein sind, vielen Fahnen mit Inschriften und einer guten Menge bebauten Landes und Vieh. Ich pflanzte 14 Kartoffeln.

Nach Chuka ist eine lange Etappe und ein schwieriger Weg. Viel Regen, der aber nicht aus den Wolken fällt, sondern von unten heraufsteigt. Die Dörfer werden zahlreicher; auf dem jenseitigen Ufer des Flusses ist ein gewaltiger Wasserfall. Wir erkletterten einen Felsen, der über Pachu-Chinchu hängt, auf fast senkrechten Stufen. Die Pferde stolperten auch herauf. Wir kamen durch einen Tunnel, der durch einen kleinen Felsen, beinahe auf dem Gipfel, gehauen ist, und erblickten Chuka mit seiner eisernen Brücke tief im Tal, der ersten, die wir gesehen hatten. Dies Dorf liegt in einem anderen Distrikt als Buxa-Duar.

Für den Rest des Weges von Chuka nach Tassisudon öffnet sich die Gegend allmählich. Die Berge sind zwar noch hoch, aber da sie weniger steil abfallen, haben sie mehr Land, das bebaut werden kann, und da sie weiter voneinander entfernt sind, lassen sie Raum für die Dörfer in den Tälern zwischen ihnen. In dem ersten Teil des Weges gab es nichts als Schluchten. Hier sind Täler; aber die Seiten der Berge sind kahler. Hier sind weniger große Bäume, meistens Fichten; der Weg ist ebener, zwei oder drei Plätze ausgenommen, und wir können während des größten Teils reiten. Das Land scheint volkreich und gut bebaut; die Häuser sind aus Steinen und Lehm, zwei und drei Stockwerke hoch. Auch Tempel sind vorhanden, und in den beiden letzten Etappen Reisfelder. Es würde ermüdend sein, jede Station zu erwähnen. Eine Liste von ihnen ist beigefügt; in jeder sind 10, 15 oder 20 große Häuser.

Es wurde auf jeder Station kälter, bis wir nach Kepta

10 D. h. den Gong. (M)

kamen. Dort zeigt das Glas morgens und abends 58° und ging in der Mittagshitze bis auf 64° herauf. So blieb es während der drei Tage, die wir dort verweilten. In Tassisudon waren es ungefähr 61° am Morgen und 68 bis 70° am Mittag.[11]

Die meisten der Bäume und Pflanzen sind mir unbekannt. Bäume aus Bengalen trifft man hauptsächlich an der anderen Seite von Chuka: Bananen, Teerosen, Bambus und starkes und knorriges Rosenholz. Europäische Bäume und Pflanzen sind meistens auf dieser Seite. Einige habe ich bereits erwähnt, andere sind Walnuß, Hollunder, Stechpalme, Weiden, Eschen, Espen, Heckenrosen, Rosen, Brombeeren, Wacholder, Wermut, Salbei, Disteln, Stabwurz, Erdbeeren, Primeln, Gundermann. Das Volk zieht Rüben, Lauch, Schalotten, Wassermelonen, Warzenmelonen, Gurken und Eierpflanzen.

Nach den verschiedenen Zwecken, zu denen der Bambus in Bengalen gebraucht wird, hätte ich es kaum für möglich gehalten, noch einen anderen zu entdecken; aber das Volk in diesem Teil der Gegend, wo er wächst, hat noch zwei weitere herausgefunden. Man kann ihn als Gefäß benutzen, in das man alles mögliche tun kann, und als Topf, um alles mögliche zu kochen. Diese letztere Operation nimmt man vor, indem man den Boden mit Ton beschmiert und ihn dann aufs Feuer stellt.

Die Brücken sind entweder ganz aus Holz oder ganz aus Eisen (d. h. Kettenbrücken). Die hölzernen Brücken sind sehr verbreitet und sind 30 bis 70 Fuß lang. An jedem Ufer des Flusses werden vier oder sechs Pfähle schräg so in aus Steinen aufgeschüttete Dämme eingesetzt, daß sie auf jeder Seite für

---

11 Nach der Fahrenheitschen Skala, bei der der Gefrierpunkt auf + 32° ist und + 100° 50° C entsprechen. Gabriel Daniel Fahrenheit wurde zu Danzig 1685 geboren und starb 1736. Er ersetzte zuerst bei Anfertigung von Thermometern den Weingeist durch Quecksilber. Seine Skala ist noch gegenwärtig in England und den USA vielfach in Gebrauch. (B)

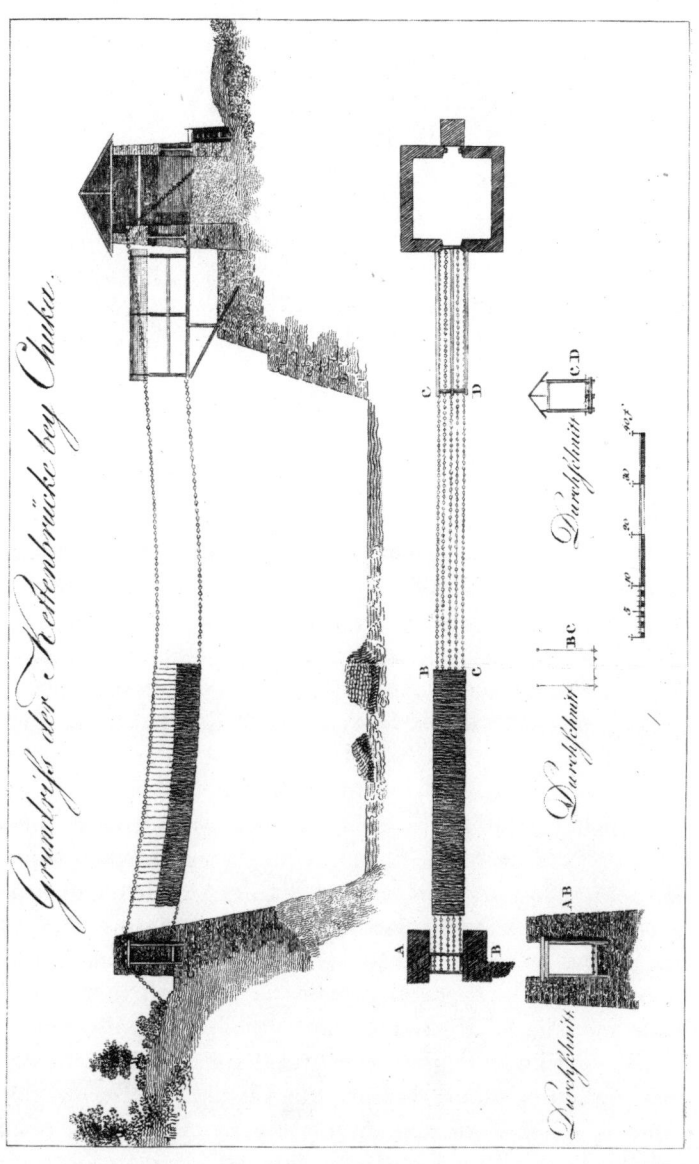

Grundriß der Kettenbrücke bey Chukia.

Durchschnitt   Durchschnitt   Durchschnitt

Eiserne Kettenbrücke bei Chuka

etwa ein Viertel der Entfernung hinüberragen; die Balken, die die Mitte der Brücke bilden, ruhen auf den Enden dieser Seitenbalken, die durch einen schwalbenschwanzartigen Querbalken untereinander verbunden sind. Dies bildet die Unterlage für den Bohlenbelag. Falls es sich als notwendig erweist, eine Brücke sehr stark zu machen, werden noch einige Pfähle unter den anderen angebracht, in der Art wie die Federn eines Wagens. Alle Teile werden durch hölzerne Pflöcke zusammengehalten, so daß an einer solchen Brücke auch nicht ein Stück Eisen zur Verwendung gelangt. Bei Chuka ist der Fluß sehr reißend und breit, und eine eiserne Brücke ist über ihn gehängt worden. Fünf Ketten sind von einem Ufer zum andern gespannt und mit Latten und Matten von Bambus bedeckt, die den Boden der Brücke bilden. Zwei weitere Ketten sind ungefähr sieben Fuß über der äußersten Kette auf jeder Seite gespannt und mit ihr durch geflochtene Rotang-Stricke verbunden. Die Brücke ist 147 Fuß lang und sechs Fuß breit. Sowie man den Fuß auf sie setzt, bewegt sie sich von einem Ende zum andern. Bei Lumbolong ist eine Brücke, die nur aus zwei Ketten besteht.

Es gibt noch eine andere Art, Flüsse zu überschreiten: nämlich mit Hilfe von zwei darüber gespannten Stricken, an denen zwei reifenartige Schlingen hängen, die als Stützpunkte für die Füße oder Knie dienen, während die Hände, die an den Stricken ziehen, die Schlingen hinübergleiten machen. Die Schlingen bestehen aus einem Stück Rotang und sind oft 60 bis 70 Fuß lang.

Verzeichnis der Stationen:

1. Von Bahar nach Chichakotta ungefähr . . . . . . 10 Kos
2. Von Chichakotta nach Buxa-Duar . . . . 13 "
3. Von Buxa-Duar nach Jaigugu. . . . . 8 "
4. Jaigugu nach Muri-Jong (3788′ engl.) . . . . 10 "
5. Muri-Jong nach Chuka (4449′ engl.) . . . . 10 "
6. Chuka nach Kepta (7984′ engl.) . . . . 9 "
7. Kepta nach Paku . . . . 5 "
8. Paku nach Lumbolong . . . . 4 "
9. Lumbolong nach Wangoka . . . . 4 "
10. Wangoka nach Tassisudon (7271′ engl.) . . . . . 3 "

                                    geschätzt 76 Kos

Tassisudon, die Hauptstadt von Bhutan

Wir wurden in einem guten Hause nahe beim Palast untergebracht, aber ich fand es bald so kalt, daß ich zufrieden war, mein Zimmer, das eine Art hölzerner Balkon war, mit Bhutan-Decken aushängen zu können. Das Fenster sah auf den Fluß und gab uns die beste Aussicht.

Der Palast von Tassisudon liegt in einem Tal, das fünf Meilen lang und eine Meile breit und ganz umgeben von hohen Bergen ist. Der Fluß Chinchu galoppiert durch dasselbe, der niedrige Grund in seiner Nähe ist mit Reis bepflanzt und gut bevölkert. Dörfer sind an den Abhängen der Berge hin verstreut. Die weniger steilen Abhänge bringen Weizen hervor. Unmittelbar hinter Tassisudon ist ein sehr hoher Berg, der in zwei turmartigen Spitzen ausläuft, die mit Wald beinahe bis zur Spitze bedeckt sind, und einige vereinzelte Hütten, die Zufluchtsörter von Derwischen[1], liegen hier und dort darauf, als wären sie aus den Wolken gefallen: In diesen luftigen Stätten bringen sie ihre Tage mit dem Zählen ihrer Rosenkranzkugeln zu und sehen mit Gleichgültigkeit auf die Geschäfte und das Treiben der Welt herab, von denen sie ganz ausgeschlossen sind.

Der Charakter eines Fakirs wird in diesem Lande hoch

---

1 D. h. geistlichen Einsiedlern. (M)

geachtet; er ist indessen nicht auf diese selbstverleugnenden Söhne der Enthaltsamkeit beschränkt. Die Staatsmänner und die Provinzgouverneure, wenn sie amtsmüde sind oder aus ihrem Amte entlassen werden, nehmen den Namen und die Tracht eines Fakirs[2] an. Sie ziehen sich in ihre Häuser oder in Schlösser zurück, die sie auf der Spitze eines Berges gebaut haben. Aber statt der Armut und der Kasteiungen, welche das Leben eines wirklichen Einsiedlers charakterisieren, sind sie von ihrer Familie und von ihren Dienern umgeben. Sie gestatten sich den Genuß der schmackhaftesten Speisen mit dem Vorbehalt, daß sie kein lebendiges Geschöpf töten und keine animalische Nahrung an dem Tage zu sich nehmen, an dem das Tier getötet worden ist; und da ihnen im allgemeinen gestattet wird, ihr Eigentum mit sich zu nehmen, kann man sie unter die wohlhabendste Klasse der Einwohner rechnen. Deb Seklu ernannte nach einer glücklichen Regierung von 18 Jahren seinen Nachfolger und brachte den Rest seiner Tage in dieser friedlichen Zurückgezogenheit zu.

Eines Tages bestiegen wir den hohen Berg. Wir brachen früh am Morgen auf und erreichten den Gipfel gegen drei Uhr. Der Palast von Tassisudon mit seinen vergoldeten Türmen, die Windungen des Chinchu mit seinen hölzernen Brücken, die mit Reis und Dörfern bedeckten Felder, die Gipfel der entfernten Berge und die hohen Schlösser der Fakire bildeten das Bild, das sich uns darbot. Wir fanden einige wilde Kirschen und einen Johannisbeerbusch und kamen unten an, nachdem es dunkel war.

Der Deb Rajah war abwesend, als wir in Tassisudon ankamen. Seine Rückkehr dorthin ging in der folgenden Weise vor sich. Gegen zehn Uhr waren die Balkone des Palastes mit Priestern angefüllt, die alle in rotes Tuch geklei-

---

2 Bogle verwechselt hier den buddhistischen Mönch mit dem Hindu-Bettler, der von den Europäern Fakir genannt wird. Der Ausdruck stammt aus dem Arabischen. (M, G)

Flußtal des Chinchu

det waren[3], das in Bhutan angefertigt wird. Vier lange Messingtrompeten, sechs Kastagnetten, vier Pauken und vier Pfeifen wurden in Zwischenräumen gespielt. Um elf wurden 30 Luntenflinten auf dem Wege abgefeuert, über den er kommen mußte, und der Salut wurde erneuert, als er bei ihnen vorbei kam. Die Prozession bestand aus zwölf geführten Pferden, 120 Mann in roten Kleidern mit blauen Knöpfen, 30 Mann, die Luntenflinten trugen, 30 Bogenschützen, 30 Pferden, beladen mit Tuch und anderen Gegenständen, 40 Reitern, einige von ihnen mit buschigen Mützen, der erste Beamte mit einer buschigen, zum Teil bunten Standarte, sechs Musiker. Der Deb Rajah zu Pferde in einem scharlachenen Mantel, mit einem gelben Hute wie der eines Kardinals. Ein Choura-burdar[4] auf jeder Seite von ihm und hinter ihm

---

3 Sie gehörten also der älteren, rotmützigen Sekte an, die in Bhutan die herrschende ist. (M)

4 D. h. ein Mann, der einen aus dem Schwanz eines Yaks gefertigten Fliegenwedel trägt. (M)

ein Mann, der einen kleinen weißen, seidenen Schirm mit verschiedenen bunten Fransen trug. Als sie in die Nähe des Palastes kamen, stiegen alle mit Ausnahme des Rajah ab. Die Leute mit den buschigen Mützen nahmen sie ab und gingen ans Tor. An verschiedenen Stellen des Weges, über den der Rajah zu gehen hatte, waren Feuer angesteckt, und das Volk warf sich vor ihm zur Erde. In der ganzen Kavalkade waren ungefähr 400 Personen.

Zwei Tage später schickte der Deb Rajah nach mir. Wenn irgendeine Befriedigung darin liegt, begafft zu werden, so genoß ich genug davon. Ich glaube, es waren mindestens 2000 bis 3000 Zuschauer da. Ich wurde durch drei Höfe geführt, und nachdem ich zwei mit Eisen beschlagene Leitern heraufgeklettert war, die in diesem Teil der Welt als Treppen gebraucht werden, kam ich in ein Vorzimmer, das rings mit Waffen behängt war. Hier wartete ich einige Zeit, ehe ich in das Audienzzimmer geführt wurde. Ich mußte durch einen dunklen Eingang und zwei Stufen herunter. Der Rajah saß auf seinem Thron oder seiner Kanzel, denn einer solchen sah es ähnlich, ungefähr zwei Fuß hoch über dem Boden. Er trug das Feierkleid eines Gylong oder Priesters; er war mit einem scharlachenen seidenen Rock bekleidet und hatte einen vergoldeten Hut auf dem Kopfe. Ein Mann drehte fortwährend den Schirm über ihm. Die Kanzel war vergoldet und umgeben mit silbernen Kannen und Vasen, der Boden war mit Teppichen bedeckt. Seine Beamten, zwölf an der Zahl, saßen auf Kissen dicht an der Mauer. Nachdem ich meine Verbeugungen gemacht, die nach dem Zeremoniell dieses Landes eigentlich Niederwerfungen hätten sein müssen, und meine Geschenke vor ihm niedergelegt hatte, wurde ich zu einem Kissen geführt, das für mich in die Mitte des Zimmers gebreitet worden war. Mehrere kupferne Schüsseln mit Reis, Butter, Sirup, Tee, Walnüssen, Datteln von Kaschmir, Aprikosen und anderen Früchten wurden vor mir niedergesetzt, zusammen mit einem kleinen hölzernen Sessel. Alles dies geschah schweigend. Dann kam ein Mann herein mit einem silbernen Kessel voll Tee, der mit Butter vermischt war, und nachdem er etwas davon auf seine Handfläche ausgegossen und getrunken hatte, füllte er eine Schale für den Rajah und machte die Runde bei allen Beamten. Jeder Bhutaner trägt für solche Gelegenheiten eine kleine hölzerne, innen schwarz lackierte Schale bei sich, die in ein Stück Zeug gewickelt ist und unter seinem Kleide gegenüber dem Herzen auf der Haut untergebracht ist; aber da ich nicht so gut versehen war, erhielt ich eine Porzellanschale. Nachdem alle Schalen gefüllt waren, sprach der Deb Rajah ein Gebet, in welches die ganze Gesellschaft einstimmte, und dann machte er seinen Mund auf und sprach zu mir. Nachdem wir unsern Tee ausgetrunken und jedermann seine Schale gut ausgeleckt und wieder in seinen Busen gesteckt hatte, wurde mir ein geblümter seidener Rock gebracht. Ich wurde mit ihm als mit einem Khilat (Ehrenkleid) bekleidet. Ein rotes Schnupftuch wurde mir als Gürtel umgebunden; ich wurde vor den Rajah geführt, der meinen Kopf mit einem andern umwand, und, indem er meine Schläfe drückte, etwas auf meinen Kopf setzte, das ich nachher als ein Bild des Gottes Sakya (Buddha) erkannte. Er sprach auch einige Gebete über mich. Dann band er zwei seidene Taschentücher zusammen und warf sie über meine Schultern. Ich wurde zu meinem Kissen zurückgebracht, wir bekamen noch zwei- oder dreimal Tee gereicht, ebensoviele Gebete, eine oder zwei Schalen Branntwein und Betelnuß. Dann zog ich mich zurück. Die Wände des Audienzzimmers waren rundum mit chinesischen Landschaften und ihren Gottheiten, die auf Seide gemalt waren, behängt. Die Decke und die Pfeiler waren ähnlich verkleidet, und an dem unteren Ende des Raums hinter meinem Platze waren drei oder vier Statuen in Nischen aufgestellt. Vor ihnen standen Räuchergefäße, in denen Weihrauch brannte, und Lampen, die mit Butter gefüllt waren, kleine silberne Pagoden und Urnen, Elefantenzähne, Blumen usw.; das Ganze mit Seidenstoffen,

Bändern und anderem Tand ausgeschmückt. Ich darf nicht vergessen, zu erzählen, daß sich unter diesen Sachen ein einzelner Kupferstich befand, der Lady Waldegrave[5] darstellte, die ich glücklich genug war, aus den Händen dieser Götterbilder zu retten. Einer von dem Haushalt kam auf die Idee, daß sie ein hübsches Gegenstück zu einem Spiegel abgeben würde, den ich dem Deb Rajah gegeben hatte, und so wurde sie an einem der Pfeiler neben dem Throne aufgehängt und der Spiegel an dem andern.

Der Palast ist ein sehr großes Gebäude und enthält beinahe 3000 Männer und nicht eine Frau. Von diesen sind ungefähr 1000 Priester, andere sind Anhänger des früheren Häuptlings und werden in einer Art von Gefangenschaft gehalten, und der Rest sind Beamte des Rajah und des Lama und ihre ganze Dienerschaft. Ein ungefähr fünf oder sechs Stockwerke hoher Turm ragt in der Mitte empor und wird von dem Lama Rimboché bewohnt, der seinen Aufenthalt nahe der Spitze hat. Seine Zimmer sind ausgestattet wie die des Rajah, aber besser.

In der Zeit des früheren Häuptlings konnte ihn niemand sehen, aber die Zeiten haben sich geändert. Er empfing mich wie der Rajah, nur bekam ich kein Ehrenkleid und keinen Branntwein. Bei meiner Ankunft lebte er in einem Schloß auf einem kleinen Berge hinter dem Palast. Seine Zimmer wurden fertig gemacht, während wir da waren, und eine große Bildsäule von Sakya wurde vergoldet und in seinem Audienzzimmer aufgestellt. Als er ankam, ging der Rajah heraus, um ihn zu empfangen. Nach dem ersten Besuch empfing er uns ohne alle Umstände; er schien neugieriger als irgendein Mann, den ich in dem Lande gesehen hatte. Eines Tages zeigte Herr Hamilton ihm ein Mikroskop und wollte dazu

5 Die uneheliche Tochter Maria des Ehrw. Sir Edward Walpole, die 1776 als verwitwete Gräfin Waldegrave den Herzog von Gloucester, Bruder von Georg III., heiratete. (M)

eine Fliege fangen. Das ganze Zimmer geriet in Verwirrung und der Lama in große Aufregung, weil er dachte, sie könnte umgebracht werden. Wir aßen häufig bei ihm gekochten Reis mit Zucker und Butter und ein Gericht aus geschmorten Stücken von Ziegenfleisch und Schnitten von Gurken, stark mit rotem Pfeffer gewürzt. Man nennt es Giagu. Der Lama aß nur vom Dessert, das aus Früchten und saurem Quark bestand, der in Stücke wie Leder geschnitten und in Butter und Honig gebacken war. Er hatte einen kleinen Schoßhund und einen Mungos[6], die er sehr liebte. Er ist ein magerer, kränklich aussehender Mann von ungefähr 35 Jahren.

Der Palast ist in Höfe geteilt, um die von hölzernen Pfeilern getragene Galerien laufen, wie in den Wirtshäusern in England. Die verschiedenen Beamten haben jeder seine Wohnung. Die Priester haben eine große Kirche[7], in der sie wohnen, neben der sich eine kleinere befindet, in der sie den Gottesdienst verrichten und wo die größeren Götzenbilder stehen. Diese Bilder sind zum größten Teil ganz nette und gut proportionierte Figuren, die mit untergeschlagenen Beinen sitzend dargestellt sind. Über der Kirche ist eine große Galerie, in der Girlanden von Schädeln und Knochen gemalt sind, in die die Leute gehen, um den Zeremonien beizuwohnen. Ich ging ein- oder zweimal dorthin, und der Rajah, der glaubte, daß mich das interessierte, pflegte bei Tagesanbruch und zu allen Stunden zu mir zu senden, um in die Kirche zu kommen, und beglückwünschte mich sehr, daß ich gerade zur Zeit der großen Festlichkeiten in Tassisudon sei. Alle die Gouverneure der Provinzen waren dort, und jeden Tag wurden in einem der Höfe des Palastes Tänze aufgeführt. Ungefähr 20 Priester, in verschiedenartige seidene Röcke und vergoldete Mitren gekleidet, saßen auf einer Bank, jeder mit

6 Bogle schreibt »mungoos« – das kann entweder der Mungos, indische Manguste (Herpestes grisens) oder der Mongoz (Lemur mongoz) sein. (B)
7 Vihar, Kloster mit dem eigentlichen Tempelraum, Chaytia. (M)

einer großen Pauke oder Trommel, die an einem Stock befestigt war, den sie in der Hand hielten, während sie in der andern einen gebogenen Stock von Eisen hatten mit einem Knopf am Ende, mit dem sie den Takt für einen Priester schlugen, der sich in ihrer Mitte befand und zwei silberne Schalen gegeneinander schlug. Ein gelbseidener Vorhang hing vor dem Tor der kleineren Kirche, hinter dem von Zeit zu Zeit sechs, acht, zehn und manchmal 20 Priester in Maskenanzügen hervorrannten, mit Masken wie Pferdeköpfe, Vogelschnäbel oder anderen grotesken Figuren. Sie tanzten und sprangen herum mit wunderlichen Gebärden, die hauptsächlich darin bestanden, ihre Köpfe so weit vornüber zu beugen, daß die rote Haarlocke den Boden berührte, und sie dann plötzlich wieder zurückzuwerfen. Während der einzelnen Akte dieser Vorstellung sangen die Bauern und rissen zwei oder drei Hanswürste ihre Possen.

Die Mauern des Palastes sind zwei bis drei Stock hoch und, wie in diesem Lande allgemein üblich, leicht geböscht. Für die Treppen, Pfeiler, Galerien und Dächer ist eine ungeheure Menge von Holz verbraucht; für den Bau hat man verschiedene Berge abgeholzt. Die Dächer bestehen aus Brettern, zwei oder drei übereinandergelegt und durch Steine niedergehalten, und die Masse von Balken und offenem Holzwerk, das gebraucht wird, um sie zu tragen, gibt dem oberen Teil des Palastes das Aussehen der mittleren Teile der Blackfriars-Brücke (in London). Das Dach des Turmes des Lamas ist ganz vergoldet und mit Drachen usw. geschmückt und sieht ganz dem Dach eines chinesischen Tempels ähnlich.

Bei einbrechender Dunkelheit werden die Tore des Palastes geschlossen, und niemand kann dann hinein oder hinaus. Die Bewohner verlassen ihn überhaupt selten, nur ziehen sie alle acht oder zehn Tage in Scharen von 5–600 hinaus, um im Chinchu zu baden. Sie scheinen ein freudenloses und, wie ich glaube, ein faules Leben zu führen, denn in die Hände der Gouverneure der Provinzen ist so viel Autorität gelegt, daß

Schloß von Punukka in Bhutan

wenig im Sadar, d. h. bei Hofe, geschieht. Sie haben wenig Beziehungen zu fremden Staaten, den Teschu Lama ausgenommen, und noch weniger Verkehr mit Fremden. In einem Volke, das keinen Vorzug der Geburt und keine feinen Kleider kennt, kann nicht viel Hochmut bestehen. Die Bhutaner scheinen gar keinen zu haben und leben mit ihren Dienern und den von ihnen abhängigen Personen auf dem familiärsten Fuß.

Eines Tages lud mich der Gouverneur von Tassisudon zu einem Spiel mit Wurfscheiben ein. Sein ganzes Gefolge spielte mit; sie waren sehr geschickt darin, und ich gab bald eine Zerstreuung auf, bei der ich mich doch nicht auszeichnen konnte, und ging weg, um wilde Tauben zu schießen. Nachdem das Spiel vorbei war, setzten wir uns auf die Erde zu einem Mahle nieder. Nachdem wir jeder eine Schale Tee getrunken und drei harte Eier gegessen hatten, wurde ein Korb voll von gekochtem Reis gebracht und händeweise verteilt, zugleich mit gekochtem Schweinefleisch, das in Scheiben geschnitten war, Schweineherzen und Giagu. Wir aßen von Decken mit unseren Fingern und erhielten nach dem Mahl eine Schale Branntwein und Früchte.

Die Leute sagen, daß bei den Hochzeiten der Bhutaner sehr wenig Zeremonien gemacht werden. Wenn die Beteiligten zufrieden miteinander sind, haben sie keine Veranlassung zu einer geistlichen Einsegnung, und die Priester, die selbst zur Ehelosigkeit verdammt sind, wollen sich nicht dabei beteiligen, sie bei anderen zu brechen. Vielweiberei ist nicht erlaubt, Ehescheidungen finden statt, wenn keine Kinder da sind.

Die Bhutaner wie ihre Nachbarn in Bengalen verbrennen ihre Toten. Als einer der Priester im Palast starb, ging ich hin, um mir die Zeremonie anzusehen. Sie ging am dritten Tage nach seinem Tode vor sich. Ich fand ungefähr 40 Priester in einem Zelt an einem kleinen Bache versammelt, der am Palast vorbeiläuft. Sie waren damit beschäftigt, ihre Gebete zu singen, während einige Arbeiter Bäume umschlugen und den Scheiterhaufen aufrichteten. Da sie an meiner Anwesenheit in der Nähe des Zeltes Anstoß nahmen, ging ich über den Bach und stieg auf eine kleine Anhöhe, von der ich den Platz übersehen konnte, auf dem die Leichenbestattung erfolgen sollte. Ungefähr 20 Yards von dem Scheiterhaufen war eine provisorische Hütte errichtet worden, aus der von Zeit zu Zeit Tee an die Geistlichen verteilt wurde, und einige große Töpfe, die über dem Feuer kochten, schienen eine ernsthaftere Mahlzeit in Aussicht zu stellen. Die Priester fuhren fort, von Zeit zu Zeit ihre Gebete mit leiser Stimme herzusagen, die sie mit dem Läuten von Glöckchen und den Tönen von Pauken und Trompeten begleiteten, und einige alte Weiber, die sich in einiger Entfernung hielten, zählten die Perlen ihrer Rosenkränze und wiederholten ihr »Om mani padmi hum«[8].

8 Das beliebteste Gebet der Tibetaner: »Oh, das Juwel im Lotus! Amen.« Es ist eine an Padmapani, der im Dalai Lama inkarniert ist, gerichtete Anrufung. Der Lotus ist das Symbol der höchsten Vollkommenheit, und die Anrufung enthält eine Anspielung auf Padmapanis Geburt aus dieser Blume. (M)

Verbrennen der Leiche eines Lama

Als die Nacht herankam, wurde der Leichnam, der in eine Leinwanddecke gewickelt war, schweigend herangebracht, und in dem Augenblick, in dem er auf den Scheiterhaufen gelegt wurde, ertönte ein schriller Pfeifenton, wie der Schrei einer Katze. Alles dies ging im Dunkeln vor sich. Dann kam ein Verwandter des Verstorbenen mit einem angezündeten Holzscheit in der Hand und steckte den Scheiterhaufen an. Zwei der Priester warfen neues Holz darauf, ein anderer, der weiß angezogen war, warf von Zeit zu Zeit Gewürze, Salz, Butter, Öl, Betelblätter und zwanzig andere Artikel hinein, während die anderen Priester jedesmal mit ihren Trompeten, Glocken und Pauken einfielen, sowie einer der verschiedenen Riten vorgenommen wurde. Das Feuer brannte langsam; ein heftiger Regenschauer kam, und ich ging nach Hause, ohne das Ende der Zeremonie abzuwarten. Man hat mir gesagt, daß die Asche gewöhnlich am dritten Tage nach der Zeremonie gesammelt und dann in feierlicher Prozession nach dem Flusse Chinchu getragen und in diesen geworfen wird.

Die grausame Hindusitte, daß die Weiber sich selbst mit ihren Männern verbrennen, ist in diesem Lande unbekannt. Die Weiber der Bhutaner geben niemals solche heroischen Beweise ihrer Stärke und Zuneigung, und dieser Unterschied in ihrem Betragen kommt ganz natürlich von den Sitten, die jedem der beiden Länder eigentümlich sind.

Die Sitte des Verbrennens wird von einigen als eine politische Institution angesehen, um die Frauen daran zu hindern, ihre Männer zu vergiften, von anderen dagegen, als ob sie nur aus übermäßiger Liebe entstände. Die erstere Ansicht scheint ebenso grundlos zu sein wie sie unedelmütig ist, und die letztere ist vielleicht zu verfeinert für unsere eiserne Zeit. Die Menschheit ist weder so gut noch so schlecht, wie man sie gewöhnlich darstellt. Das menschliche Leben ist ein Strom, der aus einer Menge von Leidenschaften gebildet und getrieben wird, und seine Handlungen kommen selten aus einer einzigen und ungemischten Quelle.

Eine Hindufrau, die jung verheiratet und in den Mauern der Zenana (Harem) eingemauert wurde, ist unbekannt mit allen den Vergnügungen und Beschäftigungen, die sich aus einer liberalen Erziehung und dem freien geselligen Verkehr ergeben. Vorliebe für Kleider und die Leitung ihrer Familie nehmen ihre ganze Aufmerksamkeit in Anspruch, und die Tröstungen der ehelichen und mütterlichen Hinneigung sind die einzige Quelle ihrer Freuden. Sie lebt nur für ihren Gatten und ihre Kinder, und jede Leidenschaft ihrer Seele, die durch das Klima gesteigert wird, ist in diesen konzentriert. Bei dem Tode ihres Gatten begeht sie, indem sie sich den Flammen übergibt, eine im höchsten Grade verdienstliche Handlung, die ihr und ihrer Familie zur größten Ehre gereicht. Falls sie ihn überlebt, wird sie in ihrem Zimmer eingeschlossen, verurteilt zu ewigem Witwentum, gezwungen, alle bunten

Kleider beiseite zu legen und von den einfachsten Speisen zu leben. Ach, sagt sie, ein so trauriges und freudenloses Leben ist nicht wert, erhalten zu werden, ist nicht zu ertragen. Ihr Herz verzweifelt und ist überwältigt von Schmerz und Zuneigung für ihren Gatten. Der Eifer für die Ehre ihrer Kinder und der Wunsch, sich auszuzeichnen, verbinden sich mit dieser Gleichgültigkeit gegen das Leben. Sie faßt den verhängnisvollen Entschluß, während sie unter dem Eindruck dieser verschiedenen Leidenschaften steht, und steigt auf den Scheiterhaufen, ehe sie Zeit gehabt haben, ihre Kraft zu verlieren.

Aber da die Einrichtung der Kasten und alle erblichen Unterschiede in Bhutan unbekannt sind, so werden die gehobenen Gefühle, die aus dem Bewußtsein einer Überlegenheit entspringen, niemals gefühlt. Die Frauen besonders sind durch dies gleichmachende System erniedrigt. Da der Rajah, die Priester und alle Beamten ein eheloses Leben führen, werden sie nur an Grundbesitzer und Bauern verheiratet. Sie werden zu den niedrigsten Arbeiten gebraucht, sind schmutzig für ihre Person, gebrauchen starke Getränke, sind in der größten Freiheit erzogen, verkehren mit der niedrigsten Klasse des Volkes, eine zweite Heirat ist ihnen gestattet, und der Tod eines Gatten eröffnet ihnen keine traurigen Aussichten.

In Tassisudon besuchte mich ein Bauer, der während des letzten Krieges in Fort Bahar gefangen genommen und nach einigen Monaten gesund und munter in seine Heimat zurückgeschickt worden war. Er war zwei Tagereisen weit gekommen, um mir seine Geschichte zu erzählen und mir eine Ziege, ein großes Stück Butter und etwas Reis als einen Beweis seiner Dankbarkeit zu bringen. Er besuchte mich verschiedene Male später und gab mir einen Bogen und Pfeile. Es wäre schade, seinen Namen und den des Offiziers nicht zu erwähnen, er hieß Uchong, und der ihn frei ließ, war Hauptmann Jones.

Schloß von Wandipore in Bhutan

In Bengalen sind die Diener so gewohnt, sich eine Art von Autorität anzumaßen, daß es schwierig war, sie zu verhindern, dasselbe auch den Bhutanern gegenüber zu tun. Doch was weder Drohungen noch selbst Strafen zuwege bringen konnten, wurde durch ein altes Weib erreicht. Bei einem Streit mit einem meiner Leute nahm sie einen Stein auf und drohte, einen Diener damit niederzuschlagen; damit war allen Klagen in dieser Beziehung ein Ende gemacht.

Einige Etappen vor Tassisudon kam ein Diener zu mir, der von dem Deb Rajah abgesandt war, um mir bei der Reise behilflich zu sein. Er hatte etwa den Rang eines Leutnants. Bald hatte er einen Streit wegen meines Pferdes mit dem Vorsteher eines kleinen Dorfes und wollte ihn schlagen. Bei dem Versuch, einem der Umstehenden einen Bogen zu entreißen, gab er ihm in dem Wirrwarr einen Schlag. In einem Augenblick waren ein halbes Dutzend Bogen gespannt und die Pfeile auf ihn gerichtet, und er entging dem Schicksal des heiligen Sebastian nur dadurch, daß er sich aus dem Staube machte.

So oft ein Bhutaner etwas zu essen oder zu trinken anbietet, kostet er es immer selbst oder läßt einen von seinen Leuten davon kosten, um allen Argwohn zu zerstreuen. Das erweckt böse Gedanken, aber Formen und Gebräuche überleben oft den Zustand der Gesellschaft, der Veranlassung zu ihnen gab.

Jedermann im Palast ist in dunkelrotes wollenes Tuch gekleidet. Sie sind merkwürdig schmutzig an ihrer Person, auch die höchsten Beamten des Rajahs. Er selbst bildet eine Ausnahme.

Die Pferde sind unbeschlagene Tanguns, mit Hufen so hart wie Eisen; alles Hengste, sehr bösartig, solange sie jung sind, und schlecht zugeritten. Der Sattel ist aus Holz, mit einem Sattelknopf, acht oder neun Zoll hoch, an dem sich der Reiter hält und der es verhindert, bei den Abstiegen aus dem Sattel zu gleiten. Die Steigbügel sind auffallend kurz. Der Zügel ist gewöhnlich um die Nase gebunden und die Pferde werden geführt. Für sehr steile oder schwierige Wege gebrauchen sie Maultiere, die aus dem Lande des Teschu Lama kommen.

Gegen Mitte August kam eine Herde von kuhschwänzigem Vieh nach Tassisudon. Während der heißen Monate werden sie in den kältesten Bergen gehalten.[9] Alle Butter wird aus ihrer Milch gemacht und ist sehr fett und gut. Das Fleisch ist mager und grob. Die Bhutaner hängen es zum Trocknen auf und essen es oft, wenn der Geruch ein so starker ist, daß man denken sollte, sie würden an ihm schon genug haben. Ihr Hauptnahrungsmittel ist indessen Schweinefleisch und getrockneter Fisch aus Bengalen, den sie mit ihrem Reis mischen. Ihr Brot wird aus ungesiebtem Mehl gemacht. Sie gebrauchen sehr viel Butter, und ich bekam so viel davon geschenkt, daß ich ganz gut einen Laden oder ein Geschäft als Talghändler hätte anfangen können.

An allen Wegen stehen zahlreiche Tempel. Eine Art be-

---

9 Die Yaks sind gegen Hitze äußerst empfindlich und vertragen sie sehr schlecht. (M)

steht aus einem langen Wall, auf dessen Steinen »om mani padmi hum« geschrieben ist; kleine Figuren in Basrelief mit vergoldeten Gesichtern, in schwarzen Marmor geschnitten, sind in der Mitte und an jedem Ende aufgestellt.[10] Manchmal ist »om mani padmi hum« auf eine Tonne geschrieben, die vom Wasser gedreht wird.[11] Eine andere Art von Tempel ist ein Haus, ungefähr 15 Fuß im Viereck. Sie haben eine ganz wirksame Methode, es gegen Entweihung zu schützen, indem sie ihm weder Türen noch Fenster geben.[12] In jedem Hause befindet sich ein kleiner Altar für die Götter des Haushalts, die sie mit großen Muscheln[13] und Blumen ausschmücken und vor denen sie täglich ihre Gebete verrichten.

10 »Madongs« oder kurze Dämme von Stein oder dicken Mauerpfeilern, mit ausgemeißelten Steinen belegt, die die mystische Legende des Groß-Lama, »Om! ma-ni pad-mi Hung«, tragen, jeder Buchstabe in einer anderen Farbe bemalt. Der Sanskrit-Ausruf »Hum« wird in Tibet »Hung« ausgesprochen. W. W. Rockhill (The Land of the Lamas) gibt an, daß er solche »Mani-Wälle« gesehen habe, die hundert Yards und mehr lang und acht bis zehn Fuß hoch gewesen seien, von denen jeder Stein die Inschrift getragen habe, so daß die Errichtung eines solchen Walls Monate, wenn nicht Jahre in Anspruch genommen haben müsse. (M, B)

11 Gebetsmühlen. (M)

12 Tschörten, solide kuppelförmige Grabmonumente, die gewöhnlich Reliquien von Heiligen enthalten. (B)

13 Große Muscheln (Buccinum), von den Hindus und in Tibet, der Mongolei und China als Hörner beim Gottesdienst gebraucht. (M)

Geschichte und Regierung von Bhutan

In alten Zeiten war dieses Bergland unter eine Anzahl
unabhängiger Häuptlinge verteilt. Ein Lama aus dem Norden
vereinigte sie unter einer Regierung und führte seine Religion
bei ihnen ein. Sein Tod gab drei Lamas die Geburt. Sein
Körper wurde einem zuteil, sein Herz einem andern und sein
Mund oder seine Rede dem dritten. Wenn diese heiligen
Männer sterben, so gehen ihre Seelen in den Körper von
Kindern über, die nach einer strengen Prüfung mit Bezug auf
ihre Identität als ihre Nachfolger anerkannt werden, und so
fährt eine Nachfolge von Heiligen unter verschiedenen Formen, aber beseelt von demselben Geiste, fort, in verschiedenen Zeiträumen diesen Winkel der Erde zu erleuchten. Die
Zeit der periodischen Rückkehr der Lamas auf die Erde ist
unbestimmt; augenblicklich gibt es nur zwei, d.h. den
Körper und das Herz. Das Wort starb vor ungefähr zwölf
Jahren und ist seit der Zeit nicht wieder erschienen. Es ist
ungewiß, ob seine Seele nicht aufgegangen ist in dem unaus-
sprechlichen Geist, von dem sie nur eine Ausströmung ist.[1]

---

1 Die Regierung von Bhutan ist eine theokratische. Das geistliche Haupt, der
 Dharma Rajah oder Lama Rimboché, wird aber mehr als ein Gott denn als
 ein Mensch angesehen, und die wirkliche Gewalt wird von dem Deb Rajah
 ausgeübt, der alle drei Jahre von den Häuptlingen aus ihrer Mitte gewählt

Diese Lamas haben den höchsten Rang und angeblich die höchste Gewalt. Sie erfreuen sich einer vereinten und gleichen Autorität und werden bei allen ihren Entschlüssen von der Geistlichkeit unterstützt. Die Weisheit dieses Systems ist klar. In anderen Regierungssystemen bedarf es einer für das menschliche Leben zu langen Zeit des Studiums und der Beobachtung, um eine Person für die höchste Stelle zu qualifizieren, und dann wird der Eigensinn der Untertanen mit ihren Befehlen in Konflikt geraten. Aber in Bhutan hat der oberste Beamte durch die Erfahrung vergangener Zeit gelernt, und seine Befehle haben das Gewicht, das sie aus diesem Grunde verdienen. Da aber die Zeit und die Aufmerksamkeit dieser heiligen Männer durch die Pflichten der Religion in Anspruch genommen werden, so ist der ausführende Teil der Regierung einer Person anvertraut, die Kuschu Debu genannt wird.

Die verschiedenen Beschäftigungen, zu denen die Bedürfnisse eines zivilisierten und den Luxus liebenden Volkes Veranlassung geben, sind in diesem Lande wenig bekannt. Die Zahl der Handwerker ist gering, und man kennt kaum einen Unterschied in den Berufstätigkeiten. Derselbe Arm, der zu einer Zeit gebraucht wird, um den Boden zu bearbeiten, wird zu einer anderen zu seiner Verteidigung erhoben, und der Pfeil, der die wilde Ziege oder das Moschustier getötet hat, ist nun gegen die Brust eines Feindes gerichtet. Jede Familie ist mit den meisten der notwendigen Künste bekannt und enthält in sich selbst fast alles, was für das Leben notwendig ist. Selbst die Kleider, die in einem so rauhen Klima ein bedeutendes Bedürfnis ausmachen, sind gewöhnlich ein Produkt des bäuerlichen Fleißes. In einer Jahreszeit bringen der Bauer und seine Söhne die Früchte ihres Bodens

wird. Ihm steht ein Rat, Lanchen, von zehn Ministern zur Seite. Es würde danach scheinen, als ob die Geistlichkeit in Bhutan seit Bogles Zeit an Macht und Einfluß sehr erheblich eingebüßt habe. (M) und tauschen sie gegen die Wolle aus des Teschu Lamas Lande aus. Sie wird dann von seiner Frau und seinen Töchtern gesponnen, gefärbt und zu Tuch verarbeitet, die Familie wird bekleidet, und was übrig bleibt, wird entweder dem Nachbarn verkauft oder zu einer anderen Jahreszeit mit dem Moschus, den er seiner Jagd verdankt, und den Pferden, die er gezogen hat, nach Rangpur gebracht und dort gegen Schweine, Salzfleisch, grobe Leinewand, Färbemittel, Gewürze, Tuch und andere Artikel ausgetauscht, die es ihm ermöglichen können, seinen Handel mit Tibet mit größerem Vorteil zu treiben.

Die Bewohner können daher in drei Klassen geteilt werden: die Priester, die Diener oder Beamten der Regierung, und die Grundbesitzer und Bauern. – Die Priester werden aus der Masse ausgewählt; sie werden in jungen Jahren in Klöster aufgenommen, in den Künsten unterrichtet und in die Mysterien des Standes eingeweiht, für die sie bestimmt sind. Wenn sie die Priesterweihe erhalten haben, legen sie ein Gelübde ab, keusch zu leben, kein lebendiges Geschöpf zu töten und von keinem Tiere an dem Tage zu essen, an dem es getötet worden ist. – Die zweite Klasse enthält die Minister, die Gouverneure der Provinzen, die Steuereinnehmer und die ganze Schar ihrer Unterbeamten. Diesen ist es zwar nicht absolut verboten, sich zu verheiraten, aber da sie es als ein Hindernis für ihre Beförderung erkennen, tun sie es sehr selten. Sie werden wie die Priester aus den Familien im Lande genommen; sie werden in den Palästen unter dem Schutz eines Mannes von Amt und Würden erzogen, der sie nährt und kleidet, von dem sie aber kein Gehalt empfangen. Sie kommen selten zu Stellen von Bedeutung oder Vertrauen, bevor sie in vorgeschrittenem Alter stehen und durch alle Stufen des Dienstes hindurchgegangen sind. So ist es nichts Ungewöhnliches, einen Minister zu sehen, der ebenso geschickt ist im Flicken eines Schuhs oder Machen eines Kleides wie in den Regierungsgeschäften. – Die Grundbesitzer und Bauern, obgleich sie bei weitem die zahlreichste Klasse ausmachen und die sind, aus welcher die beiden andern hervorgehen, sind von jeder Teilnahme an der Verwaltung ausgeschlossen. Sie leben zu Hause, bebauen ihr Land, bezahlen Steuern, dienen in den Kriegen und erzeugen Kinder, die die Ehren erlangen, auf welche sie selbst nie Anspruch machen können.

Unter diesen verschiedenen Klassen nehmen die Priester, was die politische Bedeutung anbetrifft, den ersten Rang ein und genießen unabhängig von jedem Einfluß, den ihr heiliger Charakter und ihre größeren Kenntnisse ihnen über ein abergläubisches Volk geben, so ausschließliche Privilegien, daß die Hauptgewalt in ihrer Klasse zu liegen scheint. Die Lamas, obgleich sie nominell als die Höchsten in der Regierung angesehen werden, sind doch vollständig in der Hand der Priester, da sie ihre Ernennung ihnen verdanken, von ihnen seit ihrer frühesten Jugend erzogen worden sind und alle ihre Kenntnis der öffentlichen Angelegenheiten von ihnen haben. Das Recht, den Deb Rajah zu wählen, liegt bei den Oberen der Klöster, gemeinschaftlich mit den Lamas. Der Deb ist verpflichtet, mit ihnen über Frieden und Krieg zu beraten und im allgemeinen keine Maßregeln von Bedeutung ohne ihren Rat und ihre Zustimmung zu ergreifen. Er ist ihnen für die Ausübung seiner Gewalt verantwortlich und behält dieselbe nur solange sie es wollen. Ihr heiliger Stand, weit entfernt, sie für die Leitung der Zivilsachen unfähig zu machen, ist im Gegenteil ein Mittel, sie im Dienste vorwärts zu bringen. Sie werden häufig zu Gouverneuren ernannt, als Minister verwendet oder mit andern höchsten Beamtenstellen im Staat betraut. Der Herrscher wird häufig aus der geistlichen Klasse gewählt oder, falls er aus den weltlichen Beamten stammt, wird er sofort in die geistliche Klasse übernommen. Da die Priester aus dem ganzen Volke gewählt werden und fortfahren, den Verkehr mit ihren Familien zu unterhalten, behalten sie natürlich Einfluß in allen Teilen des Landes und sind sicher, bei allen ihren Maßnahmen vom Volke unterstützt zu werden. Die jüngste Revolution in der Regierung bietet einen überzeugenden Beweis für ihren Einfluß, den sie noch dadurch stärken, daß sie das Volk daran gewöhnen, von ihnen die Abstellung seiner Beschwerden zu erwarten. Da die Einrichtung der Kasten und jeder andere erbliche Unterschied in diesem Lande unbekannt ist, so sind Stellungen, mit denen Macht verbunden ist, die einzige Quelle von Vorrang, und dieses System der Gleichheit, während es die gewaltsamen Erregungen verhindert, zu welchen die Rivalität von Stolz und Ehrsucht Veranlassung gibt, läßt niemanden übrig, der den Priestern die Herrschaft streitig machen könnte. So ist die Macht der Geistlichkeit, die auf tief gewurzelten Vorurteilen und der Annahme eines göttlichen Ursprungs gegründet ist, mit der Art der Verfassung vermischt und gestützt durch den Geist einer Klasse, die nie stirbt, und hat daher alle Aussicht, ebenso dauernd zu sein wie sie beträchtlich ist.

Aber obgleich der Deb Rajah durch die Geistlichkeit abgesetzt werden kann, kommen solche Fälle doch selten vor, und seine Autorität in der inneren Regierung des Landes scheint sehr umfassend zu sein. Er ernennt zu den Ämtern, und die Erhebung und Verwendung der Einnahmen, das Kommando und die Leitung der militärischen Kräfte und das Recht über Leben und Tod liegen in seiner Hand. Die Geringfügigkeit seines Einkommens, welches sich schwer erhöhen lassen würde, der Mangel an Soldtruppen, die Natur des Landes, der freie Geist der Bevölkerung und sein eigenes, vorgeschrittenes Alter, wenn er an die Spitze der Regierung gestellt wird, sind indessen große Hindernisse dagegen, daß er unabhängig werden könnte.

Die Provinzgouverneure haben eine sehr umfassende Gerichtsbarkeit. Die Polizei im Lande, die Erhebung der Steuern und die Ausübung der Justiz sind ihnen übergeben. Klagen gegen sie werden selten vorgebracht oder angenommen, und ihre Urteile werden von dem Herrscher nur in den

Fällen geprüft, in denen es sich um Todesurteile oder Sachen von großer Bedeutung handelt. Sie bleiben nicht lange auf einem Posten. Sie leben in einem großen Palast, sind umgeben von Priestern und Beamten, und ihre Staatsaudienzen sind verkleinerte Abbilder derer am Hofe des Herrschers.

Die Steuern, die an sich mäßig sind, werden noch weniger drückend durch die einfache Art der Erhebung. Jede Familie wird nach ihrem Vermögen für eine bestimmte Summe eingeschätzt, die oft in Produkten gezahlt wird, und diese einfache Art der Erhebung, sowenig sie auch mit den verfeinerten Ideen europäischer Verwaltung übereinstimmen mag, verhindert doch, daß die Bevölkerung durch die großen Ausgaben, die auf die Steuereinnehmer entfallen würden, bedrückt wird und schließt die Notwendigkeit aus, eine zahlreiche Klasse von Leuten zu unterhalten, die ebenso überflüssig für den Staat wie unbequem für die Bevölkerung sind. Da die Einkünfte gering sind, sind die Ausgaben der Regierung dementsprechend beschränkt. Die Beamten bekommen kein Gehalt, die Truppen, die aus den Bewohnern bestehen, die in dem Gebrauch des Bogens geübt und gehalten sind, der Fahne ihres Häuptlings zu folgen, werden für ein Billiges unterhalten, und da Pomp und Luxus unbekannt sind, sind auch die Ausgaben für den Hof nicht bedeutend. Die hauptsächlichsten Ansprüche, die an den öffentlichen Schatz gemacht werden, sind eine jährliche Zahlung an den Teschu Lama und die Unterhaltung einer zahlreichen Körperschaft von Priestern, denen gefällig zu sein im Interesse des Herrschers liegt.

Die Einfachheit ihrer Sitten, der geringe Verkehr mit Fremden und ein starker religiöser Sinn beschützen die Bhutaner gegen manche Laster, denen sich verfeinertere Nationen ergeben. Sie kennen keine Falschheit und Undankbarkeit; Diebstahl und jede andere Art Unehrlichkeit, zu welchen die Lust nach Gewinn Veranlassung gibt, kommen wenig vor. Mord ist ungewöhnlich und mehr die Wirkung von Zorn als von Gewinnsucht. Die Ehelosigkeit eines großen Teils der Bevölkerung bringt indessen natürlicherweise manche Unregelmäßigkeiten mit sich, und die Kälte des Klimas verleitet sie zu einem übermäßigen Genuß geistiger Getränke.

Deb Judhur[2] kam vor ungefähr sieben Jahren zur Regierung. Da er in verschiedenen Unternehmungen gegen benachbarte Häuptlinge verwendet worden war und die höchsten Ämter im Lande bekleidet gehabt, hatte er ein ansehnliches Vermögen und große Bedeutung erlangt, ehe er zum Herrscher gewählt wurde, und verdankte seine Erhöhung mehr der Intrige und der Furcht vor seiner Macht als der freien Wahl durch die Priesterschaft. Eine eingewurzelte Feindschaft, die auf den natürlichen Gegensatz der Interessen gegründet war, bestand zwischen ihm und dem Lama Rimboché. Die Exekutive befand sich in seiner Hand, die höchste Autorität und Kontrolle wurden von dem andern beansprucht. Sein kühner und rastloser Geist konnte die vorsichtigen Maximen der Priester nicht ertragen, und er versuchte durch jedes Mittel, das in seiner Macht stand, sich von ihrer Autorität frei zu machen. In dieser Absicht verstärkte er seine Beziehungen zu dem Teschu Lama und dem Rajah von Nepal. Er versuchte, die Freundschaft und den Schutz des Kaisers von China für sich zu gewinnen, indem er sein Siegel im Lande in Gebrauch setzte.[3] Er hielt den Lama beinahe im Gefängnis und erledigte die wichtigsten Sachen, ohne den Rat der Priester einzuziehen. Er gebrauchte sie sehr selten in einem der Departements der Regierung, und er führte Kriege mit seinen Nachbarn und füllte seine Truhen mit der Beute, die er sich so verschaffte. Aber seine Regierung, obgleich sie unternehmender war als die der meisten seiner Vorgänger, war doch weit entfernt davon, populär zu sein. Die Bewoh-

2 Der Deb Rajah, der in Konflikt mit den Engländern geraten war. (M)
3 D. h. er erkannte dadurch die Oberhoheit Chinas an. (M)

ner, die durch die Sitte des Landes genötigt waren, ohne Sold zu dienen, wurden durch seine militärischen Unternehmungen, aus denen er allein Vorteil zog, erschöpft; das Gesetz, nach dem nach dem Tode eines Beamten der Regierung sein Geld und seine Habe an den Rajah fallen, wurde von ihm rücksichtslos durchgeführt, und die Geistlichkeit, die von aller Teilnahme an den öffentlichen Angelegenheiten ausgeschlossen war und mit Rücksichtslosigkeit behandelt wurde, unterstützte die allgemeine Mißstimmung, die nur durch die Kühnheit und Schnelligkeit seiner Maßregeln am Ausbruch verhindert wurde.

Schließlich versuchte er, Kuch Bahar zu erobern. Seine undisziplinierte Miliz war nicht imstande, es mit regulären Truppen aufzunehmen, aber da er nicht an Mißerfolge gewöhnt war, setzte er den Krieg im Widerspruch zu den Vorstellungen der Geistlichkeit und seiner erfahrensten Räte fort und gab sich jede Mühe, ihn erfolgreicher zu machen. Die Lasten, welche diese außerordentlichen Dienste den Einwohnern auferlegten, wurden durch einen unvorhergesehenen Zufall noch unerträglicher gemacht. Der Palast von Tassisudon brannte nieder, und Deb Judhur, um sich durch den Wiederaufbau innerhalb eines Jahres berühmt zu machen, betrieb diese Arbeit mit einer Strenge, die den traurigen Zuständen im Lande wenig entsprach. Das Volk beschwerte sich überall laut, und die Partei des Lama ergriff die Gelegenheit, als der Deb bei der Armee abwesend war, enthob ihn der Regierung, erließ Befehle, sich seiner Person zu versichern, und erwählte den gegenwärtigen Herrscher an seiner Stelle. Deb Judhur erhielt die Nachricht von diesem Aufstande, während er mit den Boten des Teschu Lama in Buxa-Duar war. Er begab sich augenblicklich auf die Flucht und erreichte auf einem Nebenwege die Nachbarschaft von Lhasa. Einer oder zwei von seinen hauptsächlichsten Beamten wurden gefangen genommen und hingerichtet. Der Rest derer, die am meisten verhaßt waren, folgten ihrem Herrn.

Durch diese Revolution gewannen der Lama Rimboché und seine Partei den Einfluß in der Regierung zurück, zu dem sie sich nach der Verfassung als berechtigt ansahen. Das Oberhaupt, das sie erwählt hatten und unterstützten, unterwarf sich ihnen ganz. Das Siegel des Kaisers von China wurde außer Kraft gesetzt, und mit dem Kriege in Bahar wurde sofort aufgehört. Viele von den Priestern blieben indessen dem Deb Judhur anhänglich, der, obgleich er eifersüchtig auf die Macht ihres Standes war, sich doch oft Einzelnen gegenüber sehr freigiebig erwies. Sie waren außerdem unzufrieden mit einer Verwaltung, die geizig sowohl wegen der Art und Weise der Leute war, welche sie leiteten, wie wegen der Lage ihrer Angelegenheiten. Denn das Vermögen und die Habe des Deb Judhur wurden nicht angerührt, entweder aus Furcht, ihn zum Äußersten zu treiben, oder den Teschu Lama zu verletzen, unter dessen Schutz er sich gestellt hatte. Der öffentliche Schatz war durch die Kriege erschöpft und das Land aus denselben Gründen nicht imstande, ihn wieder zu füllen. Auch die, die unter der früheren Regierung Posten bekleidet hatten, waren unzufrieden. Zuerst waren verschiedene von ihnen durch den Lama in ihren Stellungen belassen, aber dann entweder wegen des Verdachts, daß sie nicht treu wären, oder weil er für seine eigenen Freunde sorgen mußte, entlassen und ihnen gestattet worden, sich in ihre Häuser zurückzuziehen. Von da aus führten sie einen geheimen Schriftwechsel mit dem verbannten Oberhaupt und den Priestern, die für ihn waren, und verabredeten einen Plan für einen Aufstand.

Dem Lama, obgleich er die Einzelheiten dieser Verschwörung nicht kannte, waren doch die Ansprüche des Deb Judhur nicht unbekannt. Er hatte Briefe von ihm erhalten, in welchen er seine Forderungen begründete und in denen er ihn warnte, unter keinen Umständen sein Eigentum anzurühren. Er verlangte von ihm, daß er das Haus verließe, welches er gebaut hatte, da er beabsichtigte, zurückzukehren, von ihm

Besitz zu nehmen und sein Korn zu schneiden, sobald es für die Ernte reif sein werde. Der Rajah von Nepal hatte abgelehnt, den gegenwärtigen Herrscher anzuerkennen, und Lama Shabdong, ein Kind von sieben Jahren, der auf Veranlassung des Teschu Lama vor ungefähr zwölf Monaten als ein Gegengewicht gegen den Lama Rimboché reinkarniert worden war, war angestiftet worden, sich für die Wiedereinsetzung Deb Judhurs zu erklären und alle Nahrungsaufnahme zu verweigern, wenn diese nicht erfolgte. Alles war indessen noch still im Lande, als der Rajah sich in Begleitung des Lama Shabdong, den er sich im Palast zu lassen fürchtete, wo er von den unzufriedenen Priestern umgeben gewesen sein würde, nach einem Schlosse begab, das ungefähr eine Tagesreise von Tassisudon lag.

Die Nacht nach seiner Abreise wurde von den Verschworenen benutzt, um ihre Pläne auszuführen; sie hofften, indem sie sich durch Überraschung des Palastes sowie des Lama und der höchsten Geistlichen bemächtigten, einen entscheidenden Schlag führen zu können. Die früheren Gouverneure von Tassisudon und Targa mit ungefähr 250 Mann sollten einen Angriff von außen machen, während ihre Genossen im Kloster die Tore von innen öffnen und auch auf andere Weise ihren Versuch unterstützen würden. Aber da ihr Plan entdeckt und einige von den Priestern sofort hingerichtet wurden, begaben sich die andern eilig nach Simptoka, einem Schloß ungefähr fünf Meilen von Tassisudon, und bemächtigten sich desselben, ohne Widerstand zu finden. Sie fanden dort Waffen, Munition, Vorräte und etwas Geld, und da am nächsten Tage ungefähr 60 Priester zu ihnen stießen, die aus Tassisudon hatten flüchten können, besaßen sie die Kühnheit, sich zweimal bis zum Tore des Palastes wieder vorzuwagen.

Sobald der Deb Rajah diese Einzelheiten erfahren hatte, kehrte er nach Tassisudon zurück und bereitete sich vor, den Aufständischen Widerstand zu leisten. Er versammelte Leute

Die Residenz des Lama Glassa-too

aus allen Teilen des Landes, legte im Palast ein großes
Magazin von Vorräten an, brannte einige Dörfer nieder, die
dem Feinde wohlgesinnt waren, und seine hauptsächlichen
Beamten mit einem starken Korps von Truppen bemühten
sich, Simptoka wieder zu nehmen. Dies wird indessen einige
Mühe kosten, weil der Platz, obgleich nicht befestigt, durch
seine Lage stark ist und einige Zeit gegen einen Angriff
standhalten kann, der nur mit Schwertern, Bogen und Pfeilen
und einigen Lunten-Flinten unternommen wird.

Aber während so jede Partei zu den Waffen greift, um ihre
Sache zu verfechten, vernachlässigen sie nichts, um ihre
Rechtstitel durch Gründe zu unterstützen. Die Freunde von
Deb Judhur, nachdem sie sich weitläufig über seine großen
Fähigkeiten ausgelassen, behaupten, daß die Regierung des
Landes eine lebenslängliche sei, daß die Fälle, in denen ein
Herrscher abgesetzt worden, so seltene und so eigentümliche

gewesen seien, daß sie nicht als Präzedenzfälle angesehen werden könnten; daß ferner, wenn man annehmen wolle, daß die Geistlichkeit wirklich eine solche Macht besäße, sie nur in der ganzen Körperschaft ruhen könne, daß aber Deb Judhur nur durch einen der Lamas und eine Versammlung von Priestern vertrieben worden sei, ohne daß man ihn zu seiner Verteidigung gehört habe, während er abwesend gewesen sei, und unter ungerechten Vorwänden. Der Wiederaufbau des Palastes sei ein Dienst gewesen, den die Untertanen unzweifelhaft gehalten seien zu leisten; die schnelle Ausführung des Baues sei ebenso vorteilhaft für den Lama und die Priester gewesen wie für das Oberhaupt; und weit entfernt, auf der Fortführung des Krieges zu bestehen, habe er sich vielmehr an den Teschu Lama mit der Bitte um seine Vermittlung gewendet, um den Frieden herbeizuführen, und sei tatsächlich damit beschäftigt gewesen, als die Revolution ausgebrochen wäre.

Die Partei des Lama Rimboché auf der anderen Seite erklärt, daß, da das Recht, den Herrscher zu erwählen, dem Lama und der Geistlichkeit zustehe, sie auch unzweifelhaft das Recht besäßen, seine Haltung zu überwachen und ihn wegen schlechter Regierung zu entfernen; die Geschichte des Landes enthalte Beispiele, daß man einem Oberhaupt nicht allein Widerstand geleistet, sondern es auch getötet habe. Sie legen besondern Wert auf die Strenge und Bedrückung, die die Regierung des Deb Judhur gekennzeichnet hätten, sowie auf seine Mißachtung ihres Rates und, um allem die Spitze aufzusetzen, betonen sie, daß er versucht habe, durch die Einführung eines fremden Siegels im Lande diesen Staat, der von Natur frei und unabhängig sei, zu einer Provinz des chinesischen Reichs zu machen.

Die Reise nach Tibet

Während ich in Tassisudon war, brach ein Aufstand zugunsten des Deb Judhur, des früheren Herrschers, aus, und die Unruhen, welche derselbe im Gefolge hatte, verlängerten meinen Aufenthalt dort. Nach einem fruchtlosen Angriff auf den Palast in Tassisudon bemächtigten sich die Unzufriedenen Simptokas, eines Schlosses in der Nachbarschaft, wo sie Waffen und Munition fanden.

Im Lande gibt es keine Kanonen. Die Schlösser sind auf Bodenerhöhungen errichtet mit großen und dicken Mauern, die Schießscharten haben; die Fenster sind hoch, springen vor, und in ihnen sind Mengen von Steinen aufgehäuft, um sie auf die Angreifer herabzuwerfen. Die Türen sind stark und mit eisernen Bändern versehen; der Zutritt zu einigen führt durch einen bedeckten Gang, der durch Türme verteidigt wird, und ihnen fehlt nur der Graben und die Brücke, um sie den gotischen Burgen unserer Vorfahren ähnlich zu machen. Es gibt nur zwei Mittel, um sie zu bezwingen – Feuer oder Hunger. Das erstere erscheint leicht genug, denn es sind keine Gewölbe vorhanden, und die Dächer und Flure sind alle aus Holz. Aber Simptoka ist von dem Deb Seklu erbaut worden, einem sehr populären Rajah, und ist mit Möbeln und anderen beweglichen Gütern angefüllt, die der Regierung gehören, und so wurde beschlossen, es einzuschließen. Truppen wurden von den entfernteren Provinzen herangezogen und drei der Wege, die heraufführten, abgeschnitten. Der vierte aber blieb noch offen. Die Truppen des Rajah erhielten jeden Tag Verstärkungen, während die Anhänger Judhurs keine Aussicht auf Unterstützung hatten; nach einer Belagerung von zehn Tagen verließen sie Simptoka, und da sie vom Mondlicht begünstigt wurden, entkamen sie über die Berge in das Gebiet des Teschu Lama.

Ich verließ Tassisudon am 13. Oktober 1774, am Tage dieses Rückzuges, begleitet von Dr. Hamilton, von Mirza Settar, einem Eingeborenen von Kaschmir, der von Rangpur zu mir gekommen und der Landessprache mächtig war; von dem Tibetaner Paima, einem Boten des Teschu Lama, der mir entgegengeschickt worden war, und einem Diener des Deb Rajah, der mich bis an die Grenze des Landes begleiten sollte.

Unser Weg führte über Rinjipu, das gewöhnlich Parogound (auch Parogong) genannt wird. Der direkteste Weg ging über die Berge, und wir hatten ihn, begleitet von einer Schutzwache, nehmen sollen. Das war aber jetzt überflüssig, und wir schlugen den anderen Weg am Ufer des Chinchu ein. Es war derselbe, auf dem wir von Buxa-Duar gekommen waren. Wir kamen bei Simptoka vorbei und begegneten einem Detachement der Leute des Deb Rajah. Sie hatten in einem kleinen Dorfe haltgemacht, und ihr Führer schickte nach uns. Er war früher Kalling oder Sekretär des Deb Rajah gewesen und war kürzlich zu dem Posten eines Donnai oder Haupt-Dewan befördert worden. Er nimmt den ersten Platz in der Gunst seines Herrn ein, und sein Scharfsinn und seine hervorragenden Eigenschaften berechtigen ihn dazu. In allem, was die Regierung seines eigenen Landes anbetrifft, könnte er manchem politischen Minister die Stange halten; als Philosoph würde er ihn um seinen kleinen Finger wickeln. Wirklich, eine Unze Mutterwitz ist so viel wert wie ein Pfund Gelehrsamkeit.

Der Donnai saß auf dem Boden, umgeben von seinen

Leuten. Er gab mir einen Teil seines Teppichs ab, und wir tranken einen Schluck Branntwein. Er erzählte mir, daß die Aufständischen sich aus Simptoka gerettet hätten, daß er auf ihrer Verfolgung am Fuße des Berges begriffen sei, während ein anderes Detachement den anderen Weg genommen habe. Gleich, nachdem wir ihn verlassen hatten, sah ich ein Dorf auf dem Gipfel des Berges in Flammen stehen; es war die Strafe für ihre Anhänglichkeit an den Deb Judhur.

Der Soldat in Bhutan gehört nicht einem bestimmten Stand an; jeder Mann trägt ein Schwert und ist im Gebrauch des Bogens geübt. Die Empfangshallen jedes öffentlichen Beamten sind mit Luntenflinten, Schwertern und Schildern behängt. In Kriegszeiten werden seine Diener und Lehnsmannen damit bewaffnet. Die Leute, die sich aus den verschiedenen Dörfern versammeln, werden unter seinen Befehl gestellt, und er marschiert in Person gegen den Feind. Die gewöhnlichen Waffen sind ein Schwert von gutem Stahl mit einem mit Chagrinleder überzogenen Griff, ein Schild aus Rotanggeflecht mit roten Streifen, ein Bogen, der aus einem Stück Bambus besteht, ein Köcher aus einem Gliede desselben Baumes, mit Widerhaken versehene Rohrpfeile, die auch oft mit einem Gift bedeckt sind, das so gefährlich sein soll, daß die leichteste Wunde in einigen Stunden den Tod herbeiführt. Einige wenige sind mit Piken bewaffnet. Sie setzen großes Vertrauen in Feuerwaffen, sind aber nicht so bewandert im Gebrauch der Luntenflinten wie in dem ihrer alten Waffen, des Schwertes und des Bogens. Ihre Kriegstracht ist verschieden und nicht einheitlich. Einige tragen eine wattierte oder aus Rohr gefertigte Kappe in Zuckerhutform mit einem Büschel von rotgefärbtem Pferdehaar; andere ein aus Eisendraht geflochtenes Band oder einen Helm mit einer ähnlichen Verzierung, unter die sie oft falsche Locken befestigen, um den Mangel an eigenen zu ersetzen, denn bei diesem Stamm der Bhutaner wird das Haar kurz getragen. Manchmal sieht man ein Panzerhemd. Im Frieden wie im Kriege tragen sie kurze Hosen wie die schottischen »Philabeg«, wollene Strümpfe mit Ledersohlen, unter dem Knie durch Strumpfbänder befestigt; eine Jacke oder Tunika, und über allem zwei oder drei gestreifte Decken. Nur ihre Führer sind zu Pferde und tragen eine Mütze, die ganz mit rotgefärbten Kuhschwänzen bedeckt ist. Sie schlafen in der freien Luft und halten sich mit Decken und Branntwein warm. Wenn sie in den Krieg oder ins Gefecht gehen, schreien und heulen sie, um sich gegenseitig zu ermutigen und den Feind einzuschüchtern. Sie lieben Nachtangriffe. Was ihren Mut anbetrifft, so können die am besten darüber sprechen, die ihn erprobt haben; ich habe nur einige Scharmützel mit angesehen.

Wir kamen am 14. Oktober gegen Nacht in Lumbolong an. Unser Quartier ähnelte einem großen, von Pfosten gestützten Speicher. Ein Feuer wurde auf einem in der Mitte befindlichen Steine angezündet, aber da keine Luftöffnungen vorhanden waren, litten wir ebensoviel vom Rauch, als wir von der Wärme Gewinn hatten. In Ermangelung einer besseren Unterhaltung schickte ich nach einigen der Weiber, die mit dem Gepäck gekommen waren, und ließ mir bhutanische Lieder vorsingen. Beschreiben läßt sich das nicht, und da ich nichts von Musik verstehe, konnte ich sie auch nicht niederschreiben; sie erinnern mehr an die Glockenspiele in der Kirche als an irgend etwas anderes. Einige von den Noten werden so lang ausgezogen, wie der Atem es aushält, und Leute, die ans Bergsteigen gewöhnt sind, pflegen nicht kurzatmig zu sein. Ein Faustkampf fand zwischen unserem Führer und dem Wirt statt, der zweite, den ich hier gesehen habe. Was für ein streitsüchtiger Platz ist doch Lumbolong.

Wir verließen es am nächsten Morgen und fuhren fort, am Chinchu hinabzusteigen – bis zu dem Punkte, wo er bei Paku in den Pachu (Parchu) fällt. Hier überschritten wir ihn und kamen in das schmale Tal, durch das der letztere reißend strömt. Die Berge, an denen wir vorbeikamen, sind kahl und felsig, und man sieht keine Häuser außer den Wohnstätten einiger Fakirs. Auf der anderen Seite befanden sich ein Dorf und einige Weizenfelder.

Ein starker Schneefall hatte zwei Tage, ehe wir Tassisudon verließen, stattgefunden, und die Gipfel aller Berge waren weiß davon. Die Bengalis waren höchst erstaunt über den Anblick, als sie morgens aufstanden. Sie erkundigten sich bei den Bhutanern, die ihnen erwiderten, es wären weiße Tücher, die der allmächtige Gott herabgesandt habe, um die Berge zu bedecken und sie warm zu halten. Diese Lösung des Rätsels erforderte sicherlich einigen Glauben, aber sie erschien ihnen gerade so wahrscheinlich, als wenn man ihnen gesagt hätte, daß es Regen sei oder daß sie später Wasser finden würden, das so hart wie Glas sei, oder daß sie imstande sein würden, über das Wasser eines Flusses zu gehen. Wenn verschiedene Klimate den Bewohnern anderer Klimate solche unbegreiflichen Phänomene zeigen, warum sollten nicht die Erzählungen von Reisenden Nachsicht finden und selbst die Abenteuer Sindbads des Seefahrers[1] mit mehr Nachsicht gelesen werden?

Wir kamen am 15. Oktober etwas nach zwölf Uhr nach Essana, einem Dorfe, das in einem fruchtreichen Tale gelegen ist. Alles war bei der Ernte beschäftigt. Sobald der Reis in einem Felde reif ist, wird das Wasser von demselben abgelassen und der Strom, der es lieferte, in andere Kanäle abgeleitet. Der Reis wird dann mit ungezähnten Sicheln geschnitten und entweder gegen die schmalen Dämme gelehnt, die jedes Feld umgeben und es von den anderen trennen, oder flach auf den Stoppelboden gelegt. Nach einigen Tagen wird er in kleinen Mieten aufgebaut, regelmäßig, aber ohne gebunden zu werden. Von diesen wird er später abgenommen, ein Balken in Brusthöhe auf zwei Pfähle gelegt und eine große Matte darunter ausgebreitet, und die Männer und Frauen, die sich

---

1 Aus »Tausendundeiner Nacht«. (M)

auf den Balken lehnen, treten den Reis mit ihren Füßen aus. Eine andere Methode wird für den Weizen angewendet, der Grannen hat; er wird in kleine Garben gebunden. An einigen Plätzen (z. B. Kepta) trennen sie die Körner vom Stroh, indem sie das letztere verbrennen; in anderen (Tassisudon) dreschen sie es mit Flegeln aus. Der Weizen wird Anfang Juni geerntet.

Bei allen diesen landwirtschaftlichen Beschäftigungen liegt die schwerste Last auf dem schönen Geschlecht; es hat in der Tat ein hartes Los. Außerdem ist die ganze Hauswirtschaft Sache der Frauen. Sie haben die Speisen zu bereiten und die Schweine zu füttern. Sie haben allerdings nicht viel mit Waschen und Scheuern zu tun; die Mode des Landes macht das ganz unnötig. Aber ich habe sie nicht selten mit einem Kinde an der Brust unter einer schweren Last den Berg hinaufstolpern oder Korn ausschlagen sehen, eine Arbeit, die kaum weniger schwer ist. Und bei diesem bitteren Los scheinen sie wenige von den Mitteln zu haben, die ihnen das Leben versüßen könnten. Sie haben weder die Märkte, Messen, Kirchen und Hochzeiten Englands, noch die Spiele und Tänze Frankreichs; sie haben keine der Andachtsübungen der niedrigeren Klassen in anderen katholischen Ländern; sie haben nicht die Bäder, Armbänder usw. der Bengali; und doch, ich weiß nicht, wie es kommt, sie scheinen das alles ohne Murren zu tragen, und da sie nichts anderes haben, um sich damit zu schmücken, flechten sie Girlanden von Blättern und Baumzweigen in ihre Haare. Die Hilfsmittel eines leichten Herzens und einer gesunden Körperbeschaffenheit sind unendlich.

Den Lauf des Pachu hinauf verfolgend kamen wir am 16. Oktober nach Rinjipu, der Hauptstadt der Provinz. Ich wurde in einer großen an den Tempel anstoßenden Halle untergebracht. Der Palast ist eine Nachahmung im kleinen dessen von Tassisudon. Das Tal ist breit, gut angebaut und mit getrennt liegenden Dörfern angefüllt. In einem derselben befinden sich ein Bazar, ich glaube, der einzige im Lande, und zwei Kaschmiri-Häuser; aber man kann es nicht eine Stadt nennen.

Das Gouvernement von Paro-gound ist das wichtigste unter dem Deb Rajah. Die Person, die jetzt an der Spitze desselben steht, ist ein Vetter des Lama Rimboché, der bei der letzten Revolution das Kleid eines Fakirs ablegte, das er unter der früheren Regierung angetan hatte, und zu den weltlichen Angelegenheiten zurückkehrte. Seine Gerichtsbarkeit erstreckt sich sehr weit. Außer den Distrikten, von denen er seinen Titel als Paro Penlo hat, stehen die Gouvernements von Dalim-Kotta, Lukhi-Duar, Chamurchi-Duar und alle die Distrikte in der Richtung auf die Murungs, die Wälder am Fuß der Sikkine- und Nepalberge, die in Indien mit Terai bezeichnet werden, unter ihm. Er besitzt Macht über Leben und Tod. Einmal im Jahre begibt er sich nach Tassisudon und zahlt eine feste jährliche Abgabe an den Deb Rajah, legt aber keine Rechenschaft über seine Verwaltung ab. Er behält indessen sein Amt nur, solange es höheren Orts so beliebt wird, und ein Befehl von oben macht ihn den anderen Untertanen gleich.

Die Einkünfte von Paro-gound, wie die der meisten inneren Distrikte, werden hauptsächlich in Getreide, Pferden, Decken usw. entrichtet, und das Geld kommt fast ausschließlich aus Lukhi-Duar, Buxa-Duar und anderen Duars oder Auslässen in das tiefer gelegene Land. Doch ich kann hier nicht vorgeben, Einzelheiten mitzuteilen.

Ich wurde heute morgen durch Flintenschüsse und das Kriegsgeschrei geweckt. Ich dachte schon, die Kämpfe wären noch nicht vorbei, aber es handelte sich nur um den Kopf eines Rebellen, den sie in Prozession in den Palast brachten und dem ein weißes Taschentuch als Fahne vorgetragen wurde.

Ich blieb zwei oder drei Tage in Paro-gound, besuchte den Penlo, erhielt noch mehr Decken von ihm und setzte meinen

Weg am 19. fort. Ich erhielt auch einen Besuch von dem
Donnai. Wir waren wegen der Kulis genötigt, kurze Tages-
märsche zu machen. Wir blieben die Nacht vom 20. in Duko-
jong (Dukka-jung) und wurden in dem Schlosse einquartiert,
das romantisch genug auf der Spitze eines hohen Hügels liegt.
Unter den meisten Fenstern waren Bienenkörbe in der offenen Luft. Kalte Quartiere für die Bienen. Unsere nächste
Station war Chanon, das letzte bhutanische Dorf an dieser
Straße, wo wir am 21. ankamen. Es besteht aus vier oder fünf
Häusern am Ufer des Pachu, umgeben von Rübenfeldern,
wegen deren es berühmt ist.

Die Straße von Tassisudon bis hierher war ziemlich eben,
so daß wir meistens reiten konnten. Unsere nächste Station
war sehr steil; der Weg führte dicht am Pachu entlang, der
über die Felsen stürzte, die von seinen Spritzern naß waren.
Eine Stelle war besonders malerisch. Hohe senkrechte Felsen
waren über uns; der Pachu, der jetzt in ein schmales Bett
gezwängt ist, strömt reißend vorbei, auf der anderen Seite ist
ein hoher runder Berg, mit Silberkiefern und Fichten besetzt,
die mit anderen Bäumen vermischt sind, roten, gelben und
von allen den Farben, mit denen ein natürlicher Wald gegen
das Ende des Herbstes buntgefärbt ist. Die Gipfel der Berge
waren weiß von Schnee. Als wir auf den höchsten Punkt der
Straße kamen, fanden wir die Seiten der Berge vollständig
kahl, was, wie ich glaube, dem Umstande zuzuschreiben ist,
daß sie dem Nordwind ausgesetzt sind. Wir trafen eine Herde
Schafe, die erste, die wir gesehen, kleine Tiere mit guter
Wolle. Wir begegneten auch Herden von kuhschwänzigem
Vieh; sie werden als Lasttiere gebraucht und trugen Häute
mit der Wolle auf ihnen nach Paro-gound, wo die groben
Decken meistens angefertigt werden. Sie waren beinahe alle
schwarz, sehr struppig und ungeschlacht, mit einem großen
Höcker, kurzen Beinen und dem großen buschigen Schwanz,
für den sie berühmt sind.

Es gibt keine Bewohner in Gaissar (Gassa), wo wir am

22. Oktober ankamen; es ist nur ein niedriges Haus dort, eine Art Stall ohne Türen. Wir waren gezwungen, unsere Vorräte und Brennstoff von der letzten Station mitzubringen. Wir brauchten es alles, um uns warm zu halten. Die Hügel in der Umgebung waren mit Schnee bedeckt, und um es noch schöner zu machen, brach in der Nacht ein heftiger Schneesturm aus.

Am nächsten Morgen war alles gefroren, und der größte Teil unseres Weges nach Pari-jong war mit Schnee bedeckt. Als wir den Berg hinab zum Pachu kamen, fanden wir die Steine und die Brücken mit Eiszapfen behängt. Häuser waren nicht zu sehen, nur einige Herden Rinder, die an den Seiten des Tales weideten, das im Nordwesten durch einen Hügel zwischen zwei mäßigen Bergen begrenzt wurde. Als wir auf dem Gipfel ankamen, fanden wir dort sechs Haufen Steine mit Fahnen, die dazu dienen, die Grenze zwischen dem Gebiet des Deb Rajah und dem des Lama zu bezeichnen, das jetzt vor uns lag, eben und offen nach dem Norden zu, hügelig nach dem Westen; hinter uns, nach Osten und Süden, Berge. Ich kam in Pari-jong am 23. Oktober an. Ich fand dort den Bhutaner, der in Kalkutta gewesen war, auf mich wartend; ich habe den Diener des Deb Rajah entlassen und breche in einem oder zwei Tagen nach Schigatzé auf.

2

Der erste Gegenstand, der einem auffällt, wenn man den Hügel nach Tibet hinabsteigt, ist ein Berg in der Mitte der Ebene. Die Leute von Pari-jong setzen dort ihre Toten aus. Ich hoffe, es war keine schlechte Vorbedeutung, daß sie gerade eine Leiche dorthin trugen, als wir herunterkamen. Adler, Habichte, Raben und andere fleischfressende Vögel kreisten über dem Platze in Erwartung ihrer Beute. Jedes Dorf hat seinen besonderen für diesen Zweck bestimmten Platz. Es gibt nur zwei Ausnahmen von dieser Bestattungsart. Die Lamas werden mit Sandelholz verbrannt, und diejenigen, die an den Blattern sterben, werden begraben, um die Ansteckungsgefahr zu ersticken. Die Einwohner von Tibet üben so drei von den fünf Bestattungsarten aus, und ich weiß keine weiteren, welche die Bewohner dieser Welt kennen.

Als wir näher kamen, erblickten wir das Schloß von Parijong, das von außen sehr stattlich aussieht. Es hat verschiedene hervorragende Türme mit Balkonen, und da es wenig Fenster besitzt, macht es den Eindruck der Stärke; die Stadt liegt um es herum. Die Häuser haben zwei Stockwerke und flache Dächer, die mit Strohbündeln gedeckt sind; sie liegen so nahe aneinander, daß es einem begegnen kann, eins zu übersehen. Die Decken sind so niedrig, daß ich es mehr als einmal der Dicke meines Schädels zu verdanken gehabt habe, daß ich ohne Schaden davongekommen bin. Da die Balken, welche die Decken tragen, sehr kurz sind, so werden sie durch eine Menge Pfosten getragen, die dem Herumgehen in dem Zimmer wenig günstig sind. In der Mitte des Daches ist ein Loch, um den Rauch hinauszulassen, der sich indessen nicht verzieht, ohne vorher den ganzen Raum schwarz wie einen Schornstein gefärbt zu haben. Diese Öffnung dient auch dazu, das Licht hereinzulassen; die Türen sind voller Löcher und Spalten, durch welche die Weiber und Kinder fortwährend hereinsehen. Das Stroh auf dem Dach hält die Häuser warm. Denselben Baustil findet man in den Dörfern; er macht einen ärmlichen Eindruck nach den hohen Gebäuden in dem Gebiet des Deb Rajah; aber da sie weder Holz haben noch Gewölbe kennen, können sie eben nicht anders.

Nach Einbruch der Dunkelheit auszugehen, ist unmöglich wegen der großen Menge von Hunden, die dann losgelassen werden; sie sind von der Schäferhund-Rasse, von derselben Art, die Nepalhunde genannt wird, groß, oft mit Mähnen wie die Löwen und sehr wild.[2]

2 Der tibetische Mastiff. (G)

Die beiden Beamten aus Lhasa, denen die Verwaltung von Pari-jong übertragen ist, schickten mir am Tage nach meiner Ankunft etwas Butter, Tee usw., und da sie mich wissen ließen, daß sie meinen Besuch erwarteten, ging ich zu ihnen. Das Innere des Schlosses entsprach nicht dem Eindruck, den das Äußere gemacht hatte. Die Treppen sind Leitern, deren Sprossen fast abgenutzt sind, und die Räumlichkeiten sind wenig besser als Bodenkammern. Der Gouverneur trug eine dunkelbraune Tunika von grobem Wollenstoff und ein zusammengelegtes leinenes Tuch auf dem Kopf. Der andere, der eine Art Richter sein soll, war in grobes schwarzes Tuch gekleidet. Sie saßen einer neben dem anderen auf Teppichen, und die Etikette war der sehr ähnlich, die bei den Dewans in Tassisudon herrschte.

80 Leute des Deb Judhur hatten sich in dieses Schloß geflüchtet; der Deb Rajah verlangte ihre Auslieferung, die aber verweigert wurde. Das Gespräch, das bei dieser Gelegenheit geführt wurde, soll, wie mir gesagt wurde, so voll von Regierungsgrundsätzen und denen des Völkerrechts gewesen sein, als ob es zwischen Grotius und Pufendorf[3] stattgefunden hätte.

Pari-jong steht in einer engbegrenzten Ebene, ganz umgeben von Hügeln und Bergen, mit Ausnahme des Nordwestens, von wo dieser Schuft von Wind freien Zutritt hat. Es ist in jeder Beziehung traurig, kahl und ungemütlich.

Mein Freund Paima wurde hier als ein großer Mann angesehen, und alle Vasallen des Teschu Lama beeilten sich, durch Geschenke und Aufmerksamkeiten seinen Einfluß bei Hofe für sich zu gewinnen. Seine Levées waren mit Bittstellern überfüllt, und in der Nacht vor unserer Abreise hatte er alle seine Freunde eingeladen und gab ihnen ein großes Fest.

3 Hugo Grotius (1583–1645) und Samuel Baron von Pufendorf (1632–1694), führende Rechtsgelehrte des 17. Jahrhunderts, besonders im Naturrecht und Völkerrecht. (G)

Ich wußte nichts davon und schickte zu ihm, um ihn zu einer Partie Schach aufzufordern. Mein Diener fand ihn mit dem Ehrenkleid des Gouverneurs angetan unter einem Baldachin sitzend, der aus einem Stück grüner Seide bestand, und umgeben von allen Bauern und ihren Weibern, die sangen, tanzten und tranken; er war groß wie ein Fürst. Es wurde daher der Morgen des 27. Oktober, ehe wir aufbrachen. Unsere Gesellschaft hatte jetzt einen erheblichen Zuwachs durch Paima und sechs andere Diener des Teschu Lama erhalten. Alle Welt war zu Pferde; es waren alles Wallache, niedrig und ruhig, ausdauernd, schlecht geputzt und unbeschlagen. Nachdem wir die Hunde und Bettler von Pari-jong glücklich losgeworden waren, ritten wir langsam über die Ebene.

Einer von Paimas Dienern trug einen Baumzweig mit einem darangebundenen weißen Taschentuch; ich bildete mir ein, daß es ein Zeichen des Respekts für mich und die Gesandtschaft sei, und setzte mich aufrecht im Sattel; aber ich wurde schnell enttäuscht, denn bald nachdem wir an einem Zelte haltgemacht und mit dem Abt eines Klosters in der Nähe von Pari-jong, das dem Teschu Lama untersteht, Tee getrunken hatten, kamen wir zu einem Steinhaufen gegenüber von einem hohen mit Schnee bedeckten Felsen. Hier hielten wir, die Diener sammelten einen Haufen von trockenem Kuhdung, machten Feuer mit ihrer Zunderbüchse und steckten ihn an. Wir saßen dabei nieder, und da es kalt war, fand ich es ganz angenehm. Als das Feuer angezündet war, nahm Paima ein Gebetbuch heraus, ein anderer brachte einen kupfernen Becher und füllte ihn mit einer Art gegorenen Getränks aus dem Magen eines frischgeschlachteten Schafs, das er mit ein wenig Reis und Mehl vermischte, und nachdem sie etwas Mehl und getrocknete Kräuter in die Flammen geworfen hatten, begannen sie ihre Gebete. Paima spielte den Pfarrer. Er sang die Gebete mit lauter Stimme, wobei ihn die anderen begleiteten. Von Zeit zu Zeit wurde der kleine

Becher in der Richtung auf den Felsen ausgegossen. Nachdem acht oder zehn von diesen Trankopfern stattgefunden hatten, wurde die Zeremonie damit beendigt, daß die kleine Fahne, von der ich mir eingebildet hatte, daß sie Opfer für meine eigene Eitelkeit wäre, auf den Haufen Steine gesteckt wurde.[4] Der Berg, dem dieses Opfer gebracht wurde, heißt Chumalhari (Chumala-Rhi, der Heilige Berg der Mutter der Wasser, 23944′), liegt zwischen Bhutan und Tibet und ist der Regel nach mit Schnee bedeckt. Er ragt beinahe senkrecht empor wie eine Mauer und ist von einer Kette von kleineren Felsen umgeben, die als seine Söhne und Töchter bezeichnet werden.[5]

Wie das Wasser des Ganges oder eines erfrischenden Bachs von den sonnenverbrannten Hindus als heilig angesehen wird, so sind Felsen und Berge Gegenstände der Verehrung für die Anhänger des Lamaismus. Sie pflanzen beschriebene Fahnen auf ihren Gipfeln auf, sie bedecken die Seiten derselben mit Gebeten, die aus Kieselsteinen gebildet sind, in Schriftzeichen, so groß, daß »die die laufen sie lesen können«, und wie die alten Juden taten, wenn sie die falschen Götter der Heiden anbeten wollten, gehen sie dazu auf die hochgelegenen Plätze.

Die Ebene, über die wir ritten, war mit Kiessand bedeckt. Sie brachte nichts als einige Büschel dürren Grases hervor, die ein mageres Futter für die Rinderherden abgaben. Die Seiten der Hügel nach Westen zu waren ganz kahl; sie erscheinen wie Felsen, auf die Sand und Steine aufgehäuft worden waren, die nur hier und da die scharfen Spitzen heraussehen lassen; darüber hinaus sieht man die hohen Berge im Lande Demo-

---

4 Diese Zeichen, »obo«, werden auch »do bong«, Haufen von Steinen, oder »do bum«, zehn Myriaden Steine, genannt und dadurch gebildet, daß jeder, der sie passiert, einen oder mehrere Steine darauflegt. Sie mögen ursprünglich als Wegweiser gedient haben, besitzen aber jetzt unzweifelhaft eine andere Bedeutung. (M)

5 Oder Chumolhari, der »Berg der Göttin Dame«. (M)

jong (tibetisch für Sikkim), unter denen sich der schneebedeckte Gipfel befinden mag, den man von Dinajpur und anderen Punkten in der bengalischen Ebene sieht.[6] Für mehrere Tage war die Gegend ebenso traurig und öde und entsprach Churchills[7] Beschreibung:

»So weit das Auge reicht, sieht's keinen Baum,
Die braune Erde hat für Grün nicht Raum.«

Die einfache Ursache dieser Armut des Bodens ist, daß Gott es so angeordnet hat, aber eine viel geistreichere Erklärung mag aus den folgenden Umständen abgeleitet werden.

Die Kälte des Klimas macht Brennmaterial zu einem unentbehrlichen Artikel, und da kein Holz vorhanden ist, sind die Tibetaner gezwungen, Kuhdung zu benutzen, den sie sorgfältig auf den Feldern sammeln. Sie bauen denselben in einer kreisrunden Form auf oder tun ihn in einen Topf mit einem Loch im Boden. Er gibt ein freundliches und warmes Feuer, wenn er gut angezündet ist, und die Leute sind sehr gewandt in der Art und Weise, dies zu tun, was meine eigene Ungeschicklichkeit dabei mich als eine besonders schwere Kunst anzuerkennen gelehrt hat.

Wir gelangten nach Tunno (Teuna, 14 Meilen von Phari) gegen drei Uhr nachmittags. Einige meiner Diener, die zu Fuß gingen, waren so ermüdet, daß sie auf den Rücken von Bauern nachgeschleppt werden mußten, da ich keine Pferde für sie hatte bekommen können. Am nächsten Tage besorgte ich kuhschwänzige Ochsen, aber die Hindus wollten nicht auf ihnen reiten, da, falls denselben etwas zugestoßen wäre, während sie darauf säßen, sie, wie sie sagten, nach den Vorschriften des Schasters (ihres religiösen Gesetzbuches) gezwungen sein würden, als Sühne für ihr Verbrechen, ihr Brot während zwölf Jahren zu erbetteln. Nicht bequem, Hindudiener in fremde Länder mitzunehmen!

6 Wahrscheinlich der Kangchan jeunga, Kangchenjunga (kang chan, im Übermaß Schnee), 8579 m. (M)
7 Charles Churchill, englischer Dichter und Satiriker (1731–1764). (G)

Unser Weg führte uns am nächsten Tage (28. Oktober) an dem Ufer des Sees Scham-chu Pelling entlang, der durch einen starken Strom von Mineralwasser gespeist wird, der aus der Seite eines Berges hervorkommt, und ungefähr 18 Meilen von Norden nach Süden lang ist. Der See war halb gefroren und voll von wilden Enten und Gänsen. Wir sahen auch einige Hasen und eine Herde Antilopen[8] und außerdem eine Herde von wilden Tieren, die Kyang[9] genannt werden und einem Esel ähnlich sehen.

Wir würden vortreffliche Kurzweil gehabt haben, hätten nicht meines Freundes Paima Skrupel dem entgegengestanden. Er widersetzte sich energisch unserem Schießen, indem er darauf bestand, daß es ein großes Verbrechen sei und die Bewohner sehr verletzen und besonders in der Umgegend des Chumalhari dem dort bestehenden Schutz für alles Lebendige widersprechen würde. Wir hatten lange Debatten über den Gegenstand, in denen er Gründe des gesunden Menschenverstandes vorbrachte, die er seiner Religion und den Sitten des Landes entnahm, während ich mich auf die feingesponnenen europäischen Argumente stützte, die mehr verwirren als überzeugen. Ich gewann nichts dadurch, aber schließlich verständigten wir uns. Ich versprach, nicht mehr zu schießen, bis wir den heiligen Berg aus dem Gesicht verloren hätten, und Paima war damit einverstanden, an einsamen und abgelegenen Plätzen die Jagdgesetze außer Kraft zu setzen.

Die Religion der Lamas hängt in einigen Punkten mit der der Hindus zusammen, obgleich ich nicht sagen kann, wie viele ihrer Gottheiten dieselben sind; der »Schaster« ist in ihre Sprache übersetzt und sie verehren die heiligen Plätze in Hindustan. Wenn die tibetanische Religion daher nicht von den »Gentus«[10] stammt, ist sie zum wenigsten von ihnen

8 Wahrscheinlich die Chiru; Antilope Hodgsoni. (M)
9 Equus (asinus) Kyang, der wilde Esel von Tibet. (M)
10 Gentu, ein Hindu, von dem portugiesischen Gentio, Heide. (M)

beeinflußt. Ein lebendes Geschöpf töten, wird als ein Verbrechen angesehen, und eins der Gelübde der Geistlichkeit spricht dies aus. Aber die Menschheit, in welchem Teile der Welt es auch sein mag, weiß immer ihr Gewissen mit ihren Leidenschaften in Übereinstimmung zu bringen, und die Tibetaner finden keine Schwierigkeit, dieser Lehre zu gehorchen. Sie benutzen eine niedrige und verderbte Klasse von Menschen, um ihre Rinder zu töten, und umgehen so das Verbot. Auch das strenge Verbot der Hindus gegen das Essen von Rindfleisch wird leicht umgangen. Die tibetanischen Kühe gehören meist der Art mit dem buschigen Schwanze an, und da die Tibetaner sie daher als Tiere von einer anderen Art als die im Schaster erwähnten betrachten, essen sie sie, ohne ihr Gewissen weiter zu beschweren. Das allgemeine Prinzip, nach dem sie den Grad der Schuld beim Töten eines Tieres bestimmen, ist sehr verschmitzt. Nach der Lehre von der Seelenwanderung findet ein fortwährendes Fluktuieren des Lebens zwischen den verschiedenen Geschöpfen auf der Welt statt, und der Geist, der heute einen Menschen belebt, kann nach seinem Tode in eine Fliege oder einen Elefanten übergehn. Sie berechnen daher für das Leben jedes Geschöpfes denselben Wert, und es ihm zu nehmen, wird als ein größeres oder kleineres Verbrechen angesehen im Verhältnis zu dem Nutzen, der daraus der Menschheit erwächst. Der Ochse, der die Erde mit allem Pomp der Ernte bekleidet, und das Schaf, das ihnen sein eigenes Kleid und Milch in Strömen gibt, werden ohne Gnade geschlachtet, während das Rebhuhn und die wilde Ente den Schutz der Regierung genießen und die Forelle sicher und ungestört ein gutes hohes Alter erreicht. Die Moschusziege[11] ist verurteilt wegen des Parfüms, das sie liefert, dem Hirsch[12], dem Hasen[13] wird aus doppelten

11 Moschus Moschiferus Auct. (Lawa.) (M)
12 Cervus Affinis Hodg. (Shoa.) (M)
13 Lepus Oiostolus Hodg. (Rigong.) (M)

Gründen der Prozeß gemacht, wegen ihres Felles wie wegen ihres Fleisches. Aber ich lasse mich da auf Erörterungen ein, die nichts mit meiner Reise zu tun haben.

Ein Strom von Wasser fällt aus dem Schum-chu in den Calo-chu-See, der sich zehn Meilen nach Osten und Westen ausdehnt. Ein großes Dorf, Caloaschur, steht an seinem Ufer, und ein anderer Strom läuft in nördlicher Richtung aus ihm. Wir hielten uns für mehrere Tage dicht an diesem Strom; er ergießt sich in den Tsangpo[14], an dem Schigatzé liegt, und treibt in seinem Lauf viele Mühlen, die in der einfachsten Weise konstruiert sind. Ein Mühlgraben wird angelegt wie in Europa, aber das Mühlrad, anstatt senkrecht zu stehen, ist horizontal und dreht den oberen Mühlstein, der an einer Achse befestigt ist, ohne irgendeine andere Maschinerie. Über den Fluß führen auch eine Anzahl von Brücken, aber sie sind sehr verschieden von denen, die wir in den Bergen angetroffen hatten. Es sind Wälle mit Durchbrüchen oder Öffnungen, um das Wasser durchzulassen, die Öffnungen sind mit Planken oder Steinplatten überdeckt. Im Gebiet des Deb Rajah werden die engsten Stellen des Flusses ausgesucht, um eine Brücke darüber zu bauen, hier aber wählen sie die breitesten.

Unser Weg ging fast direkt nach Norden durch Täler, in denen wenig angebaut war und die von trostlosen öden Hügeln eingefaßt werden, hinter deren Öffnungen man entfernte, mit Schnee bedeckte Berge sah. Hier und dort sahen wir ein paar Häuser mit Stellen von mit Binsen oder braunem Grase bedecktem Boden, aber sonst war kein Baum und keine Pflanze zu sehen, und die Anzahl in Trümmern liegender Häuser und verlassener Dörfer machten den Ausblick noch ungemütlicher.[15] Bei Kanmur (Gangamaar) waren

14 Strom. (M)
15 In einem Aufsatz im North China Herald »The marches of Tibet« werden solche Ruinen daraus erklärt, daß die Bevölkerung einem in das Land

einige Weiden um das Dorf gepflanzt. Wir wurden in dem Tempel im obersten Stockwerk untergebracht, was immer die beste Wohnung zu sein pflegt.

Gegen Abend besuchte uns ein in Giansu wohnender Priester, der im Auftrage des Teschu Lama kam; so begann eine Bekanntschaft, die wir später manche Gelegenheit hatten intimer zu gestalten. Er trug ein weltliches Gewand, das aus einer roten Tunika von feinem Tuch und einer mit Pelz besetzten Mütze bestand. Er saß etwa eine Stunde bei uns und bat Dr. Hamilton um einige Arzneien. Das Dorf gehört zu Lhasa. Das Haus, in dem wir wohnten, hatte kürzlich seine Bewohner gewechselt. Die 15 Personen, die es während des letzten Jahres bewohnt gehabt hatten, waren alle an den Blattern gestorben.

Da wir gewöhnlich mit Sonnenaufgang aufbrachen, kamen wir früh auf unseren Stationen an. Dudukpai, das nächste Dorf, das dem Teschu Lama gehört, war auch mit einer guten Anzahl von Weiden umpflanzt. Die Bewohner waren beschäftigt, ihr Stroh in Schobern aufzusetzen, und sangen dabei. Die Familie unseres Wirtes schien eine der glücklichsten in Tibet zu sein. Das Haus gehört zwei Brüdern, die eine sehr gut aussehende Frau geheiratet und von ihr drei der hübschesten Kinder haben, die ich je gesehen habe.[16] Sie kamen alle, um mit uns Tee zu trinken und Zuckerkandy zu

eingebrochenen Feinde, in diesem Falle Chinesen, jeden Schutz gegen die Witterung (Kälte) habe nehmen und ihn dadurch zum Rückzug habe zwingen wollen. (B)

16 Polyandrie (Vielmännerei) ist in Tibet weit verbreitet. Verschiedene Brüder heiraten dieselbe Frau, aber selten ist mehr als einer der Männer im Hause. Die große, überwiegende Anzahl von Männern, die durch ihren Eintritt in den geistlichen Stand zur Ehelosigkeit verpflichtet sind, erklärt diese Sitte zum Teil, auch die Armut des Bodens wird als Ursache angeführt. In Ceylon, wo die Polyandrie bis 1860 teilweise bestand, wurde die Zersplitterung des Eigentums als der Hauptgrund angegeben, da es z. B. nur so möglich sei, eine Kokospalme im Besitz einer Familie zu erhalten, die sonst mehreren Personen gehören würde. (M)

naschen. Nach Einbruch der Dunkelheit versammelte sich die ganze Familie in einem Raume, um zu ihren eigenen Gesängen zu tanzen, und brachte so zwei Stunden mit viel Heiterkeit und Gelächter zu. Ich würde es eingehender beschreiben, aber ich werde später noch Gelegenheit dazu haben und will mich jetzt mit einem philosophischeren und viel wichtigeren Gegenstande beschäftigen.

Die Bewohner von Tibet scheinen einer anderen Rasse als die des Gebiets des Deb Rajah anzugehören. Das fiel mir schon bei meiner Ankunft in Pari-jong auf, und jeder Tag der Reise bestätigte mir das mehr und mehr. Die letzteren sind die robusteste und bestgebaute Rasse, die ich je gesehen habe; von der ersteren kann ich nicht dasselbe sagen. Ihre körperliche Kraft steht in demselben Verhältnis; eine Last, mit der der eine die steilsten Berge hinaufklettert, muß für den anderen, der sie auf ebener Erde tragen soll, um ein Drittel vermindert werden. Man könnte die Ursache dafür in dem Unterschiede von Boden und Klima suchen; ich will aber versuchen, sie aus einem anderen Prinzip abzuleiten, weil dasselbe einiges Licht auf die jeweilige Lebensweise jedes dieser Völker werfen kann.

Arbeit macht unzweifelhaft einen Mann kräftig; unter sonst gleichen Umständen wird ein Schmied oder ein Zimmermann kräftiger sein als ein Schneider oder ein Barbier. Ich habe schon des mühseligen Lebens gedacht, das die Untertanen des Deb Rajah führen müssen. Die Natur Tibets setzt seine Bewohner nicht solchen Mühsalen aus. Die Hügel, obgleich an vielen Plätzen steil und hoch genug, sind so kahl und unfruchtbar, daß sie gelassen werden, wie die Natur sie geschaffen hat.[17] Nur die Täler werden angebaut, und die Straßen führen durch dieselben, was alles Ersteigen von

17 Bogle urteilt in diesem Punkt doch wohl zu sehr nach seinen eigenen Erfahrungen, mit denen die Bodenbeschaffenheit des größeren Teils des Landes im Widerspruch steht. (B)

Bergen ausschließt. Waren werden hauptsächlich von Ochsen und Eseln getragen; das Korn wird vom Vieh ausgetreten und von Wassermühlen gemahlen, und da das Land auch keine Wälder hervorbringt, sind seine Bewohner auch von der harten Arbeit des Fällens der Bäume und ihres Transportes von den Gipfeln der Berge in die Ebene befreit.

Aber wenn dieses bequeme Leben dazu mitgeholfen haben mag, die Männer weniger kräftig zu machen, hat es ersichtlich einen vorteilhaften Einfluß auf die Frauen gehabt, die sicherlich zarter und heitereren Temperaments als ihre Nachbarinnen sind. Auch gibt diese Freiheit von angestrengter Arbeit dem ganzen Volke mehr Zeit zum Schwatzen und anderen geselligen Vergnügungen, die das Herz weicher und das Gemüt fröhlicher stimmen. Dies zusammen mit anderen Gründen, deren Erwähnung überflüssig ist, macht die Tibetaner viel manierlicher und umgänglicher als ihre südlichen Nachbarn, und auch die Frauen werden mit größerer Aufmerksamkeit behandelt. In dem Gebiet des Deb Rajah legt ein Bauer seine Ersparnisse in der Ausschmückung seines Schwertes mit Silberfiligranarbeit an und kauft sich einen viereckigen Kasten, der ein kleines vergoldetes Götterbild enthält, das er sich auf den Rücken bindet. Hier wird das Ersparte für den Ankauf von Korallen und Bernsteinperlen ausgegeben, mit denen er den Kopf seiner Frau schmückt. Der Kopfputz der Frauen ist sehr hübsch und kleidsam. Ich habe ihn an einer anderen Stelle beschrieben. Aber die Unsauberkeit ihrer Hände und Gesichter, von denen viele ein besseres Los verdienten, ist ein Punkt, den ich nicht zu entschuldigen unternehmen kann und auf den meine Vorliebe für die Tibetaner mir nicht gestattet, näher einzugehen. Ich muß indessen unsere Wirtin ausnehmen, die sich und ihre Familie so sauber wie eine holländische Frau hielt und, wenn man von ihren schwarzen Augen absah, beinahe das Aussehen einer solchen hatte.

Der erste Teil unseres Rittes am nächsten Morgen, dem

2. November, ging durch dieselbe düstere Landschaft, durch die wir bisher gekommen waren. Aber das Tal, in dem Giansu (Giangzé, 12 895 Fuß über dem Meere) liegt, ist groß, gut kultiviert und voll von weißen Dörfern. Die Hügel an beiden Seiten kommen gegen Norden näher zusammen, zwischen ihnen ragt ein hoher und beinahe senkrechter Felsen empor, auf dem das Schloß Giansu steht. Es besteht aus vielen Wällen und Türmchen. Der große Turm ist am Fuße des Felsens auf der östlichen Seite errichet; die Westseite ist vom Flusse bespült, auf dessen jenseitigem Ufer ein Kloster und ein Dorf am Abhang eines Berges liegen. Alles zusammen gibt ein schönes Bild.

Gegen Abend kamen wir in unsere Quartiere, ungefähr drei Meilen von Giansu; es gehört dem Priester, der uns unterwegs aufsuchte. Das Haus ist von Weiden und anderen Bäumen umgeben und hat eine Menge kleiner Fenster. Das Dach ist mit Fähnchen und beschriebenen Flaggen geschmückt. Wir wurden in dem Tempel untergebracht, der voll von bemalten Truhen, Luntenflinten, Bogen, Kissen und anderem Gerümpel war. In einer Ecke waren mythologische Bilder aufgehängt, und unter ihnen standen eine Menge kleiner, auf gekreuzten Beinen sitzender Götterbilder, vor denen eine Lampe brannte, aus der ich, nachdem die ganze Familie zu Bett gegangen war, mir die Freiheit genommen habe, etwas Öl zu stehlen, um diesen Bericht beenden zu können. Hoffentlich wird mir das nicht als ein Sakrilegium angerechnet werden.

Am Abend kam der Gosain, der in Kalkutta gewesen war, mit drei von des Lamas Dienern hier an. Unser Gastfreund kam am Morgen. Er hatte sich an Dr. Hamilton wegen eines alten eingewurzelten Übels gewendet, und wir blieben aus diesem Grunde einen Tag länger hier. Er ist ein ältlicher Mann mit vornehmen und bescheidenen Manieren. Er saß den ganzen Nachmittag bei uns, und ich bin sicher, daß ich mehr als 20 Tassen Tee getrunken habe. Da ich den Lhasa-

Beamten in Pari-jong einen Besuch gemacht hatte, bot ich an, auch die in Giansu zu besuchen, aber sie lehnten es unter dem Vorwande ab, daß einer von ihnen abwesend sei.

Am nächsten Tage kamen wir durch die Stadt Giansu und am Fuße des Schlosses vorbei. Die Straßen sind eng und die Häuser, wie ich sie bereits beschrieben habe. Große Mengen Menschen liefen zusammen, um uns zu sehen. Dieses Begafftwerden war zuerst sehr unangenehm, aber ich habe mich jetzt daran gewöhnt. Ich habe bemerkt, daß man in den Städten uns mehr anstarrt und nachläuft als in den Dörfern und in den letzteren mehr als bei einzelnen Häusern. Neugier, obgleich den Menschen natürlich und auf welche Weise ihr Samen uns auch eingepflanzt worden sein möge, bedarf, wie die Musik, der Ausbildung; sie wächst dadurch und ermattet und schläft ein, wenn nichts da ist, was ihre Aufmerksamkeit erregt.

Wir fanden keine zerstörten Häuser mehr; die Dörfer wurden jetzt häufiger, und der flache Boden in den Tälern, obgleich leicht und sandig, war mit Gerstenstoppeln bedeckt. Wir kamen bei guter Zeit ins Quartier, und da ich nichts anderes habe, um mein Papier zu füllen, bitte ich um Erlaubnis, eine Beschreibung eines tibetanischen Butterfasses zu geben. Ich habe oft die Konstruktion der bengalischen bewundert, aber ich glaube, daß sie sie in diesem Lande noch verbessert haben. Das Faß, das die Milch enthält, wird auf den Boden gestellt, der Stock hat zwei Querbretter am Ende und wird in das Faß getan und der Deckel mit dem Loch in der Mitte, durch das der Stock geht, auf dem Faß befestigt; ein Lederriemen wird dann zweimal um den Stock geschlungen und die Enden über eine kleine Rolle geführt, die horizontal zwischen zwei Pfosten angebracht ist und sich zwischen ihnen dreht. Die Enden werden dann an zwei Trittbrettern angebracht, deren eines Ende auf dem Boden steht, während das andere sechs bis acht Zoll von demselben entfernt ist. Auf diesen Trittbrettern steht ein Mann, der

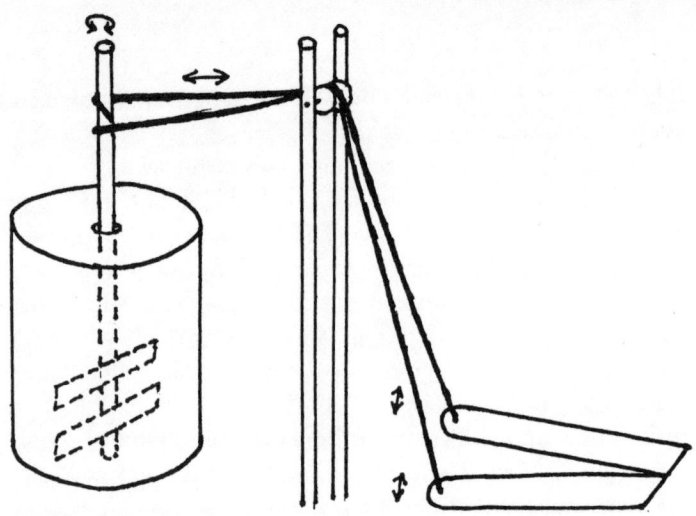

Rekonstruktion eines tibetischen Butterfasses nach George Bogles
Beschreibung

dadurch, daß er seine Füße abwechselnd hebt und senkt, den Stock in dem Butterfaß mit großer Schnelligkeit und bestem Erfolg dreht. Wenn ich zeichnen könnte, würde ich einen Plan davon machen, aber ich kann es nicht.

Ich habe hier noch eine Maschine zum Strohschneiden für das Vieh gesehen, die aber nicht der Beschreibung wert ist. Aber da das Schneiden des Strohs in England als eine große Erfindung angesehen wurde, so erwähne ich es nur, um zu zeigen, daß Nationen, die von den Fremden unterschätzt werden, ohne die Unterstützung von gelehrten Gesellschaften imstande sind, nützliche Künste zu erfinden, ob wirklich zum Vorteil der Menschheit oder nicht, ist eine Frage, die über meinen Horizont geht.

Wir setzten unseren Weg am nächsten Morgen, 5. November, am Ufer des Flusses fort, der an Breite sehr zugenommen hatte. Wir sahen eine gute Anzahl Dörfer in der Entfernung und kamen endlich in Sicht von Painám, einem auf einen Felsen gebauten Schlosse. Die Lage ist der von Giansu ähnlich, aber nach meiner Ansicht schöner. Am Fuße des

Felsens ist nur ein Dorf. Deb Judhur brachte auf dem Wege nach Giansu, wo er später interniert wurde, die Nacht in unserer Nachbarschaft zu.

Das Tal nördlich von Painám war bei weitem das volkreichste, das wir bis jetzt gesehen hatten. Die Dörfer liegen sehr nahe beieinander. Eine kleine Stadt, Ghattong, ist an dem Abhange eines der Hügel gebaut, und da alle Häuser weiß angestrichen sind, gewährt sie einen hübschen Anblick. Wir waren bisher auf der Straße nach Schigatzé gewesen, wendeten uns aber nun nach Osten und schlugen die nach Chamnamring ein, in dessen Nachbarschaft der Teschu Lama sich seit einiger Zeit aufhält, wegen der Blattern, die kürzlich in Tibet wüteten. Nachdem wir das Tal passiert hatten, mußten wir einige Hügel auf einem steilen und steinigen Pfad hinauf, dann hinunter und wieder hinauf, worauf wir einen Ausblick auf den nach Osten strömenden Tsangpo hatten. Als wir den letzten Hügel halb herunter waren, hielten wir bei einem einzelnen Hause, in dem wir unser Nachtquartier nahmen.

Auf unserem Wege über die Hügel begegneten wir einer Herde von Schafen, die aus dem Dospa-Lande[18] (Tushkhind) mit einer Ladung Salz angekommen waren und jetzt von Giansu zurückgingen, beladen mit Weizen und Gerste. Sie waren von einer großen Rasse, mit waagerecht abstehenden Hörnern. Es waren ihrer ungefähr 1200, und jedes Schaf trug zwei Säcke mit Getreide, die zusammen 20 bis 25 Pfund gewogen haben mögen. Sie folgten sehr gut dem Pfeifen ihrer Treiber, und wenn einige von ihnen von der Straße abwichen, wurden sie leicht von den Schäferhunden zurückgebracht.

In der Nachbarschaft von dem Platze, an dem wir uns befanden, waren eine große Anzahl von Binsenfeldern. Dr. Hamilton hatte Gelegenheit, vier Hasen zu schießen, aber seine Flinte war verbogen und er traf nichts.

18 D. h. dem Salzlande. (M)

Am 7. November kamen wir, nachdem wir einen Hügel ohne Schwierigkeiten herabgestiegen waren, an die Ufer des Tsangpo, der hier ungefähr so breit ist wie die Themse bei Putney. Der Kanal kann nicht durchwatet werden. Nachdem ich etwas von dem Wasser getrunken, meine Hände und Gesicht gewaschen und eine Rupie in den Strom geworfen hatte, schifften wir uns auf einem Fährboot ein, von denen sich verschiedene an der Stelle befanden. Sie haben die Gestalt eines Rechtecks, ungefähr 25 Fuß lang und breit. Der Boden ist ein Floß aus starken Planken, von senkrechten, ungefähr vier Fuß hohen Wänden eingeschlossen und einem bis zu zwei Fuß herabgehenden Einschnitt auf jeder Seite, der als Eingang benutzt wird. Das Ganze wird von eisernen Bändern zusammengehalten und ist weiß angestrichen. An jedem Ende des Bootes befindet sich eine weiße Flagge, ungefähr einen Quadratfuß groß. Dieser große Ponton wird durch ein an jeder Seite angebrachtes Ruder fortbewegt, mit dem zwei Männer rudern, während ein dritter, der ihnen gegenübersteht, es stößt und eine Frau es an einem Stricke zieht, der an dem Ende des Ruders befestigt ist, das sich unter Wasser befindet. Es wird am Hinterteil durch einen Mann mit einem großen mit Eisen beschlagenen Ruder gesteuert. In unserem Boot waren 23 Personen, sieben Pferde, ein kuhschwänziger Ochse und 14 Esel, außer dem Gepäck. Da der Fluß weit entfernt davon ist, reißend zu sein, setzten wir über, ohne viel abgetrieben zu werden. Große Herden von Ochsen und Schafen warteten auf jeder Seite, übergesetzt zu werden. Es gibt noch eine andere Art Boot, das im Sommer gebraucht wird, um Güter zu transportieren. Es ist aus Häuten gemacht, ungefähr acht Fuß lang, vier breit und zwei tief, die Spanten bestehen aus Weidenstangen. Es waren, als wir übersetzten, keine im Wasser, aber wir sahen am Ufer eine ganze Menge, umgekehrt, mit dem Kiel nach oben und ein Ende etwas über der Erde erhöht; sie dienten so als Wohnungen.

Nachdem wir übergesetzt waren, ritten wir in nördlicher Richtung über eine große sandige Bank, die in der Regenzeit überschwemmt ist, und kamen in ein Tal, das sich nach dem Tsangpo hin öffnete. Wir hatten dort gute sandige Wege und ich rannte mit Purungir einige Rennen. Die tibetanischen Ponys sind viel schneller und haben besseres Blut, als ich erwartete. Wir quartierten uns in einem Kloster in einem kleinen Dorfe ein. Der Abt war ein untersetzter, kränklich aussehender Mann, aber höflich und gastfrei. Sein Mittagsmahl war gerade bereit, und er schickte uns ein paar Lendenstücke von einem ausgezeichneten Hammel.

Am Nachmittage machten wir einen Spaziergang und setzten uns an das Ufer des Baches, der durch das Tal fließt. Während wir nach einigen Dromedaren sahen, kam ein Gylong oder Priester (d. h. Mönch) und setzte sich zu uns. Die wenigen Worte der Sprache, die ich kannte, waren wenig geeignet, eine lebhafte und abwechslungsreiche Unterhaltung zu führen, ich verstand indessen, daß er uns warnte, uns auf den Boden und in die Sonne zu setzen. Er trug das gewöhnliche Ordenskleid, das ich bereits beschrieben habe, aber er hatte lange Jahre gedient und war jetzt recht schäbig. Er hatte schon seine Strümpfe ausgezogen, um den Bach zu durchwaten, als meine Schnupftabaksdose seine Aufmerksamkeit erregte. Er nahm darauf seinen Ranzen ab, den er auf dem Rücken trug, und kramte unter einigen Gebetbüchern, einem gelben, mit Lammfell gefütterten Tuchrock, einem kleinen Beutel mit Tabak und einem andern mit Tee, ein Paket Weihrauchpapier heraus, von dem er Dr. Hamilton vier Blätter gab und dafür um etwas Schnupftabak als Gegengabe bat. Nachdem dies Tauschgeschäft abgeschlossen war, nahm er sein Bündel und seine Strümpfe auf den Rücken, watete durch den Bach und setzte seine Reise fort.

Den niedrigeren Mönchen geht es hier nicht so gut wie im Lande des Deb Rajah; sie sind viel zahlreicher, und da die Lamas alle Autorität in ihren eigenen Händen vereinigt haben, besitzen sie, besonders die niedrigeren, nicht den politischen Einfluß, dessen sich die Geistlichkeit in dem benachbarten Reiche erfreut.

Wir brachen am nächsten Morgen zeitig auf und wanderten weiter nach Norden. Wir kamen an Teschu-tzay vorüber, wo der Lama wiedergeboren wurde, und gelangten endlich in Sicht von Chamnam-ring (oder Namling, Himmelsgarten), einem Schlosse, das zu Lhasa gehört und auf einem Hügel liegt, unter dem sich eine kleine, in der Form eines Viereckes gebaute Stadt befindet, die von einer Mauer eingeschlossen ist. Nachdem wir den Fluß durchwatet hatten, kamen wir in ein kleines Quertal, wo wir anhielten und Tee in einigen Zelten tranken, die für uns aufgeschlagen worden waren, und nachdem wir weiße Schnupftüchter aus den Händen eines Gosain in Empfang genommen, der sich im Auftrage des Teschu Lama nach unserem Befinden erkundigte, setzten wir unseren Weg nach Descheripgay fort, einem kleinen Palast, in dem der Lama residiert.

In Descheripgay

Am 8. November 1774 ritten wir zum Tore des Palastes, gingen in den Hof und kletterten die Leitern zu unseren Zimmern hinauf.

Descheripgay liegt in einem engen Tale am Fuße eines steilen und felsigen Hügels. Der Palast ist klein und nur zwei Stockwerke hoch und an drei Seiten von Reihen kleiner Zimmer umgeben, mit einer hölzernen Galerie, die um dieselben herumläuft; alle zusammen bilden einen kleinen Hof, der mit Steinplatten gepflastert ist. Alle Treppen sind breite Leitern. Die Dächer sind mit Verzierungen aus vergoldetem Kupfer geschmückt, und an der Fassade des Hauses sind drei runde Kupferplatten angebracht, Embleme von Om, Han, Hung.[1] Des Lama Wohnung ist ganz oben. Sie ist klein und an den Wänden mit verschiedenfarbigen Seidenstoffen, Ansichten von Potala, Teschu Lumbo und anderen behangen. Ungefähr zwei Meilen von Descheripgay liegt das Schloß von Chamnamring.

Unmittelbar nach unserer Ankunft schickte uns der Lama einen Topf von fertig gemachtem Tee, gekochten Reis, vier bis fünf Säcke von Mehl und Reis, drei oder vier getrocknete

---

1 Dies ist die Anrufung der dem Brahmanismus wie dem Buddhismus gemeinsamen Dreiheit. Bei dem letzteren bezieht sie sich auf Buddha (Geist), Dharma (Materie) und Sangha (die Vereinigung beider in der sichtbaren Welt). (M)

Körper von Schafen² und etwas Branntwein. Ich empfing Geschenke von Tee auch von verschiedenen seiner Beamten und vielen Besuchern, welche die Neugier zu mir führte.

Mein Zimmer war klein, aber nett ausgestattet. Es war unmittelbar über dem Tempel, und ich wurde mit dem niemals aufhörenden Lärm von Pauken und Becken vom Morgen bis zur Nacht unterhalten. Sobald es dunkel wurde, war alles still wie der Tod, und die Tore wurden eine Stunde nach Sonnenuntergang geschlossen. In der Nacht meiner Ankunft wurden sie wegen meines Abendbrots offen gehalten, weil meine Diener außerhalb des Palastes wohnten; aber ich traf Vorsorge, daß dies später nicht wieder vorkam.

Eine Anzahl von Kampas³, die Eingeborene eines Landes sind, das eine Monatsreise nordöstlich von Lhasa liegt, kamen, um dem Lama ihre Ehrfurcht zu bezeigen. Sie waren in gelbe Tuchröcke gekleidet und hatten die Köpfe geschoren. Bei solcher Gelegenheit kommt niemand mit leeren Händen. Einige von ihnen brachten Pakete von Tee oder solche von Goldstaub, andere Porzellan und Silber-Talente⁴. Sie sind eine Rasse mit harten Gesichtszügen, und es macht mir den Eindruck, als ob einige von ihnen malayische Züge hätten.

Am Nachmittage hatte ich meine erste Audienz beim

2 In etwas anderer Weise werden die Schafe präpariert, die von den Mongolen im Winter nach Peking zum Verkauf gebracht werden und deren Fleisch ganz vorzüglich ist. Den getöteten Tieren wird der Bauch aufgeschnitten und geleert und ihnen das Fell abgezogen; dann werden sie mit Wasser begossen und man läßt sie frieren. Auf Kamelen werden sie nach Peking gebracht. Sie halten sich monatelang. (B)

3 Kam ist die östliche Provinz Tibets, die an Szechuan grenzt, aber die hier erwähnten Leute kamen wahrscheinlich von Sokyeul oder Sifan, d. h. aus Nord-Tibet. (M)

4 Bogel schreibt »Talents«; es handelt sich dabei wahrscheinlich um größere Stücke Sycee, in die bekannte »Schuh« oder eine ähnliche Form gegossen. Es werden bei andern Berichterstattern solche Stücke von 35 bzw. 150 Taels erwähnt, die als Gehalt oder Geschenk gegeben werden. (B)

Lama. Ich habe an einer anderen Stelle über die Unterhaltung berichtet, die ich mit ihm hatte, und will hier nur der Zeremonien Erwähnung tun.

Der Lama befand sich auf seinem Thron, der aus geschnitztem Holz bestand und vergoldet war und auf dem einige Kissen lagen, auf denen er mit untergeschlagenen Beinen saß. Er trug eine Mütze von gelbem Tuch, die wie eine Mitra aussah, mit langen Bändern, die mit roter Seide gefüttert waren, eine gelbe Tuchjacke und einen seidenen Mantel von derselben Farbe, der über seine Schultern geworfen war. An einer Seite von ihm stand sein Arzt mit einem Bündel von brennenden parfümierten Sandelholzstäbchen in der Hand, an der andern sein Sopon Chumbo oder Mundschenk[5]. Ich legte die Geschenke des Gouverneurs vor ihm nieder und übergab den Brief und das Perlenhalsband in seine eigenen Hände, zusammen mit einem weißen Pelong-Schnupftuch von mir selbst, wie es die Sitte des Landes ist. Er empfing mich in der liebenswürdigsten Art und Weise. Ich wurde auf einen hohen Stuhl gesetzt, der mit einem Teppich bedeckt war. Schüsseln mit gekochtem Hammelfleisch, gekochtem Reis, getrockneten Früchten, Süßigkeiten, Zucker, Paketen von Tee, getrockneten Schafskörpern wurden vor mich und meinen Gefährten Hamilton gesetzt. Der Lama trank zwei oder drei Schalen Tee mit uns, aber ohne irgend ein Gebet zu sprechen, forderte uns ein- oder zweimal auf zu essen und warf weiße Pelong-Schnupftücher über unsere Schultern, als wir uns zurückzogen.

Nach zwei oder drei Visiten empfing uns der Lama, Feiertage ausgenommen, ohne jede Zeremonie, mit unbedecktem Kopf und nur mit dem großen roten Unterrock bekleidet, der von allen Mönchen getragen wird, roten bul-

---

5 Mit Mundschenk habe ich den von Bogle gebrauchten Ausdruck »Cupbearer« übersetzt. (B) Der Betreffende war Manchu von Geburt und besaß das vollständige Vertrauen des Teschu Lama. Zur Zeit von Bogles Besuch war er erst 22 Jahre alt. (M)

garischen Lederstiefeln, einer gelben Tuchweste, mit blo-
ßen Armen und einem Stück groben gelben Tuchs über seine
Schultern geworfen. Er saß manchmal in einem Stuhl,
manchmal auf einer Bank, die mit Tigerfellen bedeckt war,
und niemand als der Sopon Chumbo war gegenwärtig.
Manchmal ging er mit uns im Zimmer herum, erklärte mir die
Bilder und machte Bemerkungen über die Farbe meiner
Augen usw. Denn, obgleich er wie Gottes Vizeregent in allen
östlichen Gegenden Asiens verehrt und angesehen wird, als
ob er mit einem Teil Seiner Allwissenheit und vielen anderen
göttlichen Eigenschaften ausgerüstet sei, legt er im Gespräch
den schreckenerregenden Teil seines Charakters ab, paßt sich
der Schwäche der Menschen an, gibt sich mehr Mühe, geliebt
als gefürchtet zu sein, und ist von der größten Freundlichkeit
gegen jedermann, besonders gegen Fremde.

Teschu Lama ist ungefähr 40 Jahre alt, von kleinem Wuchs
und obgleich nicht korpulent, doch mit einer Neigung, stark
zu werden. Seine Gesichtsfarbe ist heller als die der meisten
Tibetaner, und seine Arme sind so weiß wie die eines
Europäers. Sein rabenschwarzes Haar ist kurz geschnitten,
sein Kinn- und Backenbart sind nie über einen Monat alt,
seine Augen sind klein und schwarz; der Ausdruck seines
Gesichts ist lächelnd und gut gelaunt. Sein Vater war ein
Tibetaner, seine Mutter eine nahe Verwandte des Rajah von
Ladak; von ihr lernte er Hindustanisch, von dem er eine
mäßige Kenntnis hat und das er gern spricht. Sein Charakter
ist offen, lauter und edelmütig; er ist sehr munter und
unterhaltend im Gespräch und erzählt eine heitere Geschichte mit viel Humor und Lebhaftigkeit. Ich versuchte, in
seinem Charakter die Fehler herauszufinden, die unzertrenn-
lich von der Menschheit sind, aber er ist so allgemein beliebt,
daß ich keinen Erfolg hatte und niemand finden konnte, der
daran gedacht hätte, etwas Übles über ihn zu sagen.[6]

6 Turner erwähnt 1783 die große Verehrung, in der das Andenken des

Da ich der erste Europäer war, den sie hier gesehen hatten, so kamen Unmassen von Tibetanern, um mich zu betrachten, gerade wie Leute nach dem Tower[7] gehen, um die Löwen zu sehen. Mein Zimmer war fortwährend voll von ihnen vom Morgen bis zur Nacht. Der Lama, der fürchtete, daß ich durch sie belästigt werden könnte, ließ mir sagen, sie nicht vorzulassen, wenn ich das vorzöge; aber wenn ich die Neugier anderer so leicht befriedigen konnte, warum hätte ich das versagen sollen? Ich empfing sie immer und tauschte manchmal eine Prise Tabak mit ihnen aus oder schnappte das eine oder andere Wort von ihrer Sprache auf.

Am 12. November kam eine große Menge Volks, um ihre Ehrerbietung zu bezeigen und von dem Lama gesegnet zu werden. Er saß unter einem Baldachin im Hofe des Palastes. Die Menschen wurden alle im Kreise aufgestellt. Zuerst kamen die Laien. Jeder brachte nach seinen Umständen irgendeine Gabe. Einer gab ein Pferd, ein anderer eine Kuh, einige brachten die Körper von getrockneten Schafen, Säcke mit Mehl, Stücke von Tuch usw., und diejenigen, die nichts anderes hatten, brachten ein weißes Pelong-Schnupftuch dar. Alle diese Gaben wurden von den Dienern des Lamas in Empfang genommen, die ein Stückchen Seide mit einem Knoten daran, der von des Lamas eigenen Händen geknüpft ist oder von dem man wenigstens voraussetzt, daß er von ihm geknüpft sei, um den Hals der Frommen banden. Darauf näherten sie sich dem Lama, der mit gekreuzten Beinen auf einem aus sieben Kissen bestehenden Throne saß und ihre Köpfe mit seinen Händen oder mit einem Quast berührte, der von einem Stock herabhing, entsprechend ihrem Rang und Charakter.

Das Zeremoniell ist das folgende: Auf die Mönche oder

Teschu Lama gehalten worden sei, und Hodgson berichtet über den Dalai Lama ähnlich wie Bogle über den Teschu Lama. (M)

7 Die berühmte Zitadelle von London, früher Staatsgefängnis, jetzt Museum. (B)

Laien von sehr hohem Rang legt er seine Hand, die Nonnen (Anni) und die niedrigeren Laien haben ein Tuch zwischen seiner Hand und ihren Köpfen, und die Angehörigen der niedrigen Klasse des Volks werden, wenn sie vorbeigehen, mit dem Quast berührt, den er in seiner Hand trägt. Ich habe oft die Geschicklichkeit bewundert, mit der er die verschiedenen Klassen des Volkes unterscheidet, besonders die jungen Priester von den Nonnen, da beide dasselbe Kleid tragen und manchmal zusammengedrängt und miteinander vermischt waren. Es waren vielleicht 3000 Leute, Männer, Weiber und Kinder, bei dieser Zeremonie. Die, welche Kinder auf ihrem Rücken hatten, gaben sich besondere Mühe, daß des Kindes Kopf auch mit dem Quast berührt wurde. Eine ganze Menge Knaben und Mädchen waren auch anwesend, die für das Klosterleben dadurch geweiht wurden, daß eine Haarlocke auf ihrem Scheitel vom Lama mit einem Messer abgeschnitten wurde. Dieses Messer kam vom Himmel in einem Blitzstrahl hernieder.[8] Das Alter der Kinder, die so der Religion und Keuschheit geweiht werden, ist gewöhnlich sieben oder acht Jahre. Nachdem der Lama sich zurückgezogen hatte, blieben viele Leute noch da, um die Kissen zu küssen, auf denen er gesessen hatte. Wir hatten zwei oder drei dieser Vorstellungen, während ich in Descheripgay war, aber da ich eine Beschreibung von einer gegeben habe, will ich die übrigen nicht erwähnen.

Unter all den Darbietungen spielen die Körper von Schafen immer die Hauptrolle. Sie sind so steif wie ein Schürhaken, werden aufrecht hingestellt und machen auf einen Fremden einen sehr drolligen Eindruck. Ich habe mir einige Mühe gegeben, mich nach der Art und Weise zu erkundigen, wie sie konserviert werden, denn es ist das eine in der Tatarei wie in Tibet gebräuchliche Sitte; aber ich habe kein Geheimnis dabei entdecken können. Das Schaf wird getötet, und nachdem der

8 D. h. aus Meteoreisen gefertigt. (M)

Kopf abgeschnitten ist, abgehäutet und ausgenommen; die vier Füße werden dann so zusammengebracht, daß sie den Körper möglichst offen halten. Während 14 Tagen wird der Körper jede Nacht auf dem Dach des Hauses oder in einer anderen luftigen Lage ausgestellt, und während der Hitze des Tages wird er in einem kühlen Raum aufbewahrt. Aber nachdem er einmal ganz getrocknet ist, kann man ihn überall aufheben. Auf diese Weise konservieren sie Hammel das ganze Jahr hindurch. Das Ende des Herbstes, wenn die Schafe durch das Sommergras fett geworden sind, ist die gewöhnliche Zeit, sie zu töten. Die Schwierigkeit, sie während des Winters zu unterhalten, ist, wie ich glaube, der Grund, diese Methode anzuwenden. In der heißen Jahreszeit und während der Regenzeit ist es notwendig, etwas Salz dazu zu nehmen, aber wenige Körper werden dann getrocknet. Ich fand den getrockneten Hammel gewöhnlich zarter als den eben erst getöteten, aber nicht so saftig und wohlschmeckend. Die Tibetaner essen das so zubereitete Fleisch oft roh, und ich bin einmal ihrem Beispiele gefolgt. Es hatte beinahe den Geschmack von getrocknetem Fisch. Die Leichtigkeit, mit der Fleisch in diesem Lande vor dem Verfaulen geschützt wird, mag teilweise an der Kälte des Klimas liegen, teilweise an der ungewöhnlichen Trockenheit des kiesigen und sandigen Bodens, teilweise wohl aber auch an der Seltenheit von Fliegen und anderen Maden hervorbringenden Insekten.

Mirza Settar, der Kaschmiri, der mich begleitete, wohnte außerhalb des Palastes. Ein Fakir war aus Lhasa gekommen, und da er ihm Nachrichten von seinem Bruder gebracht hatte, konnte der Kaschmiri nichts weniger tun, als ihm einen Teil seiner Wohnung abzugeben. Heute morgen (19. November), ehe ich aufgestanden war, kam Mirza in mein Zimmer und hopste und tanzte herum in einer Art und Weise, die zu seinen Jahren und seinem gewöhnlichen ernsthaften Betragen wenig paßte. Er legte sich dann auf den Boden, rollte auf demselben herum und warf sich schließlich über mich und erdrückte mich mit Umarmungen. Ich dachte, er wäre toll geworden, stand auf und rief meine Diener, um ihn herunter-tragen zu lassen. Sein Wunsch, ein Wechselfieber los zu werden, hatte ihn, wie es scheint, veranlaßt, eine Quacksal-bermedizin von seinem Gaste anzunehmen, die in dieser merkwürdigen Weise gewirkt hatte; indessen ein Brechmit-tel, das Dr. Hamilton ihm gab, und etwas Zauberwasser, das der Lama ihm schickte, machten ihn bald wieder gesund. Aber der Fakir wurde ins Gefängnis geworfen, und es kostete mich einige Bitten, seine Freilassung zu erlangen. Ich denke, er wird sich in acht nehmen, wieder den Arzt zu spielen.

Der Palast war illuminiert wegen des Geburtstags des Dalai Lama. Lampen wurden auf alle Geländer, die dort waren, gestellt. Die Illuminationen einiger Nonnenklöster, die sich auf dem Gipfel des Hügels befinden, der sich hinter dem Palast erhebt, waren von guter Wirkung. Wir hatten Musik und Kesselpauken, aber keine Feuerwerke, wie sie in Lhasa stattfinden.

Unter den anderen guten Eigenschaften, die der Teschu Lama besitzt, befindet sich auch die Mildtätigkeit, und er hat viel Gelegenheit, sie auszuüben. Das Land ist voll von Bettlern, die dieser Beschäftigung von Geschlecht zu Ge-schlecht folgen, und der Lama unterhält außerdem eine Anzahl von Fakiren, die aus Indien hierher kommen. Da er ihre Sprache ziemlich gut spricht, unterhält er sich jeden Tag mit ihnen aus seinen Fenstern und erfährt so allerhand über die verschiedenen Länder und Regierungen in Hindustan. Viele von diesen Leuten kommen mit der Absicht, Handels-geschäfte zu machen; aber obgleich sie sehr wohlhabend sind, fahren sie doch fort, ärmliche Kleider zu tragen und die Almosen des Lama zu empfangen. Andere kommen unter dem Vorwand von Pilgerfahrten zu dem Lama, ihr wirklicher Grund ist aber, an seiner Mildtätigkeit Anteil zu erhalten. Er gibt ihnen monatlich einen Betrag von Tee, Butter und Mehl, außerdem Geld und macht ihnen manchmal bei ihrer Abreise

Geschenke von beträchtlichem Wert. Der Gosains, die so auf Kosten des Lamas leben, mögen ungefähr 140 sein; außerdem sind noch vielleicht 30 mohammedanische Fakire dort. Denn obgleich der Geist der mohammedanischen Religion der des Lama feindselig ist, besitzt er doch viele christliche Wohltätigkeit und ist frei von den engen Vorurteilen, die nächst Ehrsucht und Geiz am meisten zum menschlichen Elend beigetragen haben. Die Wohltätigkeit für die Pilger kommt, wie ich glaube, teilweise von dem edelmütigen Charakter des Lama, teilweise aber wohl auch von dem Wunsche her, Nachrichten zu empfangen und seine Neugierde über Hindustan zu befriedigen, das die Schule der Religion von Tibet ist. Die Fakire aber, wenn sie in ihre eigenen Länder zurückkehren oder sich in anderen asiatischen Reichen herumtreiben, preisen natürlich die Mildtätigkeit ihres Wohltäters und dienen so dazu, den Ruf seines Charakters zu verbreiten.

Die Gentu-Fakire sind, soweit ich beurteilen kann, im allgemeinen eine recht minderwertige Gesellschaft, die keine Prinzipien besitzt und die, durch ihre Beschäftigung von allen den Banden der Verwandtschaft und Familie losgelöst, die den Rest der Menschheit zusammenhalten, keinen anderen Zweck kennen, als ihr eigenes Interesse, und die unter dem Mantel der Religion alle Rücksicht auf ihre Kaste, ihren Charakter und alles was sonst unter den Hindus heilig gehalten wird, beiseite setzen. Ihre Speisen werden durch tibetanische Diener bereitet. Es gibt keine Art von Fleisch, Rindfleisch ausgenommen, das sie nicht äßen. Sie sprechen geistigen Getränken tüchtig zu, und obgleich dies direkt im Widerspruch mit ihren Gelübden und den Regeln ihres Ordens steht, unterhält doch mehr als die Hälfte von ihnen Frauenzimmer. In ihrem Betragen mischen sie in eigentümlicher Zusammensetzung die kriechendste und speichelleckerischste Untertänigkeit mit der lärmendsten Unverschämtheit. Sie drängen sich in jede Gesellschaft, geben ihre Ansicht in jedem Gespräch zum besten und bringen das, was sie zu sagen haben, mit einer Donnerstimme vor. Sie werden allgemein von den Tibetanern nicht geliebt, haben keinen Beschützer außer dem Lama, und wenn der morgen stürbe, würden sie am nächsten Tage aus dem Palaste vertrieben werden. Es mag sonderbar erscheinen, daß ich, nachdem ich ihnen diesen Charakter gegeben habe, eine gute Menge Geld unter den Fakiren verteilt habe. Ich will aber gestehen, daß ich dies nur aus weltlichen Gründen getan habe, und bin weit entfernt, zu erwarten, daß es die Gunst des Himmels auf diejenigen herabrufen werde, die mich gesendet haben, oder daß es dazu dienen könnte, die Menge meiner Sünden zuzudecken.

Der Lama schickte mir jeden Morgen einen Priester mit Brot und Tee oder mit gekochtem Reis und gehacktem Hammelfleisch. Da ich in Rom immer gern das tue, was Rom tut,[9] so pflegte ich von dem letzteren nach Herzenslust zu essen. Dieser Gewohnheit bin ich seit meiner Abreise aus Bengalen treu geblieben.

Das Wetter war sehr kalt. Das Wasser in meinem Zimmer fror selbst während des Tages, und ich ging selten aus dem Hause, da draußen nichts zu sehen war als kahle Hügel, wenige blätterlose Bäume und eine traurige und ungemütliche Gegend. Einige Tage nach meiner Ankunft hatte mir der Lama einen tibetanischen Anzug gegeben, der aus einer purpurnen Seidentunika bestand, die mit sibirischem Fuchs gefüttert war, aus einer gelben seidenen Mütze, rundherum mit Zobel besetzt und mit einem roten, seidenen Büschel gekrönt, und einem Paar rotseidener bulgarischer Lederstiefel[10]. Ich zog diesen Anzug an und war zufrieden, meine europäischen Kleider ablegen zu können, die einerseits unbe-

---

9 Englische Redewendung, entspricht im Deutschen etwa: »Mit den Wölfen heulen« (allerdings ohne den negativen Beigeschmack). (G)

10 Mit »bulgarisch« ist hier nicht die Herkunft, sondern die Art des Leders gemeint. (G)

quem waren und mich andererseits der lästigen Neugier aussetzten, welche die Tibetaner in nicht geringerem Maße als irgendein anderes Volk besitzen.

Der Lama bereitete sich nun vor, nach seinem Palast von Teschu Lumbo zurückzukehren, den er vor drei Jahren wegen der Blattern zu verlassen gezwungen gewesen war.

Ritt von Descheripgay nach
Teschu Lumbo

Endlich, am 7. Dezember, kam der Tag unserer Abreise von Descheripgay. Der Lama schickte zu mir und ließ fragen, ob ich ihn begleiten oder vorangehen wolle, da er gehört habe, daß ich gern schnell ritte, und es für mich unbequem sein möchte, auf seine eigene langsame Art zu reisen. Die Frage wurde, wie ich glaube, durch das Wettrennen veranlaßt, das ich auf dem Wege hierher mit Purungir geritten hatte. In ihr lag nichts Verletzendes, und ich antwortete, daß ich an seinem Steigbügel zu bleiben wünschte.

Wir wurden lange vor Tagesanbruch geweckt, und vor Sonnenaufgang trat der Lama seine Reise an. Der Weg von seinen Räumen bis zu den Stufen, von denen er aufs Pferd steigen sollte, war mit Tuch belegt. Er war wie gewöhnlich in eine ärmellose gelbe Jacke aus feinem Tuch gekleidet. Als er zu den Stufen kam, nahm er seine Mütze ab, und sein Sopon (Mundschenk) setzte ihm eine mit Pelz gefütterte und mit einer Krempe von schwarzer Seide auf, an der Fransen befestigt waren, um ihn gegen die Sonnenstrahlen zu schützen. Er stieg dann auf, und ein gelbseidener, mit Pelz gefütterter Mantel wurde über seine Schultern geworfen. Zwei Männer hielten den Kopf seines Pferdes und zwei seinen Sattel. Der Lama ist einmal vom Pferde gefallen und ist ein sehr ängstlicher Reiter.

Die Sonne war noch nicht aufgegangen und die Kälte war ungemein stark. Ich dachte, ich würde meine Finger verlieren. Als wir ungefähr eine halbe Meile geritten waren, schrie das Volk dreimal Hurrah, worauf wir die Köpfe unserer Pferde gegen den Palast wendeten. Große Mengen waren gekommen, um den Lama zu sehen und ihn anzubeten. Die Reiter hielten sie aber ab, und sie wurden genötigt, ihre drei Niederwerfungen auf eine große Entfernung zu machen. Nur die, welche kleine Altäre mit Feuer darauf errichtet hatten, durften bleiben, und so unangenehm auch ihr Rauch war, dienten sie doch dazu, die Kälte etwas weniger scharf zu machen. Auf diese Weise zogen wir am westlichen Ufer des Chamnamring-Baches entlang.

Die Ordnung des Zuges war die folgende:

Eine gelbe Standarte, an zwei oder drei Stellen mit weißen Taschentüchern aufgebunden, von einem Reiter getragen.
Acht Kesselpaukenschläger zu Pferde.
Vier Trompeter zu Pferde.
Ein Satz Glocken in einem Holzrahmen, von einem Reiter getragen.
Ungefähr 50 Reiter, einige mit großen gelben Schaffellmützen und roten Tuchröcken, andere mit Pelzmützen und Röcken aus Atlas.
Vier Lamas oder Oberpriester in gelben Tuniken mit braunen Sergestücken darüber und mit gelben, spitzen Mützen.
Sopon Chumbo, der Mundschenk oder Günstling.
Der Teschu Lama.
Ein gelbseidener Schirm mit Korallenschnüren, zu Pferde getragen.

Der Chanzo Cucho.

Sein Mundschenk.   Der Schatzmeister.

Herr Bogle.

Dr. Hamilton.

Cheyt Sings, des Rajah von Benares und andere Hindu Vakile (Agenten).

Die Pyn Cuchos, Neffen des Lama.

Ungefähr 100 Reiter von verschiedenem Range und in verschiedener Tracht.

Bei Sonnenaufgang hielten wir bei einigen Zelten und tranken Tee. Das des Lama war ungefähr so groß wie das eines Hauptmanns und mit Wänden umgeben. Das des Chanzo Cuchos war kleiner. Die Form der Zelte war ungefähr die gleiche wie in Europa. Sie waren aus weißer Assam-Zeltleinwand, mit blauen Blumen und Fransen. Ich war nicht in ihnen, da ein besonderes Zelt für mich bereitet war. Nachdem wir ungefähr eine Stunde hier verweilt hatten, ritten wir in der früheren Ordnung weiter, immer von einer gleichen Menschenmasse umgeben. Nachdem wir bei den verschiedenen Quertälern vorbeigekommen waren, die sich in das Tal von Chamnamring öffnen, kamen wir in das von Teschu-tzay und auf die Straße, die nach dem Kloster führt, das auf dem Hügel gebaut ist. Jeder stieg ab, mit Ausnahme des Lama, der auf den Hügel hinaufritt und dann auf Tuch, das man für ihn ausgebreitet hatte, in das Haus ging. Ich wurde in ein Zelt wie vorher gebracht und bekam außer Tee etwas kalten Hammel, Reissuppe und Früchte. Die Nonnen, die hier wohnen, kamen in feierlichem Aufzuge, um dem Lama ihre Ehrerbietung zu bezeigen. Viele von ihnen waren jung und gut aussehend, aber ihre Kleidung, dieselbe wie die der Mönche, ist wenig kleidsam, und der Verlust ihrer Haare ist ein großer Mangel. Zwei der Nichten des Lamas befinden sich in diesem Kloster. Wir blieben hier zwei Stunden und hielten noch einmal in einem Lager höher hinauf im Tal, um Tee zu trinken. Ungefähr eine Meile weiter kamen wir nach Teschu-tzay, dem Geburtsplatz des Lama.

Ich wurde in einem niedrigen Zimmer in einem üblen Hause untergebracht. Es war das schlechteste Quartier, das

Reisekarawane eines Lama

ich bis jetzt in dem Lande gehabt hatte, aber da es sich nur um einen oder zwei Tage handelte, machte ich mir nichts daraus. Der Lama schickte jedoch abends einen Mönch mit einigen Früchten usw., und da derselbe berichtete, wie ich unterge- bracht war, sandte der Lama am nächsten Tage nach mir, und ich wurde in ein gutes Zimmer im Palast umquartiert, das auf einen kleinen Hof hinausging, wo die Tänzer usw. ihre Vorstellungen geben sollten. Die Neffen des Lama kamen und brachten den ganzen Tag mit mir zu, und hier begannen die Bekanntschaft und die Beziehungen mit ihnen, die sich als die angenehmsten erwiesen, die ich in dem Lande gehabt habe. Ich erhielt auch den Besuch von seinen Nichten, den Nonnen, wie von dem Teschu-tzay Debu oder Killadar (Gouverneur), der mir ein Geschenk von einem Taschentuch, zwei oder drei kleinen Beutelchen mit Goldstaub, Früchten usw. machte. Ich erwiderte die Höflichkeit am Abend.

Ich brachte meine Zeit damit zu, den Tänzern zuzusehen oder Schach mit einigen von den Tibetanern zu spielen. In dem Hofe waren ungefähr 30 Tänzer, zur Hälfte Männer, zur

Hälfte Frauen. Die Männer waren in verschiedene, teilweise gefärbte Kleider gekleidet, mit ihren großen Mützen aus Schafwolle, ein Stück farbiger Seide in einer Hand und eine lederne Maschine, ungefähr in der Form einer Geige, aber kleiner, an der Seite. Die Weiber hatten ihre Gesichter gewaschen und reine Kleider an und eine Menge Ringe an ihren Fingern sowie Korallen, Bernstein und schwarze Glasperlen usw. auf ihren Köpfen und um ihre Hälse; sie trugen kleine Hüte, die mit Streifen aus weißen Perlen bedeckt waren. Sie bildeten einen Kreis, die Männer zusammen und die Weiber zusammen und fünf Männer in der Mitte. Sie tanzten zu ihren eigenen Gesängen, indem sie sich langsam in einer Art von wiegendem Halbschritt bewegten und mit ihren Händen den Takt schlugen, während die fünf in der Mitte sich herumdrehten und Bocksprünge mit den merkwürdigsten und unbeschreibbaren Bewegungen machten. Der zweite Teil der Vorstellungen wurde von vier oder fünf Männern bestritten, die geflügelte regenbogenfarbige Mützen trugen und zu der Musik von Becken und Handtrommeln herumsprangen und sich verdrehten. Unter ihnen befand sich ein Hanswurst mit einer Maske, die mit Kaurimuscheln bedeckt war, und ein Clown mit einem großen Stock in der Hand, die noch gelenkiger als die anderen waren und von Zeit zu Zeit ein Zwiegespräch hielten. Ihre Grimassen und Reden verursachten denen, die sie verstanden, ersichtlich viel Vergnügen. Da ich nicht zu diesen Glücklichen gehörte, mußte ich mich damit begnügen, wie ich das oft in zivilisierter Gesellschaft tat, mein Vergnügen in der Beobachtung der Kleidung und der Physiognomien der Zuschauer zu suchen. So brachte ich zwei Tage zu. Gegen das Ende des zweiten setzte sich der Lama unter einen Baldachin und segnete das Volk, eine Zeremonie, die ich schon beschrieben habe.

Das Haus, in dem der Lama geboren ist, liegt auf dem Gipfel einer beträchtlichen Anhöhe. Es ist sehr groß, mit regelmäßigen Fenstern, einem flachen Dache und sieht von

Tibetisches Theater

außen gut aus; von innen ist es unregelmäßig und verräuchert. Alle umliegenden Dörfer, zusammen mit dem Tal, das recht ausgedehnt ist, wurden von dem Dalai Lama, dem sie früher gehörten, dem Teschu Lama verliehen.

Wir standen wieder vor Tagesanbruch auf und setzten unsere Reise fort, sobald es hell genug war. Wir hielten bei den Zelten an, um Tee zu trinken, verließen das Tal von Teschu-tzay auf demselben Wege, auf dem wir gekommen waren, und schlugen die Richtung nach dem großen Flusse ein. Gegen elf Uhr erreichten wir einige Zelte, wo Erfrischungen aus Tee, kaltem Hammel usw. für uns bereit waren, und kamen gegen Abend zu unseren Quartieren, die ein kleines Lager bildeten. Das Zelt des Lama war ein großes kalmückisches, von Wänden eingeschlossen, und da er bald nach unserer Ankunft nach mir schickte, hatte ich Gelegenheit, es genauer anzusehen. Es war rund, ungefähr 60 Fuß im

Umkreis, und bestand aus einer Anzahl von Stäben, die in die Erde gesteckt und an der Spitze in einer Art Reifen zusammengefaßt waren, der mit geöltem Papier bedeckt war, um das Licht hineinzulassen. Außen war es mit weißem Tuche bedeckt, mit Ausnahme der Spitze, über die einige wunderschöne Pantherfelle gedeckt waren. Der Eingang ging durch eine kleine Tür. Das ganze Innere war mit rotem Atlas behängt und der Boden mit Teppichen bedeckt. Es war sehr warm und bequem. Der Chanzo Cucho war in einer geringen Entfernung in einem kleinen ähnlichen Zelt untergebracht, aber ich war nicht darin.

Meine Wohnung hätte sich mehr für ein wärmeres Klima geeignet. Mein Zelt hatte auch Wände um sich herum, war aus doppelter Leinwand und in europäischer Form. Ich hatte indessen ein gutes Feuer und deckte mich nachts mit allen meinen Pelzen und schaffellgefütterten Kleidern zu. Ehe wir am Morgen aufbrachen, sah ich nach meinem Thermometer, der in einem Korbe zwischen Wäsche gelegen hatte, und fand, daß er bis auf zwei Grad vom unteren Ende der Skala heruntergegangen war.[1]

Wir hielten nicht an, bis wir am Ufer des Tsangpo angekommen waren. Hier warteten wir, bis unsere Pferde übergesetzt waren, und hatten dieselben Erfrischungen wie gewöhnlich. Ungefähr 2000 Personen waren versammelt, um den Lama zu erwarten und sich vor Seiner Heiligkeit niederzuwerfen. Der Lama ging über Tuch bis an den Fluß. Seine Neffen, die ihn begleitet hatten, verabschiedeten sich hier von ihm. Er lud mich in sein Boot ein, in dem sich nur der Chanzo und die beiden Sopons befanden. Das Boot habe ich bereits an einer anderen Stelle beschrieben. Der Fluß war mit treibenden Eisschollen bedeckt. Auf dem entgegengesetzten Ufer warteten die Kaschmir-Kaufleute und eine große Menge Tibetaner. Sie bezeigten ihre Ehrerbietung aus der Entfer-

1 -2° Fahrenheit entsprechen -18,75° Celsius. (B)

nung. Wir kamen in unseren Quartieren, die wie die früheren waren, gegen Abend an. Der Lama schickte nach mir, und da er bemerkt hatte, daß mein Sattel, so bequem er sonst auch für Reisen und Jagdreiten sein mochte, doch nicht der Mode des Landes entsprach, schickte er mir einen tibetanischen, der ganz aus Eisen und tief ausgeschnitten und wohl ausgepolstert war, so daß man ganz hoch sitzt. Alles Eisenwerk am Sattel und Zügel war vergoldet. Er gab mir auch eine gelbe atlassene Tunika, die mit schwarzem Pelz besetzt war, »denn«, sagte er, »Sie kommen morgen nach meiner Hauptstadt«. Diese kleinen Höflichkeitsbezeigungen gewannen einen noch höheren Wert durch die Art, wie sie erwiesen wurden.

Wir hielten ungefähr drei Meilen von Teschu Lumbo, und die Menschenmenge wurde immer größer, je weiter wir kamen. Für den Lama war ein großes Zelt aufgeschlagen worden, wohin jedermann kam, um ihm seine Ehrfurcht zu bezeigen und seinen Segen zu empfangen. Er war in sein geistliches Gewand gekleidet und saß auf seinen hochaufgebauten Kissen. Mein Platz war der zweite von Chanzo Cucho und unmittelbar hinter dem Agenten des Dalai Lama. Wir hatten Tee, gekochte Wurzeln und Reis mit Zucker darauf, während eine Menge Menschen bei ihm vorüber defilierten und die »Chawa«, d. h. die Auflegung der Hände, empfing.

Die Schigatzé Killadars waren höchst merkwürdige Erscheinungen. Sie waren wie die Frauen angezogen, aber ihre Backenbärte und großen Körper ließen keinen Irrtum in betreff ihres Geschlechts zu: Sie trugen auf den Köpfen weiße Turbane, die in viereckige Form gerollt waren, runde Türkise von der Größe einer Taschenuhr hingen von ihren Ohren herab und fielen auf ihre Schultern. Sie trugen Schuhe, und der Rest ihres Anzuges war aus blauem Atlas. Ihre Arme waren nackend bis zum Ellbogen. Diese Tracht wird von allen von Lhasa abhängigen Laienbeamten an Festtagen und bei großen Gelegenheiten getragen. Wir hatten viel Singen und Tanzen vor des Lama Zelt, durch Mönche in bunten, seidenen Kleidern und auch durch Bauern. Das Schloß von Schigatzé (oder Digárchi), das östlich von Teschu Lumbo liegt, war jetzt über uns. Es steht auf einem Hügel, mit Türmen und Brustwehren mit Zinnen und gehört zu Lhasa.

Von dem Platz, wo wir gerastet hatten, bis zum Palast des Lama war die Straße auf beiden Seiten mit Reihen von Zuschauern besetzt, die alle ihre Feiertagskleider angelegt hatten. Die Bauern sangen und tanzten. Ungefähr 3000 Mönche, einige mit großen Stücken schachbrettartig karierten Tuches über die Brust gehängt, andere mit Becken und Handtrommeln, waren zunächst am Palast aufgestellt. Als der Lama vorbeikam, beugten sie sich halb vorwärts und folgten ihm mit den Augen. In ihren Gesichtern war aber ein Ausdruck von mit Freude gemischter Verehrung, der mir mehr als alles gefiel und ein sichererer Beweis von Zufriedenheit war als alle Geschütze des Towers und alle Oden, die Whitehead[2] gesungen haben könnte. Zuneigung entspringt aus Sympathie, und ich konnte nicht umhin, in gewissem Maße dieselben Regungen zu fühlen wie die Verehrer des Lama.

Der Lama ritt, so weit er konnte, und ging dann langsam durch die Umgebung des Schlosses, indem er hier und da etwas anhielt und einen heiteren Blick auf sein Volk warf.

2 William Whitehead, Poeta laureatus (= gekrönter Dichter oder Hofpoet) des englischen Königshofes von 1757 bis 1785. (G)

Teschu Lumbo

Wir kamen am Fuß der Stadt Teschu Lumbo vorbei, die auf dem unteren Abhange eines steilen Hügels erbaut ist. Das Dach des großen Palastes ist ganz aus vergoldetem Kupfer. Der Bau selbst besteht aus dunkel gefärbten Ziegelsteinen. Die Häuser der Stadt steigen eins über dem anderen empor; vier Tempel mit vergoldeten Verzierungen stehen zwischen ihnen, und das Ganze macht einen fürstlichen Eindruck. Viele der mit Steinen gepflasterten Höfe sind geräumig und haben Galerien, die um sie herumlaufen. Die ebenfalls gepflasterten Gassen sind eng. Der Palast wird nur von dem Lama und seinen Beamten und zu Tempeln, Getreidespeichern, Warenhäusern usw. benutzt. Der Rest der Stadt ist ausschließlich von Priestern bewohnt, deren Zahl ungefähr 4000 beträgt. Die Ansichten der Stadt, die mir der Lama später gab, werden einen bessern Begriff von ihr geben als irgendeine Beschreibung, die ich von ihr machen könnte, denn es ist nicht möglich, einen Platz so zu beschreiben, daß man einen richtigen Begriff von ihm geben kann.

Ich begleitete den Lama in seine Räume, und sobald ich mich zurückgezogen hatte, wurde ich in mein eigenes Quartier geführt. Die Zimmer sind neu, da sie erst während des Lama Abwesenheit in Descheripgay vom Chanzo Cucho gebaut und beendigt worden sind. Ich hatte ein Zimmer für mich, und ein anderes war für Dr. Hamilton bestimmt. Ich glaube nicht, daß das mir angewiesene Zimmer schlechter war als irgendein anderes in Teschu Lumbo, und obgleich ich wenig Erfolg mit dieser Art von Beschreibungen habe, muß ich doch versuchen, eine zu geben. Man kommt durch eine Tür herein, die aus einem Stück Holz besteht und rot angestrichen ist. Die Türangeln sind aus Eisen und hübsch vergoldet; sie hat einen großen Ring von derselben Arbeit in der Mitte, an den ein weißseidenes Schnupftuch gebunden ist, um die Vergoldung nicht zu beschädigen, wenn man die Türe an sich zieht. Sie dreht sich auf zwei Zapfen, die aus der Planke geschnitten sind und in zwei Löcher oben und unten passen, sie wird durch einen eisernen Drücker und Krampe mit einem Schloß von chinesischer Konstruktion, das ungefähr einen Fuß lang ist, verschlossen. Der Raum ist ungefähr 50 Fuß lang und 30 breit, unterbrochen durch neun viereckige hölzerne Pfeiler, die rot mit weißen Streifen bemalt sind, so daß sie wie ausgekehlt aussehen. Er hat am westlichen Ende zwei kleine Fenster mit hölzernen Fensterladen, die ich aber nie aufmache, denn ich habe genug Licht von oben. Auf dem Dache ist nämlich eine ungefähr 30 Fuß lange und 15 Fuß breite Öffnung, und da der südliche Teil derselben nur mit losen Brettern bedeckt ist, die schräg übereinander gelegt sind, so kann man während des Tages so viele davon fortnehmen, wie man will, und sie dann bei Nacht wieder schließen. Sie ruhen auf einem Balken, der von den beiden mittelsten der neun Pfeiler getragen wird, die viel höher sind als die anderen. Die Mauern, die einen Überzug von Stuck haben, sind grün bemalt und mit einigen Bändern von Blau und Gelb verziert. Die Kapitäle der Pfeiler und die Balken, welche die vier Seiten der Öffnung, die ich erwähnt habe, bilden, sind merkwürdig geschnitzt, vergoldet und mit Girlanden von Drachen und Blumen verziert. Der Boden besteht aus einem kalkhaltigen Ton, der mit kleinen Kieseln vermischt ist und einen glatten und sehr schönen Terrazzo bildet, der durch die Arbeit eines jungen Mönchs, der jeden Morgen seine Füße auf zwei wollene Tücher setzt und mit ihnen während drei oder vier

Stunden auf dem Boden Schlittschuh läuft, in 15 bis 20 Jahren eine ähnliche Politur annehmen wird wie die anderen Fußböden im Palast, die dem feinsten bunten Marmor nicht nachstehen. Dr. Hamiltons Zimmer war viel kleiner und wärmer als das meinige.

Von dem Tage unserer Ankunft in Teschu Lumbo bis zum 18. Januar 1775 war der Lama damit beschäftigt, Besuche und Geschenke zu empfangen. Unter seinen übrigen Verehrern befand sich eine zahlreiche Karawane von Kalmücken, die ihm Silber-Talente, Pelzwerk, Stücke von Seide und Dromedare darbrachten. Sie blieben ungefähr einen Monat in Teschu Lumbo und zogen dann nach Lhasa, von wo sie, nachdem sie dort ungefähr zehn Tage zugebracht, in ihr eigenes Land zurückkehrten, das ungefähr eine Dreimonatsreise nach Norden liegt.

Ich war bei keiner dieser Gelegenheiten zugegen, sondern blieb zu Hause, wo ich genug eigene Besuche hatte, denn Mengen von Mönchen pflegten zu allen Zeiten in mein Zimmer zu kommen, um mich zu sehen, oder stiegen auf die Dächer und sahen von da auf mich herab. Unter meinen Besuchern befanden sich auch die Schigatzé Killadars in ihrem Weiberanzug. Ich lehnte nie einen Besuch ab, und nachdem ich den Leuten eine Prise Schnupftabak angeboten und ihnen das Vergnügen gemacht hatte, meine Stühle usw. anzusehen, was jedesmal ein bewunderndes »Pah-pah-pah, tze-tze-tze« hervorrief, pflegten sie sich zurückzuziehen und anderen Platz zu machen. Dies setzte sich mehr oder weniger während der ganzen Zeit meines Aufenthalts in Teschu Lumbo fort.

Der Lama kam in die große Halle herunter, die an mein Zimmer stieß, um das Volk zu segnen. Sie ist ungefähr 60 Fuß lang und 50 breit, die Decke wird durch eine Anzahl von hohen Pfeilern getragen, und die Mauern sind mit mythologischen Gemälden verziert. Der Lama saß auf einem hohen Thron, auf dem Kissen lagen, in einer Nische an einem Ende

Eine frühe Ansicht von Teschu Lumbo? Die Bilder, die der Teschu Lama George Bogle schenkte, sind leider verschollen.

des Saales. Ein anderer Thron, nicht so hoch, stand an seiner Rechten; er war für den Chanzo Cucho bestimmt, der indessen auf einem niedrigen Kissen am Fuß des Thrones des Lama saß; der Sopon Chumbo stand neben dem Thron. Unmittelbar außerhalb der Nische befanden sich die vier niedrigeren Lamas. Ich wurde auf ein Kissen neben sie gesetzt, und mir gegenüber saß ein kalmückischer Lama, der kürzlich von dem Khalka Lama gekommen war, den die Hindus Taranath[1] nennen, und dicht bei ihm der Agent des Dalai Lama. Cheyt Sings Agent saß unter mir, und Dr. Hamilton kam dann näher der Türe, und hinter ihm saßen ein Agent des Kaschmiri Mull und andere Hindus. Ich kam herein, sobald der Lama sich gesetzt hatte, und nachdem ich drei tiefe Verbeugungen gemacht hatte, überreichte ich ihm mein Taschentuch, das er stets mit eigenen Händen empfängt. Er sprach zu mir während vielleicht zwei Minuten, erkundigte sich nach meiner Gesundheit, wie mir Teschu Lumbo gefiele und wie ich mit meiner Wohnung zufrieden sei. Nachher kamen Massen von Leuten, Mönche, Nonnen, Kampas, Kalmücken, Gouverneure aller der benachbarten Schlösser, Männer, Weiber und Kinder, um ihre Gaben darzubringen und dem Lama ihre Verehrung zu bezeigen. Sie brachten Beutel mit Gold, Silber-Talente, Stücke chinesischen Atlasses, Pakete mit Tee oder Früchten, getrocknete Körper von Schafen, Säcke mit Mehl oder Reis, kleine Statuetten, um die ein Stückchen gelber Seide wie ein Mantel gewickelt war, religiöse Bücher, Pakete mit Weihrauch, Stäbchen[2], die Pyes genannt werden, Glocken und eine Menge anderer Gegenstände. Die geringeren Leute überreichten nur ein weißes seidenes Schnupftuch. Sie alle näher-

---

1 Taranatha (Sanskrit) heißt »glänzende Gottheit« und ist einer der gebräuchlichsten Titel des Cheptsundampa 'Hut'ukht'u, des Patriarchen der Khalkha-Stämme der Mongolen, der den dritten Rang unter den großen Lamas einnimmt. (M)
2 Vermutlich Räucherstäbchen. (G)

ten sich der Reihe nach dem Thron des Lama, der ihre Häupter in der Art und Weise berührte, wie ich sie früher beschrieben habe. Die jungen Mönche zogen sich unmittelbar, nachdem ihnen die Hand aufgelegt worden war, zurück, aber ich bemerkte mit Vergnügen die Aufmerksamkeit, die der Lama einigen alten Möchen erwies, indem er mit ihnen für ein oder zwei Minuten in der liebenwürdigen und freundlichen Weise sprach, die das Herz der Menschen gewinnt. Während dies vorging, tranken der Lama und alle diejenigen, die saßen, eine Schale Tee. Ich bekam meinen aus dem goldenen Teetopf des Lama, eine Ehre, der sonst nur der Chanzo Cucho, die niedrigeren Lamas und die Agenten des Dalai Lama und Taranath teilhaftig wurden. Auch eine Gesellschaft von 15 Knaben, zwischen sieben und zwölf Jahren alt, war zugegen; sie waren in verschieden gefärbte Kattune und Goldbrokat gekleidet, hatten weiße Tubane auf und trugen kleine Äxte in der rechten Hand. Von Zeit zu Zeit tanzten sie vor dem Lama zu der Musik von Oboen, Flöten, Kesselpauken und Glocken, indem sie den Takt mit ihren Äxten, ihren Sprüngen, Umdrehungen und anderen Bewegungen angaben, die zu beschreiben ich nicht unternehmen will. Mir wurde gesagt, daß es die Nachahmung eines Sadak[3]-Tanzes sei. Ein anderer Teil der Unterhaltung bestand aus öffentlichen Disputationen, die von je zwei und zwei Mönchen geführt wurden. Religion war der Gegenstand derselben, vielleicht die Unsterblichkeit der Seele oder die nicht zu ändernde Natur von Recht und Unrecht. Aber meine Unkenntnis der Sprache machte sie ganz unverständlich für mich. Sie wurden mit viel Geschrei und anscheinender Hitze vorgetragen und mit viel Gestikulationen, wie Händeklatschen, Kopfschütteln usw., begleitet. Diese Gesten sind unzweifelhaft sehr ungehörig und lächerlich, weil sie ganz verschieden von denen sind, die von europäischen Rednern

3 Samuel Turner sagt, daß »Sadik« ein Titel des Sopon Chumbo sei. (M)

gebraucht werden, die ja maßgebend sind für das, was richtig und taktvoll ist.

Nachher wurde das Festessen serviert. Sechs große niedrige Tafeln, bedeckt mit hölzernen bemalten Schüsseln, gefüllt mit chinesischen und in Kaschmir getrockneten Früchten, Zucker, Sirupkuchen und Süßigkeiten, Haufen von Biskuits, getrockneten Körpern von Schafen usw. wurden vor den Lama hingestellt. Zwei in derselben Weise ausgestattete Tische wurden vor den Chanzo Cucho gestellt und etwas Brot, Stücke von getrocknetem Hammelfleisch und Schüsseln mit Früchten und Süßigkeiten vor mich und jeden der anderen Gäste. Nachdem wir die Schale Tee getrunken hatten, wurden Becher mit gehacktem Hammelfleisch und einem aus zerstoßenem Reis und Hammel gekochten Gelee vor uns gesetzt, von dem ich viel aß. Dann kam eine gekochte Hammelkeule und eine andere gebratene in ebensolchen hölzernen Schüsseln und wurde jedem von uns serviert. Das Fleisch war hart und zäh, aber der Lama schickte mir eine Keule von ausgezeichnetem gekochtem Hammel von seiner eigenen Schüssel und winkte mir lächelnd zu, davon zu essen. Nachdem wir unsere Mahlzeit beendigt hatten, verteilte der Sopon Chumbo die Früchte, Süßigkeiten usw. nach einer Liste, die er in der Hand hielt, indem er einiges an Leute, die außerhalb des Palastes waren, schickte und den Rest an die Gäste. Was ich bekam, lag alles auf silbernen Schüsseln. Darauf zog sich jedermann zurück.

Der Lama kam eine Hintertreppe herauf, um die neuen Gemächer zu besichtigen, und nahm mich mit sich. Er begab sich zuerst in die Galerie, die auf demselben Flur mit meinem Zimmer liegt, ging an die Bildsäule des Gottes Sakya heran, die in der Mitte steht, und warf sich dreimal vor ihr nieder. Ich kann ebensogut jetzt den Tempel beschreiben, weil ich einmal dabei bin.

Er enthält 13 gigantische Figuren, die, wenn sie ständen, ungefähr acht Fuß hoch sein würden, aber, mit Ausnahme der Statue des Kriegsgottes und einer anderen, alle sitzend mit gekreuzten Beinen dargestellt sind. Sie bestehen aus vergoldetem Kupfer und halten einen Topf mit Blumen und Früchten in ihrem Schoße. Sie sind bedeckt mit Mänteln und Kronen oder Mitren auf ihren Köpfen dargestellt und sind weit entfernt davon, namentlich was die Gewänder anbetrifft, schlecht ausgeführt zu sein. Die Throne, auf denen sie sitzen, sind auch aus vergoldetem Kupfer, geschmückt mit Türkisen, Karneolen und anderen Steinen von geringem Wert. Die Formen und Ornamente der Throne sind in gutem Stil; hinter jeder Figur ist die Mauer mit einem Stück geschnitzter Arbeit bedeckt, wie die schweren vergoldeten Rahmen der Porträts unserer Vorfahren oder der Spiegel. Hinter ihnen stehen Porzellan-Vasen, von denen einzelne sehr schön sind. Massen von Porzellan und Glas, die letzteren zum Teil chinesischen[4], zum Teil europäischen Ursprungs, mit Getreide, Früchten oder Blumen gefüllt, eine Menge kleinerer Muscheln, große Muscheln als Trompeten in Silber gefaßt, einige Straußeneier, Kokosnüsse, Becken und eine Menge anderer Artikel, die eine sehr verschiedenartige Masse bildeten. Um den Hals der Statuen hingen Ketten von Korallen, schlecht geformten Perlen, Karneol, Achat und anderen Steinen, und ihre Kronen hatten gleiche Verzierungen. Die Decke der Galerie ist mit Atlas in verschiedenen Mustern bedeckt, chinesischem, kalmückischem und auch europäischem, der durch Rußland über Land gekommen ist. Die Galerie wird an der Südseite durch fünf Fenster erhellt, zwischen denen die Mauer mit Gemälden, die die verschiedenen Gottheiten und Ansichten des Himmels (Paradieses?) darstellen, behängt war. Die entgegengesetzte Seite, wo die Statuen stehen, ist in der ganzen Länge der Galerie mit einem

---

4 Bekanntlich ist Glas (Poli, im Gegensatz zu glasierten Ziegeln, Lioli) über Zentralasien nach China gekommen und die Fabrikation desselben unter dem Kaiser Kienlung, 1736–96, durch die Jesuiten in Peking zur höchsten Vollendung gebracht worden. (B)

aus Eisen gefertigten Netze abgeschlossen. Der Lama ging hinein und bewarf die Bilder mit Reis, es war das eine Art von Weihe.

Nachdem er herausgekommen war, setzten wir uns nieder, um Tee zu trinken, und der Lama erklärte mir einige der Bilder und gab die verschiedenen Länder an, aus denen die Seidenstoffe über unseren Köpfen gekommen waren. An jedem Ende der Galerie befand sich eine große Sammlung von Büchern, die in kleinen Nischen oder richtigen Fächern niedergelegt waren. Nachdem wir unseren Tee getrunken hatten, kamen wir über eine Hintertreppe in mein Zimmer, das der Lama auch mit Reis bestreute. Nachdem er die Möbel angesehen hatte, unter denen sich ein Tisch befand, auf dem ein Schachbrett mit Schachfiguren fertig zum Spiel aufgestellt war, gingen wir in Dr. Hamiltons Zimmer, und nachdem er dort dieselben Einweihungsriten vollzogen hatte, verabschiedete ich mich von ihm, und der Lama kehrte in seinen eigenen Teil des Palastes zurück.

Am nächsten Morgen kam der Lama wieder in die Halle, wohin wir ihn alle begleiteten. Aber warum sollte ich über die Zeremonien das wiederholen, was ich bereits so ausführlich berichtet habe.

Ich hatte einen Besuch von Debo Patza, der einer der vier tibetanischen Generale ist, und ich gab mir alle Mühe, ihn in der gehörigen Form zu empfangen. Er sagte mir, daß er auf Befehl des Lama käme, der ihm gesagt hätte, daß es sich gehöre, daß er mir einen Besuch mache, da ich aus einem so entfernten Lande und von den Herrschern von Hindustan gekommen wäre. Er ist ein vergnügter angenehmer Mann, und nachdem wir etwas geplaudert und ein oder zwei Schalen Tee getrunken hatten, setzten wir uns ans Schachbrett. Obgleich meine Figuren ihm ganz unbekannt waren, focht er doch eine gute Schlacht, und ich glaube, wenn wir noch ein Spiel gemacht hätten, würde der General gewonnen haben. Aber am nächsten Tage reiste er nach Lhasa ab und wurde später nach Sikkim geschickt, um die Truppen zu bekämpfen, die der Gurkha Rajah dort hatte einfallen lassen.

Am 25. kam der Debo Dinji, um Abschied von mir zu nehmen. Er ist der Gouverneur eines Schlosses, das dem Teschu Lama gehört, ungefähr fünf Tagesreisen höher herauf am Tsangpo. Da niemand unter der Gerichtsbarkeit des Lama hingerichtet werden darf, so werden alle schweren Verbrecher zu ihm geschickt, wo er dadurch, daß er sie ohne Essen und Trinken einsperrt, ihrer Existenz sehr schnell ein Ende macht. Er hatte mir während unseres Ritts hierher häufige und unzeremonielle Besuche in meinem Zelt gemacht; sein Aussehen und seine Manieren waren durchaus die eines sehr korpulenten Pächters, der stark nach Tabak roch. Ich konnte nicht umhin, ihn manchmal für etwas geistig gestört zu halten. Er entdeckte, daß der Anzug der Engländer genau der der Russen sei; in der Tat, die Tunika, die ich trug, und auch meine Mütze, deren Schnitt viereckig statt rund war, waren Geschenke, die dem Lama durch einige Turki-Tataren[5] gemacht worden waren. Es war nicht meine Aufgabe, ihn zu enttäuschen, besonders, da er es hoch aufnahm, daß ich es nicht tat. Er sagte, daß er die Russen wegen ihrer Feindschaft gegen die Chinesen liebe, die ein niedriges, verräterisches und niederträchtiges Volk seien. Ich war sehr erstaunt über die Wärme, mit der er immer wieder auf diesen hochverräterischen Gegenstand zurückkam, bis ich entdeckte, daß er im Dienst von Wang Cucho gestanden hatte, dem letzten der Tibet-Rajahs, der ungefähr vor 25 Jahren in verräterischer Weise von den Chinesen in Lhasa ermordet worden war.[6]

5 Dies ist ein Beispiel von der Verwirrung, die durch den unterschiedslosen Gebrauch des Wortes Tatar angerichtet wird. (M)
6 Er wurde in das Haus des chinesischen Ambans (Bogle gebrauchte zur Bezeichnung dieses Beamten immer irrtümlich Ambas. (B)), d. h. des chinesischen Residenten in Lhasa, eingeladen und dort 1749 stranguliert. Dies rief einen Aufstand und ein Massaker an den Chinesen hervor, das zu Konzessionen seitens der chinesischen Regierung führte. (M)

Ich hatte auch einen Besuch von dem Chauduri[7], einem Eingeborenen von Palpa in Nepal, den ich schon erwähnt habe und der von anderen Hindustanern begleitet war. Auch die Agenten von Cheyt Sing und Kaschmiri Mull kamen, um mich zu sehen, und wiederholten ihre Besuche später häufig. Was sie mir gesagt, braucht hier nicht erwähnt zu werden. Aber ich muß bemerken, daß ihre plumpen Komplimente und die kriechende Demut, mit der sie vermischt waren, mir einen sehr wenig angenehmen Eindruck machten im Vergleich mit der einfachen und ehrlichen Art und Weise der Tibetaner. Denn was ist Konversation, was Gesellschaft ohne Ehrlichkeit?

Der Lama mußte die Agenten empfangen, die der Dalai Lama und der Gesub Rimpoché[8] in Lhasa geschickt hatten, um ihn zu seiner Rückkehr zu beglückwünschen. Er lud mich dazu ein. Die Zeremonie fand in dem großen Tempel südlich vom Palaste statt. Ich war auf dem Balkon, von dem man hineinsehen kann. Der Tempel war voll von Mönchen in gelben Mützen und Mänteln, die einer so dicht wie möglich neben dem andern saßen. Als der Lama hereinkam, warf er sich dreimal nach dem Altar und der Statue des Gottes zu nieder, worauf er seinen Thron bestieg, der auf Stufen sehr erhöht war. Dann kam der Agent des Dalai Lama herein mit einer großen, eigentümlich getriebenen silbernen Schüssel, die mit Reis bedeckt war, der in fünf Haufen geteilt war, und er zusammen mit drei anderen stand damit vor dem Lama, während er eine Rede hielt, die eine Viertelstunde dauerte. Er tat mir leid, da ich ein- oder zweimal dachte, daß er stecken-

---

7 Chauduri war der Titel eines untergeordneten Zollbeamten in Nepal; doch kommt der Titel auch als Bezeichnung für Zemindars (erbliche Grundherren und Steuererheber) vor, die als politische Agenten bei andern Fürsten und Häuptlingen verwendet wurden. (M)

8 Der Gesub Rimboché ist der Präsident des Rates der fünf Minister und das Oberhaupt der Exekutive während der Minderjährigkeit des Dalai Lama. Rimpoché oder Rimboché bedeutet »wertvoll« oder »Juwel«. (M)

bleiben würde. Während dieser ganzen Zeit sprach weder der Lama noch irgend jemand sonst ein Wort. Als er geendet hatte, antwortete ihm der Lama in einer kurzen Rede und nahm dann etwas von dem Reis und warf es gegen den Altar hin. Er nahm darauf den Brief des Dalai Lama, vier oder fünf kleine Statuetten, ebensoviele Bücher und einige große, in Silber gefaßte Muscheln entgegen, was er alles vor sich auf seinen Thron legte. Dann kam eine Reihe von Leuten, die Geschenke trugen, jeder ein Talent Silber, ein Stück Seide oder einen Pack Tee. Nachdem alle Geschenke des Dalai Lama übergeben worden waren, wurden die des Gesub in derselben Art und Weise hereingebracht; sie waren aber von weniger Wert. Alles zusammen waren es wohl 100 Talente Silber, 120 Stück Seide und 60 Pakete Tee. Ungefähr sechs Talente Silber, zehn Stücke Seide und vier Pakete Tee wurden dem Chanzo Cucho gegeben.

Während alles dies vor sich ging, wurden Bittschriften, jede mit einem weißseidenen Taschentuch zusammengebunden, wie das hier Sitte ist, in den Tempel geworfen. Die Mönche gaben sie hinterher einer dem anderen weiter, bis sie an den Fuß des Thrones gelangten, wo sie gesammelt und dem Lama übergeben wurden. Mir wurde gesagt, daß sie hauptsächlich Gebete für kranke Leute oder für die Seelen der kürzlich Verstorbenen erflehten. Der Lama las eine oder zwei von ihnen, worauf er selbst ein kurzes Gebet sprach, dem ein anderes von den Mönchen folgte. Dann ging alles fort.

Ich weiß nicht, was ich tun könnte, um die Erzählung dieser ermüdenden Zeremonien zu unterbrechen, und wie der Bericht über das langweilige und einförmige Leben, das ich in Teschu Lumbo führte, unterhaltender zu machen sein würde. Es war dort mönchisch im höchsten Grade. Nichts als Priester, nichts vom Morgen bis zur Nacht als der Gesang von Gebeten und die Töne von Becken und Handtrommeln. Der Lama erwies mir jede mögliche Aufmerksamkeit. Ich erfreute mich einer guten Gesundheit, und meine Gedanken waren frei von Sorge und Unruhe, und doch war die Beschäftigung, die ich fand, indem ich versuchte, die Sprache zu lernen, oder den Geschichten der Fakire und Kaschmiris zuhörte oder eine stockende Konversation mit den Tibetanern führte, die mein Zimmer zu besuchen pflegten, nur gleichgültig und langweilig, verglichen mit den Vergnügungen, welche die Gesellschaft bietet. Mein Leben in Teschu Lumbo muß, wenn man von den kleinen, unauffälligen Umständen absieht, die unterhalten, man weiß nicht warum, durch das Medium einer Beschreibung gesehen, freudenlos und ohne Interesse erscheinen.

Ich muß gestehen, daß meine angenehmsten Stunden vor der Ankunft der Pyn Cuchos entweder die während meiner Audienzen bei dem Lama waren, oder wenn ich Schach spielte. Die Ankunft einer großen Menge von Kalmücken gab mir genug Gegner. Ihre Art zu spielen ist von der unseren darin verschieden, daß das Recht, über zwei Felder zu ziehen, sich nur auf den ersten Bauern, der auf jeder Seite gezogen wird, bezieht, daß Rochieren und Patt unbekannt sind und daß das Spiel als unentschieden angesehen wird, wenn der König allein ohne eine Figur oder einen Bauern auf dem Schachbrett bleibt. In meinen ersten Versuchen mit den Tataren zog ich oft den Kürzeren, denn wenn einer der Sibirier sich zum Schachspielen niedersetzt, nimmt er zwei oder drei seiner Landsleute, um ihm zu helfen. Die stecken alle ihre großen kahlen Köpfe zusammen und disputieren und beraten über jeden Zug. Schließlich fand ich doch einen Weg, um mit ihnen fertig zu werden, und bekämpfte sie mit ihren eigenen Waffen. Wenn ich nicht einen Sibirier dazu bringen konnte, gegen mich im Einzelkampf in die Schranken zu treten, so nahm ich mir auf meiner Seite eine gleiche Anzahl von Tataren, und wir schlugen sie der Regel nach vollständig.

Bald nach Ankunft dieser Leute in Teschu Lumbo besuchte der Lama die verschiedenen Tempel, und ich wurde immer eingeladen, dabei gegenwärtig zu sein. Ein kleines Zelt wurde für mich auf den Dächern aufgeschlagen, und ich brachte dort gewöhnlich den ersten Teil des Gottesdienstes zu, der meistens ein paar Stunden dauerte, indem ich Tee trank, gekochten Hammel und Süßigkeiten aß und Schach mit den Kalmükken spielte. Dann wurde ich zu den Gebeten gerufen und saß für eine Stunde oder zwei auf einem Kissen neben dem Chanzo Cucho auf einem Balkon, von dem man die Kirche übersah. Die Mönche saßen alle, wie ich es schon beschrieben habe. Die Gebete werden gewöhnlich in verschiedenen und oft nicht unmelodiösen Stimmen gesungen, und der Gottesdienst, besondere Feiertage ausgenommen, wird mit großem Anstand gefeiert. Die Priester hier sind viel besser unterrichtet als in des Deb Rajah Lande und brauchen bei ihrem Gottesdienst nicht die Bücher, die in Tassisudon gebraucht werden. An einigen Festtagen indessen pflegte ein Mann, der mit verschiedenfarbigen Kleidern angetan war und eine Kardinalsmütze, mit Totenschädeln geschmückt, trug, hereinzukommen und mit vielen eigentümlichen Gebärden herumzuspringen und sich umzudrehen, indem er Trankopfer von Öl und Branntwein, Reis usw. darbrachte und einen menschlichen Schädel, eine Glocke, einen Dolch oder eine Axt in seiner Hand trug. Nach dem Gottesdienst ließ mich der Lama manchmal in sein kleines Zimmer rufen, das er auf dem Dache hatte. Während meines Aufenthalts in Teschu Lumbo brachte ich wohl 15 oder 20 Tage in dieser Weise in Tempeln zu, denn ich unterließ es nie, dorthin zu gehen, wenn man mich einlud.

Ich hatte heute einen Besuch von den Agenten, die kürzlich vom Dalai Lama und Gesub Rimpoché gekommen waren. Einer von ihnen war ein Priester und trug das Kleid seines Ordens, der andere trug weiblichen Anzug. Sie brachten mir einige kleine Tonnen und Kisten mit Geschenken vom Gesub Rimpoché. Als wir sie aufmachten, fanden wir, daß sie chinesischen Branntwein enthielten, eine Art kleiner Kuchen, von demselben Volke gemacht, eine getrocknete Art von Fisch, der kleiner als eine Ellritze ist, und einige getrocknete Pilze, von denen sie sagten, daß sie aus Peking kämen. Der Branntwein war stärker und besser als der tibetanische. Das Brot war aus sehr feinem Mehl, aber nicht halb durchgebacken oder auch nur durchgeknetet. Was wir mit dem Fisch machen sollten, konnten wir nie herausfinden, aber die Pilze waren uns sehr angenehm, um unsere einfachen und unschmackhaften Mahlzeiten zu verbessern. Ich empfing die Agenten mit allen Formalitäten. Sie blieben ungefähr eine Stunde bei mir und verließen mich dann; ich war wenig befriedigt von ihren Manieren und ihrer Unterhaltung.

Die Feiertage des neuen Jahres rückten heran, und die Verwandten des Lama kamen aus verschiedenen Teilen des Landes, um ihm ihre Verehrung zu bezeigen. Sein Vetter, der Teschu-tzay Debo, mit seiner Frau und seiner Familie, seine Nichten, die beiden Nonnen, die ich in Teschu-tzay gesehen hatte, ihre Mutter Chum Cucho, ihre beiden Brüder, die Pyn Cuchos und eine Halbschwester namens Durjay Paumo, ein weiblicher Lama, die die Äbtissin eines Klosters nahe beim Piate-See (auch Palti- oder Yamdok-cho) ist und von dem Geiste einer heiligen, vor vielen hundert Jahren gestorbenen Frau beseelt ist. Alle diese Damen zusammen mit dem Debo und seiner Frau wurden in einem Hause untergebracht, das in einer Gruppe alter Bäume unterhalb des Palastes stand, und die Pyn Cuchos in einem kalmückischen Zelt nahebei. Sie blieben ungefähr zwei Monate in Teschu Lumbo, während welcher Zeit Dr. Hamilton Durjay Paumo und Chum Cucho von Leiden befreite, an denen sie lange gelitten hatten, und ich meine Beziehungen zu den Pyn Cuchos intimer gestaltete. Die letzteren kamen häufig zu mir und blieben zwei oder drei Stunden. Ich ging manchmal zu ihrem Zelte, wo wir die Zeit mit Singen, Rauchen, Chang[9]-Trinken und Spielen auf der Flöte oder der Gitarre zubrachten, auf denen der älteste

9 Chang wird ein gegorenes Getränk genannt. (M)

Bruder ein großer Künstler ist. Wir machten kleine Ausflüge in die Umgegend, und ich begleitete sie später nach ihrer Besitzung bei Renjaitzay und brachte fünf oder sechs vergnügte Tage in ihrem Schlosse zu. Noch ein anderer Bruder ist da, der für die Kirche erzogen wird. Er ist ein Lama oder Oberpriester (vielleicht der Abt eines Klosters), darf aber den Gottesdienst noch nicht leiten, weil er zu jung ist. Er kam häufig, um mich zu besuchen, und da er sehr munter und neugierig war, hatte ich viel Vergnügen daran, ihm alles zu zeigen. Aber die Zurückhaltung, die seine Stellung ihm auferlegte, erlaubte ihm nicht, sich an einigen der Partien mit seinen Brüdern zu beteiligen. Lama Alli ist ungefähr 16, klein für sein Alter, aber gut und frisch aussehend und mit der guten Laune gesegnet, die alle Mitglieder der Familie des Teschu Lama auszeichnet.

Am ersten Tage des tibetanischen Jahres versammelte sich jedermann mit Ausnahme des Lama in dem großen Hofe, der unterhalb des Palastes liegt. Alle Galerien, die denselben umgeben, waren mit Zuschauern überfüllt. Mein Platz war wie gewöhnlich neben dem Chanzo Cucho auf dem höchsten Balkon. Die Aufführungen begannen mit Tänzen von Hanswursten in Masken. Dann wurden eine Anzahl von Fahnen aufgestellt, und eine Menge von Mönchen, in verschiedenfarbigen Kleidern, mit ihren Becken und Handtrommeln, Trompeten, Oboen und Trommeln marschierten in Prozession um den Hof herum. Dann tanzten ungefähr 20 Mönche in Masken, die die Köpfe von verschiedenen, meist wilden Tieren darstellten, und in Maskenanzügen mit komischen Bewegungen in derselben Art und Weise, aber besser, als ich es in Tassisudon gesehen hatte. Nachdem dies vorbei war, wurde die auf Papier gezeichnete Figur eines Mannes auf den Boden gelegt. Viele außergewöhnliche Zeremonien, die mir, der sie nicht verstand, besonders seltsam erschienen, wurden damit vorgenommen, und nachdem ein großes Feuer in einer Ecke des Hofes angesteckt worden war, wurde sie schließlich darüber gehalten, und da sie aus verbrennbarem Material bestand, verschwand sie mit viel Rauch und Lärm. Mir wurde gesagt, daß es ein Bild des Teufels sei, aber ich bin in der tibetanischen Mythologie nicht genügend bewandert, um mich auf Einzelheiten einlassen zu können. Eins aber ist gewiß: Es war weiß gemalt, mit regelmäßigen Zügen, und ob es den vorstellte, »der auf der Erde herumgeht, suchend, wen er verschlingen könne«, oder nicht, so konnte ich mich doch des Eindrucks nicht erwehren, daß es einem Europäer sehr ähnlich sei.[10]

Ich wurde von dem Agenten des Rajah von Nepal, Prithi Narayan, besucht, der mir zwei Schafe, einige Rupien, Reis, Gewürze usw. überreichte. Das Gespräch, das wir führten, findet sich an anderer Stelle aufgezeichnet.

Eine gute Menge Kalmücken besuchten Dr. Hamilton. Er dachte, daß sie zu ihm gekommen wären, um Arzneimittel zu verlangen. Jeder überreichte ihm ein Schnupftuch nach der Sitte des Landes, und sie sagten ihm dann, daß sie, da sie von seinen großen Kenntnissen in den geheimen Wissenschaften gehört hätten, gekommen wären, um sich von ihm wahrsagen zu lassen. Zu gleicher Zeit streckten sie zu dem Zweck ihre Hände aus. Während er noch zögerte, ob er den Scherz etwas

10 Am 30. Tage des ersten Monats wird in Lhasa der König der Teufel (Lu-gon jya-po) ausgetrieben. Ein Lama spielt die Rolle des Dalai Lama und ein Mann aus dem Volke, der sich das Gesicht schwarz und weiß bemalt hat, die des Teufels. Nach einer längeren Diskussion über den Wert der Religion würfeln sie dreimal; der Dalai Lama wirft jedesmal die höchste Zahl, der Teufel jedesmal Nieten; der Teufel flüchtet dann und die Priester und das Volk verfolgen ihn mit Kanonen- und Flintenschüssen. Für den Teufel sind vorher Räumlichkeiten in dem Niamo chun (Teufels-berg) bereitet worden, wohin er flüchtet und mehrere Monate bleibt. Am letzten Tage des Jahres rufen die Mönche von Muru Gomba die Götter an und treiben die Teufel aus. Ob die von Bogle geschilderte Zeremonie etwa mit dieser Teufelsaustreibung, die in einer oder der andern Form auch in China und Japan Sitte ist, zusammenhängt, muß dahingestellt bleiben. (M)

weiter treiben sollte, baten sie ihn, ihnen zuerst zu sagen, was ihnen während des letzten Jahres passiert wäre, und ihnen dann ihr künftiges Schicksal zu enthüllen. Das würde in der Tat seine Fähigkeiten im Wahrsagen bewiesen haben, aber Dr. Hamilton war nicht in der Lage, diese Probe zu bestehen. Ich selbst bin oft für einen Wahrsager gehalten worden, und ähnliche Bitten sind an mich gerichtet worden. Aber dies geschah nur von meinen besonderen Bekannten. Ein in der Handlesekunst bewanderter Mann oder eine Gesellschaft von Zigeunern würde hier viel zu tun finden, denn obgleich ich keine Schamanen im Lande entdecken konnte, haben die Tibetaner doch großes Vertrauen in das Wahrsagen, das ja der ganzen Menschheit eigen ist, mit Ausnahme der europäischen Philosophen, die zu weise sind, um an irgend etwas zu glauben.

Der Teschu-tzay Debo machte mir einen Besuch und brachte mir zwei Tische, bedeckt mit getrockneten Früchten und Süßigkeiten. Ich bot an, die Höflichkeit zu erwidern, aber er schickte nicht zu mir, und ich wünschte, nicht übereifrig in dem Versuch, seine Freundschaft zu kultivieren, zu erscheinen, weil das meine Beziehungen zu den Pyn Cuchos hätte schädigen können, die nicht besonders gut mit ihm stehen wegen seiner Frau, die auch zu ihrer Familie gehört. Es ist das eine merkwürdige Geschichte, aber ich habe keine Veranlassung, sie zu erzählen.

Wir brachten den 15. Februar mit den Pyn Cuchos in einigen Zelten zu, die für uns an dem Abhange eines Hügels, einige Meilen von Teschu Lumbo, aufgeschlagen worden waren. Scheibenschießen, Wettlaufen zu Fuß und Zusehen bei den Tänzen und Gesängen der Bauern bildeten unsere Unterhaltung. Denn so nahe am Palast ist von Jagen und Töten von Tieren nicht die Rede. Unsere Freunde hatten ein großes Fest für uns bereitet, und da sie nicht wußten, was wir vorzögen, hatten sie dafür gesorgt, jede Art von Fleisch und Geflügel zu haben, an die man nur denken konnte. Nach der

Mahlzeit wurden Tische, bedeckt mit Früchten, hereingebracht, auch bestanden sie darauf, uns Kleider und Pferde zu schenken. Nachdem wir viel Tee und Chang getrunken hatten, kehrten wir zum Palast zurück. Ich ritt das Pferd, das die Pyn Cuchos mir gegeben hatten. Es war ein Kalmück, aber ich fand es nicht so folgsam, wie mir gesagt worden war, daß diese Pferde wären. Ich hatte genug zu tun, um es zu verhindern, mit mir durchzugehen.

Ich machte auch den Damen meinen Besuch. Die Chum Cucho ist eine vergnügte Witwe von ungefähr 45 Jahren mit einem gesunden Teint und den Überresten früherer Schönheit. In ihren jüngeren Tagen war sie eine Nonne, und ihr Gatte, der Bruder des Lama, ein Mönch. Aber es geschah, daß die beiden eine Verbindung eingingen, die ihrem Stande der Ehelosigkeit ein Ende machte. Der Lama war sehr unzufrieden mit seinem Bruder und wollte ihn während vieler Jahre nicht sehen. Nach seinem Tode nahm Chum Cucho, die über den Höhepunkt ihres Lebens heraus war, ihren religiösen Charakter wieder an, und da sie ihr Gelübde der Keuschheit wieder aufgenommen hatte, legte sie allen ihren Schmuck ab, zog sich ganz einfach an und begab sich auf eine Pilgerfahrt nach den Tempeln in Nepal, Palpa usw. Der Lama hat sie und ihre Kinder seitdem mit großer Freundlichkeit behandelt. Ihre Söhne, die Pyn Cuchos, und ihre Töchter, die Nonnen, waren gegenwärtig. Wir hatten viel Tee, Hammel, Suppe, Früchte usw., und die alte Dame war so vergnügt wie ein Heimchen.

Die Mutter begleitete mich in das Zimmer der Durjay Paumo, die, in Mönchstracht gekleidet, mit von der Schulter an entblößten Armen und mit untergeschlagenen Beinen auf einem niedrigen Kissen saß. Sie ist auch die Tochter des Bruders des Lama, aber von einer anderen Frau. Sie ist ungefähr 27, mit kleinen, chinesischen Zügen, zart, aber nicht regelmäßig, schönen Augen und Zähnen. Ihr Teint ist hellfarbig, aber angegriffen und krankhaft, und ein Ausdruck von Ermüdung und Melancholie liegt auf ihren Zügen, der, wie ich glaube, durch das freudenlose Leben hervorgerufen ist, das sie führt. Sie trägt ihr Haar – ein Vorzug, der keiner andern Vestalin, die ich gesehen habe, zugestanden ist. Es war zurückgekämmt, ohne irgendwelchen Schmuck, und fiel in Zöpfen auf ihre Schultern. Ihr Handauflegen wird wie das des Lama als segenbringend angesehen, und ich erhielt es auch. Nachdem ich ihr meine Geschenke überreicht und meine Ehrfurcht bezeigt hatte, kniete ich nieder, und sie streckte ihren Arm aus, der so schön ist wie der der schönsten Frau im Lande, und legte ihre Hand auf meinen Kopf. Die Bewirtung war dieselbe wie bei ihrer Mutter. Durjay Paumo sprach wenig, und wenn nicht die alte Dame dagewesen wäre, so würde die Unterhaltung hauptsächlich aus Pausen bestanden haben. Ich sah sie nur dies eine Mal, aber Dr. Hamilton pflegte beinahe jeden Tag bei ihr zu sein.

Die beiden Nonnen sind ebenso vergnügt und gut gelaunt wie ihre Mutter. Die älteste, die ungefähr 27 oder 28 ist, hat einen dunklen Teint und harte Züge, die jüngere ist ungefähr 19 und merkwürdig hübsch und wohl aussehend. Ihr Anzug ist derselbe wie der der Mönche. Der Kopf ist geschoren, die Arme nackend, eine rotbraune Jacke, die etwas bis unterhalb der Taille geht, ein Stück groben roten Tuchs über ihre Schultern geworfen, ein Unterrock von roter Serge, der etwa bis unter die Knie geht, und rote wollene Strümpfe, die eine Sohle von Leder haben und unter dem Knie gebunden sind. Sie, ebenso wie die Priester, dürfen keinen Schmuck tragen, mit Ausnahme einiger Korallenperlen, die sich an ihren Rosenkränzen befinden.

Ich muß um Entschuldigung bitten, wenn ich einen Umstand erwähne, den ich (obgleich er eigentlich nicht in diesen Bericht gehört), wenn ich meinen tibetanischen Freunden gerecht werden will, doch nicht auslassen kann. Nach den Höflichkeiten, die der Teschu Lama und jedermann in seiner Umgebung mir erwiesen hatten, ebenso wie aus dem Wunsche, den guten Willen der Tibetaner zu erwerben, deren Land, wie ich glaube, noch kein Engländer je vor mir besucht hatte, beschloß ich, den Verwandten des Lama einige Geschenke zu machen, und kaufte daher Korallenperlen, die in diesem Teil der Welt sehr geschätzt und nicht leicht zu bekommen sind. Ich brachte sie bei meinem Besuch bei der Chum Cucho und ihren Töchtern mit, ich hatte aber viele Mühe, sie zur Annahme zu bewegen. Die Pyn Cuchos machten noch mehr Schwierigkeiten, und ich glaube, ich brachte eine Stunde in ihrem Zelt zu, ehe ich sie dahin bringen konnte, meine Perlen anzunehmen. Sie sagten: »Sie sind aus einem fernen Lande gekommen, es ist unsere Aufgabe, Ihnen Ihren Aufenthalt angenehm zu machen. Warum sollten Sie uns Geschenke geben?« Dieser Umstand dient dazu, den Charakter der Tibetaner in ein stärkeres und günstigeres Licht zu setzen, als wenn ich Bände darüber geschrieben hätte.

Der Sokpo (kalmückischer) Lama[11] kam, um mich zu besuchen. Er ist einer von den Priestern des Taranath und erhält, glaube ich, den Titel Lama nur aus Höflichkeit. Er ist ein Eingeborener von Ladak, aber er hat lange in Sibirien gelebt, ist ein sehr angenehmer und unterhaltender Mann und brachte mir einen ganzen Topf voll Tee und ein Taschentuch. Ich wollte seinen Besuch erwidern, aber er entschuldigte sich, weil er immer beim Teschu Lama sein müßte. Er blieb noch einige Zeit nach der Abreise der Kalmücken nach Lhasa und besuchte mich ein zweites Mal, bevor er sich auch auf den Weg machte.

Ungefähr zu dieser Zeit unternahm ich ein Werk für den Lama, das mir viel Mühe und Arbeit machte. Es handelte sich um einen Bericht über Europa, und ich fand die Aufgabe sehr schwierig, denn ich hatte mich mir selbst als Tibetaner

11 Die Sokpo bewohnen die östliche Hälfte von Nord-Tibet, die Horpo, ein Turk-Stamm, die westliche. (M)

vorzustellen und dann die Sachen niederzuschreiben, von denen ich glaubte, daß sie Eindruck auf sie machen würden. Ich hatte auch viel Mühe, es in die tibetanische Sprache zu übersetzen, da ich gezwungen war, einen Dolmetscher zu benutzen, ein Wesen, das meistens mehr seinen eigenen Ideen folgt, als sich genau an die unsrigen zu halten. Ich machte Frankreich, England und einige andere Länder fertig, die ich gesehen hatte, aber da ich keine Bücher besaß, die mich hätten unterstützen können, mußte ich die Arbeit doch schließlich unvollendet lassen. Aber so wie sie war, war sie doch ein großer Genuß für des Lama unersättliche Neugier.[12]

Als Dr. Hamilton von der Durjay Paumo zurückkam, sah er eine große Menge von Leuten, in deren Mitte ein junger Mönch gezüchtigt wurde, weil er seine Lektion vernachlässigt hatte. Er lag auf der Erde und wurde von vier Leuten gehalten, während ein fünfter auf ihn losschlug. Indessen sollte sich niemand, der in einer europäischen öffentlichen Schule gewesen ist, über die Grausamkeit der Tibetaner aufhalten.

Die Pyn Cuchos kamen oft, um mich zu besuchen. Heute kamen ihre Schwestern, die Nonnen, mit ihnen. Sie baten mich, ihnen meinen Fringy-Anzug zu zeigen, und wir überredeten die jüngere Schwester, meinen Rock anzuziehen. Wir hatten viel Vergnügen und Lachen darüber. Aber wer kann die unbedeutenden Kleinigkeiten erwähnen, die das Gespräch erfreulich machen und die Zeit vertreiben helfen.

Der Priester, der jeden Morgen mit gekochtem Reis und Tee, die der Lama schickte, zu mir kam, hieß Debo Dinji Sampu. Er war ungefähr 50, von den Blattern gezeichnet, mit einem guten und offenen Auge und selbst von einfachem und

---

12 Eine Abschrift dieses merkwürdigen und interessanten Schriftstücks ist vorhanden. Bogle schildert Europa, wie es 1770 war; die Gasthöfe und Postkutschen, die Straßenräuber, die Duelle, die französischen Parlamente und andere Einrichtungen der Alten Welt. (M)

ehrlichem Sinn. Er wußte sich gut mit meinen unvollkomme-
nen Versuchen, die tibetanische Sprache zu sprechen, abzufinden, und wir hatten lange Plaudereien zusammen. Ich
lernte ihn sehr schätzen, und er, was seine Klugheit bewies,
fand großen Gefallen an mir. Er hatte immer eine Dose mit
ausgezeichnetem Schnupftabak und war nie zu geizig, um mir
davon nicht anzubieten. Aber mit allen seinen guten Eigenschaften hatte er eine ebenso große Abneigung, sein Gesicht
und seine Hände zu waschen, wie der Rest seiner Landsleute.
Er kam zufällig eines Morgens herein, während ich mich
rasierte, und es gelang mir, ihn zu überreden, sich einmal mit
Hilfe von Seife und Wasser abzuscheuern. Das gab ihm ein
ganz neues Aussehen, und er schien sich in meinem Rasier-
spiegel mit einiger Befriedigung zu betrachten. Aber seine
Bekannten machten ihn so lächerlich, daß ich ihn nie dazu
bringen konnte, den Versuch zu wiederholen.[13]

---

13 Hodgson brachte in Nepal eine tibetanische Mutter dazu, ihn ihr Kind
waschen zu lassen, um sich von seiner Hautfarbe zu überzeugen, die
eigentümlich hell und weiß schien. Das Kind wehrte sich so heftig, daß es
beinah Krämpfte bekam. (M) Die Tibetaner scheinen aber nach andern
Berichten sich zu baden, sowohl Männer wie Frauen, so z. B. im 7. und
8. Monat in den Flüssen. (B)

Ein Besuch auf einem tibetanischen Landsitz

Am 11. März 1775 wollten die Pyn Cuchos nach ihrem ungefähr zwei Tagesreisen von Teschu Lumbo gelegenen Landsitze aufbrechen und luden mich ein, sie zu begleiten. Ich war froh, eine Gelegenheit zu haben, etwas Abwechslung in das langweilige Leben hier zu bringen, und erbat die Erlaubnis des Lama, die er mir bereitwillig erteilte. Wir brachen gegen Mittag auf. Ich nahm nur einen meiner hindustanischen Diener mit, da ich entschlossen war, wie ein Tibetaner zu leben. Die Pyn Cuchos hatten ungefähr ein Dutzend Diener bei sich. Wir kamen gegen Abend in ein in dem Tal, durch das der Tsangpo fließt, gelegenes Dorf und nahmen unsere Quartiere in dem Hause des Dorfvorstehers. Nachdem wir Tee getrunken, wurde das Mittagessen gebracht: ein Becher mit gehacktem Hammelfleisch, nicht unähnlich einem fettigen Ragout, einer mit gekochtem Reis, ein dritter mit zu einem Gelee geschlagenen rohen Rindfleisch, stark angemacht mit Salz, Kurkuma und anderen Gewürzen. Es war keineswegs unschmackhaft, wenn man sich von den europäischen Vorurteilen frei machen konnte. Dann kam auch eine gut gekochte Hammelkeule und eine andere, äußerlich gerade nur angesengt, innen aber roh. Man braucht kein Hellseher zu sein, um herauszufinden, wie mein Mittagessen aussah. Niemals schneiden zwei Personen etwas von demselben Stück Fleisch ab oder nehmen sich aus derselben Schüssel, so daß ein besonderer Satz von den vorerwähnten Schüsseln für jeden angerichtet wurde. Darauf hatten wir Früchte und Süßigkeiten, und nachdem mir die Pyn Cuchos eine Pfeife geborgt hatten, setzten wir uns hin und rauchten; schließlich gingen wir in einen kleinen Garten, um mit Bogen und Pfeilen nach der Scheibe zu schießen. Ein Zelt war aufgeschlagen, und in einiger Entfernung davon ein schwarzes Tuch aufgehängt. Wer ins Schwarze traf, bekam ein Taschentuch; ich erhielt auch eines, aber unverdientermaßen. Als es dunkel wurde, kehrten wir zurück, setzten uns um ein gutes Feuer, das in der Mitte des Raumes neu angezündet worden war, und brachten ein paar Stunden mit Singen, Changtrinken, Gitarre- und Schachspielen zu. Dr. Hamilton und ich zogen uns dann in ein anderes Zimmer zurück, wo ein Abendessen für uns bereitet war, als wenn wir an dem Tage überhaupt noch nichts gegessen hätten; aber da die Pyn Cuchos gefürchtet hatten, daß uns die tibetanischen Speisen nicht schmecken würden, hatten sie ihre Diener beauftragt, sich bei unseren Leuten zu erkundigen, und Eier, Fische und gebratene Hühner zubereiten lassen.

Am nächsten Morgen standen wir vor Tagesanbruch auf und fanden die Pyn Cuchos im Begriff, sich zum Frühstück aus Tee und kaltem Hammel niederzusetzen. Da ich zu jeder Stunde des Tages oder der Nacht essen kann, nahm ich meinen Teil davon. Nachdem wir fertig waren, überreichte uns der Herr des Hauses Früchte, Süßigkeiten und getrocknete Schafe, und nachdem das alles in gebührender Weise erledigt war, brachen wir auf. Nach einer Stunde ungefähr kamen wir an das Ufer des Tsangpo. Die Boote waren alle an der anderen Seite, und der Fluß trieb mit Schollen von mit Schnee vermischtem Eis. Wir mußten ein paar Stunden warten. Ein Zelt und Tee standen für uns bereit, und ich brachte einen Teil der Zeit damit zu, auf dem Eis zu schlittern, mit dem ein in der Nähe befindlicher Pfuhl bedeckt war. Sowie wir übergesetzt waren, bestiegen wir unsere Pferde wieder und ritten vergnügt das sandige Ufer des Tsangpo entlang. Zweimal hielten wir bei Zelten an, die für uns aufgeschlagen waren, und erfrischten uns mit Tee und Hammelfleisch. Am Nachmittage kamen wir an den Fuß eines Berges, der mit rotem Ocker bedeckt und irgendeiner grauenhaften Gottheit geweiht ist. Hier stellten die Pyn Cuchos einen Baumzweig auf, an dem ein weißes Taschentuch befestigt war. Der Tsangpo bildet an dieser Stelle eine weite Wasserfläche unmittelbar unterhalb der Straße. Man kann seine Windungen eine gute Strecke auf- und abwärts mit den Augen verfolgen, und die Aussicht würde schön sein, wenn man irgend etwas anderes als kahle und öde Hügel zu sehen bekäme. Der Wind ist in diesem Tale sehr stark und wirbelt den Staub oft sehr hoch auf oder bildet Sanddünen aus ihm. Wir wendeten uns nach rechts in das Tal, in dem das Besitztum der Pyn Cuchos liegt, und hielten bei einigen Zelten, die ein Diener des Gesub Rimpoché aufgeschlagen hatte, der der Verwalter eines Hauses war, das diesem Minister gehörte. Unter den Speisen befanden sich ausgezeichnete Hammelwindbeutel, die ich bis jetzt noch nicht gesehen hatte. Weiter hinauf im Tal kamen wir, eine halbe Stunde nachdem die Dunkelheit hereingebrochen war, nach dem Schloß von Rinjaitzay. Mit allen den Aufenthalten und Teetrinken hatte es uns einen ganzen Tag gekostet, um eine Strecke zurückzulegen, die wir leicht in sechs Stunden hätten machen können.

Ich wurde in dem Tempelraum untergebracht, der gewöhnlich der beste im Hause ist. Da die Pyn Cuchos, besonders der jüngste, eifrige Jäger sind, war er ganz mit Luntenflinten, Bogen, Pfeilen, Schwertern, Schrotbeuteln usw. behängt, und ein Teil der Wand war mit chinesischen Papiertapeten beklebt. Nachdem sie mir eine Unmenge von Früchten feierlich überreicht hatten, wurde das Abendbrot gebracht – das sechste Mal, daß ich an dem Tage Fleisch sah.

Während der fünf oder sechs Tage, die wir in Rinjaitzay zubrachten, bewirteten uns die Pyn Cuchos auf die gastfreundlichste Weise und unterließen nichts, was zu unserer Unterhaltung beitragen konnte. Sie arrangierten Spazierritte, Wettschießen mit Luntenflinten und Bogen; sie fingen Hasen und sackten sie ein, damit wir nachher sehen konnten, wie die Windhunde sie wieder fingen; sie fingen Rebhühner und anderes Wild für uns zum Essen, und an einem Tage zogen wir aus, um Moschustiere mit Netzen zu fangen, was eine ausführliche Beschreibung verdient.

Nachdem wir drei Meilen von Rinjaitzay geritten waren, machten wir bei einem Zelte halt, während die Diener die Hügel hinaufstiegen, um zu erkunden. Ich muß gestehen, ich hielt nicht viel von dieser Art, in einem Zelt zu jagen, und hatte keine großen Erwartungen von unserer Kurzweil. Schließlich brachte ich den jüngeren Bruder dazu, aufzubrechen, und nachdem wir die Hunde losgelassen hatten, ritten wir den Abhang des Hügels hinan, ohne indessen etwas anderes zu sehen als ein Volk Rebhühner. Aber obgleich die Pyn Cuchos, wenn sie allein sind, sich kein Gewissen daraus machen, zu schießen, fürchteten sie doch, daß einige von des Lama Leuten, die dabei waren, es in Teschu Lumbo erzählen würden und sie in Ungelegenheiten bringen könnten.

Endlich, als wir schon den Rückweg antreten wollten, kam einer von den Dienern mit der Nachricht, daß sie ein Moschustier in einem Steinbruch gefunden hätten. Die Hunde wurden sofort angekoppelt, und die Leute mit den Netzen stiegen an der Seite des Berges empor, um über den Platz zu gelangen, wo das Wild lag. Die Netze sind aus Stricken gemacht, die eine Anzahl von Schlingen dicht nebeneinander bilden, welche an einer Leine hängen, die von in die Erde gesteckten Stöcken in einer Entfernung von zehn bis zwölf Fuß voneinander getragen wird. Eine zweite Reihe von Schlingen ähnlich der ersten wird parallel mit ihr in einer Entfernung von ungefähr fünf Fuß hinter ihr aufgestellt.

Nachdem diese doppelte Reihe von Schlingen auf einer Seite des ungefähr auf die Entfernung eines Gewehrschusses umstellten Steinbruches aufgestellt worden war, dehnten wir uns auf der anderen Seite aus und weckten endlich mit Geschrei und Steinwürfen das Moschustier aus seinem tiefen Schlaf. Sowie es auf dem Gipfel des Hügels angekommen war, ging es in großen Sprüngen gegen die Sperre vor, versuchte zweimal vergeblich, sie zu überspringen, und fing sich dann mit seinem Kopf in einer der Schlingen. Als wir hinzukamen, war es ganz außer Atem von seinen Bemühungen, sich frei zu machen, und hatte sich das Fell am Halse, das sehr zart ist, ganz abgerissen. Wir brachten es nach Hause und sperrten es in eine Kammer neben meinem Zimmer, aber es starb vor dem Morgen.

Das Moschustier ist von der Größe einer Antilope, aber ohne Hörner. Der Sack mit dem Moschus, für den es berühmt ist, findet sich nur bei dem Männchen, das auch in der Farbe dunkler als das Weibchen und durch zwei Hauzähne ausgezeichnet ist, die senkrecht aus seinem Oberkiefer nach unten stehen. Das Haar ist an der Spitze braun und gelb gesprenkelt und ähnelt haargenau dem Bart eines Federkiels (Schreibfeder). Es hat annähernd so viel Elektrizität wie Bernstein und klebt so an den Fingern, daß man Mühe hat, es abzuschütteln. Die Felle der Tiere, die ich im Lande des Deb Rajah gesehen habe, sind viel dunkler als die in Tibet; sie nähern sich beinahe dem Schwarz. Der gewöhnlichste Weg, die Moschustiere zu töten, ist mit Luntenflinten oder mit Bogen und Pfeilen. Es wird von den Bauern gegen den Beginn des Winters sehr verfolgt, und viele von ihnen suchen Schutz in den Bannwäldern hinter Teschu Lumbo.

Die Rebhühner sind bedeutend kleiner als die in England. Was ihren Geschmack anbetrifft, so kann ich nichts darüber sagen, denn der Koch erlaubte dreien, die Dr. Hamilton eines Tages geschossen hatte, davonzufliegen, einige Stunden nachdem sie tot waren; und die, welche die Pyn Cuchos für uns fingen, waren so zahm, daß es eine Schande gewesen wäre, sie zu töten. So ließ ich sie frei, was die Diener des Lama als eine sehr fromme Handlung betrachteten. Was die Pyn Cuchos angeht, so machten sie sich so wenig Skrupel über diese wie über irgendeine andere erläßliche Sünde, und solange der Lama nichts davon erfährt, tun sie alles, was ihnen gefällt.

Die Pyn Cuchos haben eine große Anzahl von Hunden aller Arten, und einige von ihnen, besonders die Schamo, sind sehr beliebt. Sie haben auch einen Wolf, der am Fuße der Treppe angekettet, eine Tigerkatze, die auf dem Dache an einem Stein befestigt ist, und andere Tiere.

Nach dem Abendessen zog sich jeder in sein Zimmer zurück und ging zu Bett, ohne an Übles zu denken. Aber ungefähr um die Mitte der Nacht wurden wir durch furchtbares Bellen und Heulen der Hunde aufgeschreckt, das schnell die ganze Familie auf dem Dache zusammenbrachte: Dr. Hamilton und ich in unseren Hemden, die übrigen nur mit einer umgeschlagenen Decke, da es Sitte bei den Tibetanern ist, daß Männer und Weiber nackend schlafen. Wir hatten kein anderes Licht als das Sternenlicht, und der Lärm dauerte fort. Einige sagten, es wären Diebe, aber da ich nicht glauben konnte, daß irgend jemand verderbt genug sein würde, den Versuch zu machen, des Lama Familie zu berauben, blieb mir nur übrig, anzunehmen, daß es der Teufel sei. Dabei begann ein furchtbares Geheul dicht unter unserer Nase, das, weil vollständig verschieden von irgend etwas, das ich je gehört hatte, mich in meinem Glauben bestärkt haben würde, wenn nicht die ganze Familie zu meinem Erstaunen in ein schallendes Gelächter ausgebrochen wäre; als es Paima endlich gelungen war, mittels einer Zunderbüchse eine Lampe anzustecken, hatten wir die Genugtuung, zu sehen, wie Herr Isegrim, dessen Durchgehen den ganzen Lärm verursacht hatte, von der Tigerkatze, die ihre Krallen in seine Backen geschlagen hatte, gepackt worden war und niedergehalten wurde. Und so ging jeder von unserer buntscheckigen Gruppe, nachdem der Wolf wieder an seine Kette gelegt worden war und wir uns gegenseitig etwas angesehen hatten, lachend wieder zu Bett.

Früh am nächsten Morgen nahmen wir Abschied von unseren Wirten, brachen von Rinjaitzay auf und kamen gegen Nacht in Teschu Lumbo an; wir erreichten dies dadurch, daß wir es an mehreren Stellen ablehnten, Tee zu trinken, und zum Schluß durch einen furchtbaren Staubwirbelsturm durchritten. Bei Nacht waren der Palast und die ganze Stadt zu Ehren des letzten Teschu Lama illuminiert. Es wird als sehr unheilbedeutend angesehen, wenn die Lampen bei einer solchen Gelegenheit ausgeblasen werden sollten, und doch geschah dies in dieser Nacht. Aber die Söhne der Menschen wissen sich auch mit solchen Sachen abzufinden. Einige außerordentliche Gebete mehr oder ein oder zwei Feierlichkeiten wenden das Unglück ab.

Am Morgen kam mein Feund Debo Dinji Sampu, um mich zu besuchen. Er sah ernster aus als gewöhnlich, und nachdem wir eine Schale Tee getrunken und eine Prise Tabak ausgetauscht hatten, erzählte er mir, daß er zum Gouverneur von Janglaché, einem Schloß von einiger Bedeutung, drei Tagesreisen höher hinauf am Tsangpo, ernannt worden sei. Ich gratulierte ihm zu seinem Glück, aber das verfing nicht. Er sagte mir: »Ich weiß, daß viele sich um diesen Posten bewerben würden, zu dem die Ernennung mir so viel Unbehagen macht, aber ich bin von meiner Jugend an immer bei dem Lama gewesen. Ich habe niemals ein öffentliches Amt bekleidet; ich bin nicht gewohnt zu schreiben und habe keine Praxis im Rechnungswesen. Ich werde in meinem neuen Amt sehr viel zu tun haben und weiß nicht recht, wie ich es anfassen soll; ich fürchte, ich werde in Schwierigkeiten geraten.« Da die christliche Tugend der Bescheidenheit eine so seltene ist, konnte ich nicht umhin, mich über sie bei einem Heiden zu freuen. Was ich Debo Dinji sagte, um ihn zu ermutigen, hatte, wie das ja oft geschieht, keine Wirkung, und er wünschte, daß ich den Lama bitten sollte, daß er mich wenigstens bis nach Tassisudon begleiten dürfe; aber er wollte mir nicht gestatten, dies als seinen eigenen Wunsch zu erwähnen, und in anderer Weise konnte ich es doch nicht tun. Er brach bald nach seinem Gouvernement auf, nachdem er sich zuvor von mir verabschiedet und mir beim Abschied einige Beutelchen mit Goldstaub und ein weißes Taschentuch überreicht hatte. Ich konnte nicht dasselbe herzliche Gefallen für den Priester fühlen, dem das Amt zufiel, mir des Morgens Tee und Reis zu bringen, wie ich es für Debo Dinji gehabt hatte. Er wurde später von dem Lama beauftragt, mich nach Tassisudon zu begleiten, und fiel dem fremden Klima' zum Opfer.

Einige chinesische Kaufleute kamen nach Teschu Lumbo, um Lammfelle zu kaufen, und ein Kaschmiri brachte einen von ihnen zu mir. Aus seinen Manieren schloß ich, daß er ein kleiner Mann sein müsse. Seine Mütze war mit schwarzem Lammfell besetzt, aber da ich annehmen mußte, daß der Lama nicht wünschte, daß ich Beziehungen zu ihm unterhielt, schickte ich ihn weg. Ich fand ihn lange nicht so weiß, wie ich geglaubt hatte.

Ich wurde eingeladen, den Nachmittag bei dem Sopon Chumbo zuzubringen, wo ich mit all den Dingen bewirtet wurde, von denen ich schon oft erzählt habe, aber noch hervorgehoben durch eine sehr fließende und unterhaltende Konversation. Die Manieren der Tibetaner sind meistens sehr gewinnende, aber der Sopon Chumbo hatte durch seine Reisen in der Tatarei und China und seinen langen Aufenthalt am Hofe von Peking in der Beziehung noch gewonnen.

Ich verließ jetzt selten mein Zimmer, da ich vom Morgen bis Abend mit der Übersetzung von einigen Schriftstücken über Tibet beschäftigt war, die der Lama mir gegeben hatte.

Die Strenge des Winters war jetzt vorbei, das Eis schmolz schneller, als es sich gebildet hatte; in der Hitze des Tages war

Das Kloster Teschu Lumbo

das Wetter sehr angenehm, und ich begann, an meine Rückkehr nach Bengalen zu denken.

Die Familie des Teschu-tzay Killadar hatte uns verlassen,
und auch Durjay Paumo hatte die Reise nach ihrem Kloster
angetreten. Die Pyn Cuchos waren nach Teschu Lumbo
zurückgekommen, aber nur, um ihre Mutter und Schwestern
nach Teschu-tzay zu geleiten. Ich nahm heute Abschied von
Chum Cucho und den beiden Nonnen, nicht ohne viele
Segenswünsche und gute Ratschläge von der alten Dame und
viele Versprechungen an die Nonnen, ihnen zu schreiben und
Papageien und Spiegel zu schicken. Mein Abschied von den
Pyn Cuchos war ein schwerer. Ich konnte mich nicht mit dem
Gedanken befreunden, daß es ein letztes Lebewohl sein
sollte, und so viel mir auch daran lag, nach Bengalen und der
Welt zurückzukehren, konnte ich nicht mit Gleichgültigkeit
von meinen tibetanischen Freunden Abschied nehmen und
würde jetzt wenig Befriedigung darin finden, die näheren
Umstände dieser Trennung zu beschreiben.[1]

Die letzten Tage meines Aufenthaltes in Teschu Lumbo
vergingen mit diesen Zeremonien; alle meine Bekannten im
Palast kamen zu mir mit Töpfen voll Tee, kleinen Geschenken, freundlichen Blicken und wohlwollenden Worten.

1 Dr. Hamilton schrieb am 30. Mai 1776 von Tassisudon an Bogle, daß seine
  beiden jungen Freunde, die Pyn Chuchos, kürzlich innerhalb einiger Tage
  gestorben seien, gerade nachdem sie einen langen Brief an ihren früheren
  Gast beendigt gehabt hätten. (M)

Rückkehr von Tibet nach Bengalen

Als die Zeit meiner Abreise herankam, fand ich, daß ich dem Lama nur mit schwerem Herzen Lebewohl würde sagen können. Der gütige und gastfreundliche Empfang, den er mir hatte zuteil werden lassen, und sein liebenswürdiger Charakter hatten mich, wie ich gestehen muß, für ihn eingenommen, und ich war aufrichtig betrübt, ihn verlassen zu müssen. Trotz aller meiner Reisen und Wanderungen über die Erde habe ich noch nicht gelernt, Abschied zu nehmen, und ich kann mich mit dem Gedanken eines letzten Lebewohls nicht versöhnen.

Wenn ich an die Zeit zurückdenke, die ich in diesen Bergen verbracht habe, so erscheint sie mir wie ein Traum oder ein Märchen. Die Neuheit der Eindrücke und des Volkes, mit dem ich zusammen war, und die Neuheit des Lebens, das ich führte, scheinen ein vollständiges Traumbild. Obgleich meine Tage ohne Arbeit und Unterhaltung waren, sind sie ohne Sorge und Unruhe vorübergegangen, und ich kann dies wohl als die friedlichste Zeit meines Lebens bezeichnen. Sie ist jetzt beinahe vorüber, und ich bin im Begriff, zu den Aufregungen und der Unruhe von Kalkutta zurückzukehren.

Lebe wohl, du ehrliches und einfaches Volk. Mögest du lange das Glück genießen, das zivilisierten Nationen verweigert ist, und, während sie in ruheloser Jagd begriffen sind, die Geiz und Ehrgeiz ihnen auferlegen, fortfahren, durch deine kahlen Berge geschützt, in Frieden und Zufriedenheit zu leben und keine anderen Bedürfnisse als die der Natur zu kennen.[1]

Am 7. April 1775, nachdem ich mich von meinen Freunden in Teschu Lumbo verabschiedet hatte, eilte ich den Hügel herab, stieg zu Pferde und trat meine Rückreise nach Bengalen an. Wir waren ein langer Zug. Außer Dr. Hamilton, mir selbst, Mirza Settar und unseren bengalischen Dienern, Purungir, dem jungen Gosain, der früher durch den Lama nach Kalkutta geschickt worden war, und einem alten Gosain, der sich fürchtete, daß er während der Reise durch Nepal des ganzen Vermögens beraubt werden könnte, das er während 40 Jahren auf seinen Handelspilgerfahrten zwischen den Ufern des Indus und den Ebenen Sibiriens zusammengescharrt hatte, und um die Erlaubnis gebeten hatte, in unserer Gesellschaft durch Bhutan reisen zu dürfen, Deb Gylong, einem Priester aus des Lama Haushalt, mit Paima und ungefähr zehn bhutanischen Dienern, die uns bis zur Grenze von Bengalen begleiten sollten, hatten sich uns alle Kaschmiri-Kaufleute aus Schigatzé angeschlossen, die darauf bestanden hatten, uns das Ehrengeleit während des Anfangs unserer Reise zu geben.

Nachdem wir uns mit einer ganzen Herde lärmender Bettler auseinandergesetzt hatten, ritten wir langsam über die Ebene, die sich südlich vom Palast erstreckt, und kamen zu einem großen Zelt, wo uns Tee gereicht wurde. Nachdem wir zwei oder drei Schalen getrunken hatten, verabschiedete ich mich von meinen Kaschmiri-Freunden, indem ich Taschentücher, Komplimente und gute Wünsche mit ihnen austauschte. Der Palast und die Stadt, das Kloster von Teschu Lumbo mit seinen Dächern aus vergoldetem Kupfer, das Schloß von Schigatzé mit der Stadt unter ihm und die hohen

---

1 Einem Briefe Bogles an seine Schwester vom 10. März 1775 entnommen. (M)

sie umgebenden Berge bildeten auf diese Entfernung ein schönes Bild. Aber die Öde und Kahlheit der Berge beeinträchtigten es sehr, denn nicht ein einziger Grashalm war heraus, und kein Baum hatte eine Knospe angesetzt.

Wir kamen nachmittags in unserem Nachtquartier an, das in einem großen Dorfe war. Unser Wirt war ein Priester, und in unserem Zimmer stand die lebensgroße Statue eines früheren Lama und eine Menge kleinerer Statuetten, vor denen Lampen brannten. Alle unsere tibetanischen Begleiter hatten sich bei dem Abschiede von ihren Freunden von Teschu Lumbo tüchtig etwas zugute getan, und ich überredete einige von ihnen, um den Zorn der Statue des Lama zu besänftigen, Pyes (parfümierte Weihrauchstöcke) vor derselben anzuzünden. Trunkenheit ist indessen entweder keine Sünde unter der Laienwelt in Tibet oder, wie das in allen kalten Ländern geschieht, macht man sich nichts daraus, da sie so gewöhnlich ist.

Auf dem Wege nach Painám trafen wir Deb Patza, der auf dem Wege war, um dem Lama einen Besuch zu machen, bevor er zu seinen Truppen stieß. Ihm voraus ritten seine Frau und deren weibliche Begleiter, die wie Männer zu Pferde saßen. Sie hatte ihr Gesicht halb verschleiert, wie die armenischen Frauen. Aber ich war so damit beschäftigt, ein Taschentuch für den General fertig zu machen, daß ich seine Frau erst bemerkte, als sie beinahe vorüber war. Wir stiegen beide ab. Der General weigerte sich aus Höflichkeit, mein Taschentuch anzunehmen, ehe er mir das seine gegeben hatte. Nach einigen gegenseitigen Erkundigungen sagte er, daß er ein Haus in der Nachbarschaft habe und sich sehr freuen würde, mich in demselben empfangen und eine andere Partie Schach mit mir spielen zu können; aber da er erwarte, bald wieder gegen Nepal gesendet zu werden, und dem Lama vorher seine Aufwartung machen müsse, läge es nicht in seiner Gewalt, was eine Höflichkeit war. Der Rest des Gespräches drehte sich um die jüngste Expedition in Demo

Jongs Gebiet. Bald nachdem wir uns getrennt, bekamen wir sein Haus in Sicht. Es steht in der Ebene nördlich von Painám und ist von Weiden und anderen Bäumen umgeben. Bei Painám ist eine große Brücke, die wir überschritten und danach zu dem Hause kamen, in dem wir schon auf dem Hinwege genächtigt hatten.

Unsere Rückreise von Painám nach Bengalen ging ungefähr auf demselben Wege vor sich, auf dem wir gekommen waren. Verfolgte ich in diesem Memorandum nur den Zweck, die Namen der Dörfer anzuführen oder die Lage und die Entfernungen der einzelnen Stationen anzugeben, so brauchte ich nur eine Liste anzufertigen, die dem Buch über die »Asiatischen Posten« hinzugefügt werden könnte, denn das Ansehen des Landes hatte innerhalb der letzten sechs Monate keine Änderung erfahren und fuhr fort, obgleich die Sonne jetzt nur 20 Grade von uns entfernt war, denselben ungastlichen Anblick zu gewähren, wie in der Mitte des Winters. Aber ich habe oft gedacht, daß kleine Zufälligkeiten, ohne Kunst erzählt, besser dazu dienen, die Vorzüge eines Landes zu schildern und eine Vorstellung von den Sitten eines Volkes zu geben, als abstrakte Charakterschilderungen und eingehende Beschreibungen. Diese letzteren will ich nicht versuchen. Wenn die ersteren genügen, vermag ich vielleicht, sie zu geben.

Ein blinder Mann mit einer jungen Frau kam in unseren Hof und brachte uns ein Ständchen. Er spielte auf einer Fiedel mit dem Bogen unter den Saiten und sie sang dazu, und beide, unterstützt von einem jungen Burschen, gaben den Takt an, indem sie auf ihren Füßen hin und her hopsten. Den Zweck dieses uns gemachten Komplimentes brauche ich wohl nicht zu erwähnen.

Unseren Musikanten folgte eine Schar Bettelpriester. Es mag notwendig sein, hier zu erwähnen, daß es in Tibet zwei Arten von Geistlichen gibt, die unterschieden und klassifiziert sind als Gelbmützen und Rotmützen. Der Dalai Lama und der Teschu Lama stehen an der Spitze der Gelbmützen; die Rotmützen haben ihre eigenen Lamas und Klöster. In alten Zeiten gab es heftige Streitigkeiten zwischen ihnen, in denen die Gelbmützen den Sieg gewannen, sowohl durch die Unterstützung der Tataren wie durch ihre eigene größere Heiligkeit. Aber da ich den Lehren dieser Sekte anhänge und meine Kenntnis der tibetanischen Religion von ihren Gläubigen erworben habe, will ich hier nicht zu viel über den Gegenstand sagen, weil man es sonst für boshaft halten könnte. Ich möchte indessen zwei Dinge erwähnen, die jede unvoreingenommene Person von der schlechten Lebensführung und den falschen Lehren der Rotmützen überzeugen dürften. Erstens heiraten viele von ihren Geistlichen, und zweitens bestehen sie, im Widerspruch mit der Religion und dem gesunden Menschenverstand, darauf, rote Mützen zu tragen. Die Priester, die uns jetzt besuchten, gehörten der letzteren Sekte an; sie waren vielleicht acht an der Zahl. Jeder hatte einen Stab in der einen Hand und einen Rosenkranz in der anderen. Sie bildeten einen Kreis und begannen, ihre Gebete zu singen, die ich, da ich verstand, daß sie für unsere Wohlfahrt bestimmt waren, mich nicht zu unterbrechen beeilte. Schließlich entließ ich sie mit einigen kleinen Silberstücken, um ihnen zu zeigen, daß ich, wenn auch ihren Prinzipien feindlich, ihnen doch keine persönliche Abneigung entgegen brächte.

In der Nacht fing es an, stark zu schneien, und ich stand gern auf, um meine Hunde dagegen zu schützen. Ich hatte zu dem Zweck durch den Raum zu gehen, in dem alle Diener des Lama schliefen, und ich kann ebensogut diese Gelegenheit benutzen, um zu erzählen, wie diese Leute leben. Jeder lag auf einer oder zwei Decken – ich kann die Zahl nicht mit Gewißheit angeben; sie hatten alle ihre Kleider abgelegt und sich dann mit ihren wollenen Tuniken zugedeckt, von denen jeder im Winter mindestens drei trägt. Seine Stiefel, Jacke, Gürtel und Tasche mit den Dingen, die darin steckten, alles zusammengepackt, bildete ein Kissen für ihr Kinn, denn alle lagen auf dem Bauch mit ihren Köpfen über das Ende des Betts hinaus und rauchten und plauderten miteinander in dieser Stellung.

Der Schnee lag auf der Straße ungefähr sechs Finger hoch, und alle Hügel waren durch ihn weiß gefärbt. Es war ein gutes Wetter für Bettler, um Almosen zu erbitten, und in Painám fehlt es ebensowenig daran wie in allen Städten und größeren Dörfern in Tibet. Sie sind sehr zudringlich und bringen ihre Bitten in einem schrillenden, klagenden Tone vor; sie begleiteten uns eine ganze Strecke Wegs. Ein Reisender, der nicht hartherzig erscheinen und ihnen zugleich nicht zu viel geben will, tut am besten, eine ganze Menge Bettler zu versammeln und ihnen einige kleine Geldstücke zu geben und die Verteilung ihnen selbst zu überlassen. Die Tibetaner geben ihnen manchmal kleine Stückchen Taschentücher, d. h. nichts, und eine Mahendra-malli-Rupie, einen Schilling wert – die niedrigste Landesmünze.

Am nächsten Tage gelangten wir zu dem Hause unseres früheren gastfreundlichen Giansu-Wirtes Debo Tangu, der uns mit großer Liebenswürdigkeit aufnahm und darauf bestand, daß wir den nächsten Tag bei ihm zubringen sollten. Dr. Hamiltons Medikamente hatten ihm gegen sein Leiden viel geholfen, und er war in sehr guter Stimmung; da wir ihn oft in Teschu Lumbo gesehen hatten, waren wir jetzt schon intim mit ihm. Er und ich hatten manche lange Plauderei miteinander, die wir von Zeit zu Zeit mit Tee anfeuchteten, und abends hatten wir trauliche Holzfeuer, um die wir alle herumsaßen.

Ein Kaschmiri, der an schlimmen Augen litt, war den ganzen Weg von Lhasa nach Giansu gekommen, um sich an Dr. Hamilton zu wenden.

Die gleiche fröhliche Stimmung, die wir früher in Dudukpai gefunden, herrschte auch jetzt dort. Die Frau, ihre beiden Männer, der Bruder, der Priester ist, und alle Kinder kamen nach dem Abendessen herein, und zwei Stunden vergingen schnell beim Zuhören der Gesänge der Männer und Zusehen der Tänze der Kinder. Eine weibliche Dienerin im Hause sang mit, aber es war schwer, die Frau zum Singen zu bewegen, wie das ja oft mit hübschen Weibern geht. Da ich mich jetzt ohne einen Dolmetscher behelfen konnte, hatte ich viel mehr Vergnügen an solchen Unterhaltungen, und wenn man auf Reisen ist, geht nichts darüber, aus allem ein Vergnügen zu machen.

Ein paar Meilen vor der nächsten Station befindet sich eine heiße Quelle auf der Spitze eines mit Kieselsteinen bedeckten Berges. Ich hatte sie früher nicht bemerkt. Sie quillt aus einem Felsen, aus dem ein kleines Bassin gehauen ist, in das sie fließt. Das Wasser hat mehr als Blutwärme und führt viel Luft (Gas) mit sich. Es läuft nicht anhaltend, sondern strömt alle halbe Minute in großen Blasen und mit starkem Geräusch heraus. Es gibt in Tibet viele heiße Quellen, besonders in der Provinz Chamnamring, genannt Chang (Tschang oder Tsang, der Provinz, in der Lhasa liegt). Mir ist gesagt worden, daß manchmal Kohlen in der Nähe dieser Quellen gefunden werden, aber nur in kleinen Mengen. Einige dieser Quellen sind so heiß, daß Eier in ihnen gekocht oder Speisen in ihnen bereitet werden können. Sie werden viel von Kranken besucht und werden als ein Heilmittel für beinahe alle Krankheiten angesehen. Selbst der Lama und die vornehmen Leute besuchen sie manchmal, auch wenn sie sich in der besten Gesundheit befinden. Ich habe eine Flasche von dem Wasser mitgebracht, die jeder, der es versteht, analysieren mag.

Ich kam in Paro (Rinjipu) im April an und erreichte Tassisudon am 8. Mai 1775.

Außer dem Gosain, den der Lama früher nach Kalkutta geschickt hatte, bin ich von einem anderen Kaufmann begleitet, der während vieler Jahre zwischen Bengalen und Tibet Handel getrieben hat und der es vorzog, mit mir zu reisen, anstatt dem Gurkha Rajah in die räuberischen Hände zu fallen.

Bei unserer Ankunft in Tassisudon fanden wir den Deb Rajah und den Lama Rimpoché abwesend in ihrem Palast in Punaka. Sie kamen am 16. zurück, und am folgenden Tage machte ich dem Deb Rajah meinen amtlichen Besuch.

GEORGE BOGLES
BERICHTE AN
WARREN HASTINGS

Verhandlungen in Bhutan

Tassisudon, den 16. Juli 1774.

Einige Tage, bevor ich Tassisudon erreichte, kam ein Bote
vom Teschu Lama und brachte einen Brief in persischer
Sprache, in dem er mich zugleich benachrichtigte, daß er
einen andern von seinem Herrn für Sie habe, sowie einige
Geschenke, die am Abend ankommen würden.

Da ich keinen Munshi[1] hatte und wenig an die Schriftzeichen gewöhnt war, in denen des Lama Brief geschrieben war,
hatte ich einige Mühe, ihn zu entziffern. Er beginnt damit,
daß er sagt, daß er von meiner Ankunft in Kuch Bahar auf
dem Wege zu ihm gehört habe, und nach einigen allgemeinen
Redensarten der Befriedigung darüber fügt er hinzu, daß, da
sein Land dem Kaiser von China untertan sei, auf dessen
Befehl kein Mongole, Hindustaner, Patan oder Fringy[2] hin-
eingelassen werden dürfe, er keine Wahl habe; und da China
ein Jahr weit entfernt sei, so verhindere ihn das, an den Kaiser
zu schreiben und um Erlaubnis zu bitten; er bäte mich daher,
nach Kalkutta zurückzukehren, und wenn ich einige Habe
bei mir habe, dieselbe mit mir zurückzunehmen, seinen Brief
an Sie aber zu behalten, er würde später eine Person nach
Kalkutta senden. Da ich einige Worte am Ende des Briefes an
mich nicht verstehen kann, muß ich Sie auf das Original

1 Dolmetscher. (M)
2 Afghanen oder Engländer. (M)

verweisen, das ich die Ehre habe beizufügen. Der Gosain, der in Kalkutta gewesen, erhielt auch einen Brief vom Lama, in dem als Grund für den Aufschub meiner Reise angegeben war, daß in seinem Lande wegen einer starken Blattern-Epidemie großes Elend herrsche und er gezwungen gewesen sei, seinen gewöhnlichen Residenzplatz zu verlassen und sich weiter nordwärts zu begeben.

Die beiden Einsprüche lassen, obgleich verschieden, dieselbe Erklärung zu. Dem Teschu Lama war mein Besuch nicht willkommen, und die Stärke der Blattern-Epidemie oder ein Befehl des Kaisers von China waren, das eine wie das andere, ein ebensoguter Vorwand. Aber was die Veranlassung zu diesem Vorgehen war, konnte ich damals nicht entdecken. Der Bote konnte mir keine Aufklärung geben; er war einer von den Leuten, die der Lama nach Kuch Bahar geschickt hatte. Er war von dort nach Patna und Gaya gegangen und sagte, daß, als er auf dem Nachhausewege gewesen, er einige von den Leuten des Lama getroffen habe, die ihm die Briefe zur Weiterbeförderung an mich übergeben hätten. Was er über den Rest seiner Reise erzählte, war ebenso unbefriedigend, und nach seinem Bericht wäre die jetzige Residenz des Lama sehr viel weiter entfernt gewesen, als sich mit dem Datum des Empfangs des Briefes in Übereinstimmung bringen ließ, der geschrieben war, nachdem der Lama die Nachricht von meiner Ankunft in Kuch Bahar erhalten hatte. Ich nahm mir vor, keinen Entschluß zu fassen, bevor ich nicht den Deb Rajah gesehen hätte.

Am Abend drängten mich die Leute des Lama, die Seidenstoffe und anderen Geschenke, die er gesandt hatte, in Empfang zu nehmen, und ebenso seinen Brief an Sie. Aber da dies in dem streitigen Punkt nachgeben gewesen wäre und mir wenig Gelegenheit gelassen hätte, die Schwierigkeiten zu bekämpfen, die es meine Aufgabe war zu überwinden, so entschuldigte ich mich und bat sie, mich nach Tassisudon zu begleiten.

Schloß von Tassisudon

Der Deb Rajah war damals ungefähr 15 Meilen von diesem Platze entfernt und mit der Erfüllung einiger religiöser Pflichten beschäftigt. Ich schrieb ihm, daß ich angekommen sei, und wartete zwei Tage auf seine Antwort. Er führte in derselben den Grund seiner Abwesenheit an und daß er sich freue, mich zu sehen, und Befehle für meine Unterbringung gegeben habe. Ich kam am nächsten Tage nach Tassisudon, aber da alle seine Vertrauten sich bei ihm befanden, waren alle Geschäfte bis zu seiner Rückkehr aufgeschoben, die nicht vor dem 4. zu erwarten war.

Wenn ich mir die Lage überlegte, in welcher sich der Deb Rajah gegenüber unserer Gesellschaft befand, so hatte ich große Hoffnung, daß er mich bereitwillig unterstützen werde, um die Hindernisse zu beseitigen, die sich meiner Reise in den Weg stellten, sowie daß seine Beziehungen zu dem Teschu Lama seine Vermittlung wirksam machen würden. Aber ich wurde bald enttäuscht, denn bei meinem zweiten Besuch nahm der Deb Rajah die chinesische Geschichte auf und übertrieb sie noch, riet mir, alle Gedanken an eine Fortsetzung meiner Reise aufzugeben, und unterstützte des Teschu Lama Wunsch, daß ich nach Kalkutta zurückkehren möchte. Dies verursachte eingehende Gegenvorstellungen von meiner Seite. Ich hatte zahlreiche Gespräche mit ihm und seinen Beamten und unterließ nichts, was ihn für meine Angelegenheit interessieren konnte. Aber alles, was ich erreichen konnte, war ein Schreiben von ihm an den Lama, das er mir mit solchem Widerwillen gab, daß ich mir keine großen Hoffnungen auf einen guten Erfolg desselben mache.

In dieser Lage gründen sich meine Hoffnungen, den Teschu Lama zu sehen, hauptsächlich auf den Gosain. Da meine Reise auf seine Versicherungen hin unternommen worden war, so ist er als Ehrenmann verpflichtet, dafür zu sorgen, daß ich sie ausführen kann, und ich gab mir alle Mühe, dies Prinzip bei ihm noch durch andere kräftigere Gründe zu unterstützen. Solange er in Tassisudon blieb, konnte er mir nichts nützen, und ich war daher ganz damit einverstanden, daß er sich zu dem Lama begab.

Der Bote erneuerte seine Bitten, daß ich die Schreiben seines Herrn für Sie an mich nehmen sollte. Ich riet ihm, sich nach Kalkutta zu begeben. Das könnte er nicht ohne Befehl, antwortete er. Ich entschuldigte mich, sie aus denselben Gründen nicht annehmen zu dürfen, und die Briefe werden in den Händen des Deb Rajah bleiben, bis ich Ihre Befehle erhalten habe. Des Lama Brief an Sie enthält nach einer Abschrift in der Bhutan-Sprache, die mir vorgelesen wurde, nichts weiter als das Verbot des chinesischen Hofes mit Bezug auf die Fringies; indem ich ablehne, den Brief zu empfangen, bleibe ich dem Lama gegenüber der Stärkere, lasse die Verhandlung offen und Ihnen frei, zu handeln, wie Sie es richtig finden.

Der Gosain reiste gestern ab, zusammen mit dem Boten und dem Bhutaner, der in Kalkutta gewesen war; sie nahmen des Rajah Brief sowie einige Zeilen von mir an den Lama mit. Sie sagten, daß sie wegen der Blattern genötigt wären, auf einem Umwege zu reisen, und daß es 20 Tage dauern könnte, bis sie zu dem Lama kämen; aber sie versicherten mir, daß ich in weniger als zwei Monaten eine Antwort haben sollte. Der Rajah drängte auf meine Rückkehr nach Bengalen, so stark er es anständigerweise nur konnte, aber die Erwartung der Antworten vom Lama und aus Kalkutta gibt mir einen Vorwand, meinen Aufenthalt zu verlängern. Ich bitte daher um Ihre Weisungen für den Fall, daß der Lama fortfahren sollte, mir den Zugang zu seinem Lande zu verweigern, und ebenso auch mit Bezug auf seinen Brief und die Geschenke.

Tassisudon, den 20. August 1774.

Ich wünschte, ich wäre imstande, mit mehr Sicherheit die Gründe des Lama, mir den Zulaß in sein Land zu verweigern, auseinanderzusetzen. Ich bin überzeugt, daß sie von einem Argwohn gegen die Europäer herrühren. Ich fühle dieselbe

Ursache bei dem Deb Rajah. Auf meiner Reise wurde ich manchmal über Felsen und Berge geführt, während eine gute Straße parallel mit uns längs des Flusses lief. Der Gosain und sein Gepäck wurden einmal den einen Weg getragen und ich den andern. Meine Diener dürfen nichts kaufen, es sei denn durch des Rajah Leute. Einigen Personen, die mich vor seiner Ankunft besuchten, ist dies seitdem verboten worden. Sein großer Wunsch, daß ich abreisen möchte, zusammen mit anderen Umständen, die zu kleinlich sind, um sie zu erwähnen – das alles sind starke Zeichen dieser Eifersucht. Da nun das Land des Teschu Lama und das seine benachbart und die Sprache und die Religion dieselben sind, erkennt der Rajah den Lama als seinen religiösen Oberherrn an und schickt ihm jährlich Geld und Produkte, die der eine ein Geschenk, der andere einen Tribut nennt. Wenn man versucht, sich das Betragen von zwei Personen, die in so nahen Beziehungen zueinander stehen, zu erklären, so kann man das beinahe auf dem Wege der Analogie tun. Eines Tages, als der Rajah zu dem Dolmetscher sprach, sagte er zu mir, ich möchte annehmen aus Versehen, daß er nicht glaube, daß der Teschu Lama mir gestatten würde, sein Land zu betreten, da ihm die Rajahs in der Nachbarschaft davon abraten würden.

Ich habe mich wegen der Eifersucht, mit der alle meine Handlungen beobachtet werden, dazu verstehen müssen, eine mit den Zielen meiner Mission wenig im Einklang stehende Lebensweise zu führen und wenig wißbegierig zu erscheinen, besonders was das Land und seine Hilfsmittel anbetrifft, um nicht neue Schwierigkeiten gegen meine Reise zu dem Lama zu schaffen. Aber da seine Diener jetzt fort sind und mein Aufenthalt hier für zwei Monate gesichert ist, brauche ich diese Vorsicht nicht länger zu beobachten. Der Platz ist indessen sehr wenig günstig für meine Erkundigungen über Handel und Verkehr. Er ist mönchisch im höchsten Grade. Der Rajah, seine Priester, seine Beamten und seine Diener, alle sind wie Staatsgefangene in einem ungeheuer großen Palaste eingemauert, und in der ganzen übrigen Stadt sind nicht ein Dutzend Häuser.

Als ich Dinajpur verließ, gab mir Herr Lambert einen Brief mit an Muhammed Taki, den Dewan von Rangpur, der auch kam und mich besuchte. Während wir über Bhutan sprachen, schickte er nach einem Kaufmann, der über das ganze Land bis nach Lhasa gewesen und der Sprache mächtig war und der, wie er sagte, mit mir gehen würde, wenn ich es wünschte. Ich stellte ihm eine gute Menge Fragen, und er machte mir den Eindruck eines intelligenten Mannes. Aber ich fürchtete mich, mir den Gosain aufzuladen, und forderte ihn nicht auf, mich zu begleiten. Ich habe seitdem daran gedacht, daß dieser Mann ein sehr brauchbarer Agent sein könnte. Sein Wohnsitz in Bengalen wird uns seine Treue verbürgen, und bei irgend einem Plan, unseren Verkehr und Handel mit Bhutan zu vergrößern, müßte es leicht sein, ihn so daran zu beteiligen, daß es in seinem Interesse liegen würde, uns zu unterstützen. Der Handel zwischen Lhasa und der Ebene wird, wie mir gesagt worden ist, hauptsächlich über Patna und Nepal durch die Vermittlung von Kaschmiri und Nepalern betrieben, mit denen er keine Verbindungen und Interessen haben kann; er würde daher keine Bedenken haben können, neue Bezugs quellen zu entdecken, und der unbedeutende Handel, in dem er augenblicklich engagiert ist, kann nichts mit den fernen und weiten Kanälen zu tun haben, die Sie zu öffnen wünschen.

Sollte dieser Vorschlag Ihren Beifall finden, so möchte ich darum ersuchen, daß Sie die Güte haben, Muhammed Taki zu befehlen, diese Person zu ermutigen, sich zu mir zu begeben und sie ohne Verzug zur Abreise zu veranlassen. Ich habe mir die Freiheit genommen, an Taki über diesen Gegenstand zu schreiben, aber ich habe keinen Grund anzunehmen, daß er oder der Kaufmann mit Vergnügen auf diesen Plan eingehen werden, wenn sie nicht hören, daß es Ihr Wunsch sei.

In meinen früheren Berichten hatte ich die Ehre, Sie von

den Schwierigkeiten zu benachrichtigen, die der Teschu Lama gegen meine Reise erhob, unter dem Vorwand eines Befehls des Kaisers von China, der die Zulassung von Fringies in sein Land untersage. Ich freue mich, jetzt berichten zu können, daß er endlich der Fortsetzung meiner Reise zugestimmt hat, und daß ich beabsichtige, dieselbe wieder anzutreten, sowie ich von Ihnen gehört haben werde. Ich habe darüber zwar keine Briefe vom Lama selbst erhalten, aber der Deb Rajah teilte mir mit, daß der Gosain und der Bhutaner, die in Kalkutta waren, vom Lama geschickt worden sind, um mich an der Grenze seines Landes zu erwarten. Da ich von Kalkutta nur gleich nach meiner Ankunft hier Nachrichten habe, so fürchte ich, daß irgendein Schreiben verloren sein könne; ich befördere diese Zeilen daher mit einem amtlichen Kurier.

Tassisudon, den 18. September 1774.

Einige Tage nach dem Eintreffen Ihrer Befehle las mir der Deb Rajah ein Schreiben des Lama vor, das ihn benachrichtigte, daß er, der Lama, nach Lhasa, der Residenz des Dalai Lama, wegen meiner Pässe geschrieben und von dort die Zustimmung zur Fortsetzung meiner Reise erhalten habe, vorausgesetzt, daß ich nur mit wenigen Begleitern käme; er habe daher den Gosain, der in Kalkutta gewesen sei, zurückgeschickt, um mich an der Grenze zu erwarten.

Aus verschiedenen Gründen bin ich überzeugt, daß die früheren Einwendungen gegen meine Reise entweder von dem Deb Rajah ausgegangen sind oder ihm wenigstens sehr willkommen waren. Selbst nachdem die Erlaubnis des Lama eingetroffen war, versuchte er mir die Weiterreise auszureden. Ich glaube, daß zwischen den beiden keine besondere Herzlichkeit besteht. Des Lama Vermittlung wurde unter der Regierung seines Vorgängers erhalten, der bei seiner Vertreibung im Februar zum Lama floh und sich jetzt in dessen Lande aufhält. Der jetzige Herrscher ist eifersüchtig auf ihn und fürchtet auch, daß der Rajah von Nepal ihn unterstützen könnte; er würde sehr zufrieden sein, falls der Lama ihn ausliefern wollte, und er würde wohl nicht zögern, ihn in den Pachu Chinchu werfen zu lassen, wie das mit einem Oberhaupt geschehen ist, das vor 40 oder 50 Jahren abgesetzt wurde.

Tassisudon, den 8. Oktober 1774.

Ich habe die Ehre gehabt, Ihre Befehle vom 9. August durch den Kaufmann von Rangpur zu erhalten. In verschiedenen Unterredungen, die ich mit dem Deb Rajah und seinen Beamten hatte, habe ich denselben Ihren Wunsch in betreff des Verkehrs zwischen Bengalen und den nördlichen Nationen mitgeteilt und die Vorteile auseinandergesetzt, die sich daraus für diesen Staat ergeben würden: daß Bhutan, das den Kanal für diesen Verkehr bilde, natürlich an dem Vorteil, den ein ausgedehnter Handel brächte, Teil haben würde; daß Sie auf Ihrer Seite dem Handel, der auf diesem Wege käme, alle Ermutigungen und Schutz angedeihen lassen würden und daß ein gegenseitiger Verkehr zwischen den beiden Ländern die Freundschaft und das gute Einvernehmen, die jetzt glücklicherweise hergestellt seien, stärken und befestigen würde. Als Antwort erhielt ich die Versicherungen des Rajah, daß er wünsche, Ihre Freundschaft zu pflegen; daß ich jetzt auf dem Wege zum Teschu Lama sei und daß er nach meiner Rückkehr von dort allen Vorschlägen von Ihrer Seite willig Gehör schenken werde.

Was ich über den Handel zwischen diesen Ländern und Bengalen gehört habe, veranlaßt mich, anzunehmen, daß der Teschu Lama mehr geneigt sein wird, für seine Ausdehnung Sorge zu tragen, als der Deb Rajah, und daß, wenn es mir gelingt, die Zustimmung des ersteren zu erlangen, er dazu wird gebraucht werden können, seinen Einfluß auf den letzteren, der bedeutend ist, auszuüben; daß, da meine Sendung direkt an den Lama geht, der unzweifelhaft der religiöse Obere ist, aber eine oberherrliche Gewalt auch in den weltlichen Angelegenheiten von Bhutan beansprucht, er natürlich erwartet, daß er als die erste Person bei diesen Unterhandlungen angesehen werde, und daß ferner die gegenwärtige Lage des Landes durchaus ungünstig dafür ist, sie hier zum Abschluß zu bringen. Aus diesen Gründen werde ich mein Glück zuerst am Hofe des Lama versuchen, ehe ich weiter in den Deb Rajah dringe.

Die Anhänger Deb Judhurs, des früheren Herrschers, haben sich zugunsten desselben erhoben; die Bewegung ist für den Augenblick nicht bedrohlich, nimmt aber die ganze Aufmerksamkeit des Rajah und seiner Beamten in Anspruch. Ich habe daher Abschied genommen und bereite mich vor, meine Weiterreise nach Norden morgen anzutreten.

Ich bin hier angegangen worden, Sie zu ersuchen, Befehle dahin zu erlassen, daß der jährlichen Karawane von diesem Lande nach Rangpur jede Unterstützung und jeder Schutz zuteil werde und sie frei und unbehindert, wie dies früher Gebrauch gewesen, Handel treiben könne. Da der Frieden kürzlich zustande gekommen ist, würde es eine Genugtuung für den Rajah sein, wenn er Ihr Parwana (Zollpaß) vor dem Abgang der Karawane erhielte.

Tassisudon, den 11. Oktober 1774.

Der Kaufmann von Rangpur kam hier einige Tage nach meinem Schreiben vom 18. an; ich hoffe, daß er mir durch seine Kenntnis der Sprache und des Handels dieser Länder sehr nützlich sein wird.

Die jährliche Karawane von hier nach Rangpur ist hauptsächlich ein Unternehmen des Rajah, seiner Minister und der Gouverneure der Provinzen. Jeder von ihnen schickt einen Agenten mit seinen Tanyans (Tangun-Ponies), Moschus, Kuhschwänzen, groben roten Decken oder gestreiftem Tuch, das einen halben Yard breit ist. Die anderen Bhutaner gehen unter dem Schutz dieser Leute; sie kommen zurück mit feinem Tuch (broad-cloth), Gewürzen, Färbemitteln, Malda-Stoffen, die hauptsächlich in das Land des Lama, als Tribut oder zu Handelszwecken, gehen. In dem letzteren Falle werden sie gegen Pelong-Schnupftücher, geblümte Satins, Tee, Salz, Wolle usw. verhandelt.

Dieser Handel ist für den Rajah und sein Volk sehr gewinnbringend, und sie wachen eifersüchtig über ihn. Man kann ihnen den Vorteil zeigen, den ihr Land aus einer Erweiterung des Handels ziehen würde, aber es ist schwieriger, ihnen ihr eigenes Interesse daran zu beweisen. Bei dem Teschu Lama besteht, wie ich glaube, kein solches Hindernis. Sein Land, das den Mittelpunkt bildet, müßte durch einen starken Handelsverkehr und den Besuch von Fremden gewinnen, und, wenn seine Abhängigkeit von China nicht im Wege stehen sollte, möchte ich wohl auf einigen Erfolg bei ihm hoffen. Was Ihren Vorschlag anbetrifft, Tassisudon zum Mittelpunkt der Beziehungen zu Lhasa zu machen, so kann ich denselben nur als einen »dernier ressort« ansehen, und da mein Weg jetzt offen steht, habe ich nichts von ihm erwähnt, bis ich sehe, was sonst gemacht werden kann.

Je mehr ich von den Bhutanern sehe, desto mehr gefallen sie mir. Das gewöhnliche Volk ist gutmütig, offenherzig und, wie ich glaube, durchaus zuverlässig. Die Staatsmänner besitzen freilich einige von den Künsten, die zu ihrem Handwerk gehören. Sie sind die bestgewachsene Rasse, die ich bis jetzt gesehen habe, manche von ihnen sehen sehr stattlich aus und sind von einer Gesichtsfarbe, die sich nicht viel von der der Franzosen unterscheidet. Ich bin manchmal versucht gewesen zu wünschen, daß ich ihr Porträt an die Stelle dessen meines Freundes Paima[3] setzen könnte.

Der Deb Rajah und sein ganzer Hof sowie die Bewohner der umliegenden Dörfer wandern, ich möchte annehmen in Nachahmung ihrer skythischen Vorfahren, in den nächsten

3 Eines Tibetaners. (M)

zwei Monaten von hier fort. Ihre Winterquartiere sind in Punakha, zwei Tagesreisen südöstlich von hier; das Klima ist dort so viel wärmer, daß es Mangos, Ananas usw. und, wie sie sagen, auch Cassia hervorbringt. Der Palast, höre ich, soll größer als der hiesige und gut gebaut sein. Ich soll ihn bei meiner Rückkehr zu sehen bekommen.

In diesem Teil des Landes sind wenig Bäume, aber die großen Herren haben mir die besten Versprechungen gegeben, daß sie mir Sämereien besorgen würden, und ich habe auch einen Bhutaner verwendet, um mir solche zu verschaffen. Was Pflanzen anbetrifft, so lasse ich dieselben bis zu meiner Rückkehr, wenn der Saft heruntergegangen sein wird; ich sende aber mit dieser Gelegenheit einen Ableger von Heckenrosen. Es gibt hier sehr viele kuhschwänzige Kühe, aber das Wetter ist zu heiß, um sie nach Bengalen zu schicken. Es ist mir nicht möglich gewesen, mir eine Moschusziege zu verschaffen, aber ich habe ein Fell geschickt, ebenso eine »sentimentale« Schale, d. h. den Schädel eines Lama Guru[4].

Das Wetter wird sehr kalt; der Thermometer zeigte heute morgen unter 50° (= 10° C). Das Schalzeug, das Sie so gütig waren mir zu schenken, ist mir von großem Nutzen. Der Lama Rimboché hat mir jetzt seinen gelben, mit Schaffell gefütterten Rock verehrt und der Rajah ein halbes Dutzend Decken, so daß ich gut versehen bin.

Ich habe mir die Freiheit genommen, Ihnen den Wunsch des Deb Rajah nach einem Parwana (Zollpaß) für die nach Rangpur gehende Karawane zu empfehlen, und der Gouverneur von West-Bhutan hat mich hier um dasselbe gebeten, damit sein Agent nach altem Gebrauch sich nach Dinajpur begeben könne. Ich weiß, daß einige der Bhutaner weiter gehen und sich sogar nach Kalkutta begeben möchten. Der jüngste Krieg hat ihr Verständnis erweitert; sie hoffen,

4 Den oberen Teil des Schädels eines Lama, der als Trinkschale gefaßt ist. Guru bedeutet Lehrer eines Groß-Lama. (M)

manche Handelsartikel dort billiger anschaffen zu können, und ich glaube, sie würden gern auch einige Feuerwaffen kaufen. Da es meine Pflicht ist, Ihnen alles zu unterbreiten, was mit dem mir erteilten Auftrage im Zusammenhang steht, möchte ich erwähnen, daß, wenn Sie auch ihren Karawanen gestatten, sich wie früher nach Rangpur und Dinajpur zu begeben, als ein Beweis Ihres Wunsches, ihren Handel zu schützen, doch weitere Zugeständnisse nur in der Form besonderer Vereinbarungen gemacht werden sollten; ich gestehe, daß ich hoffe, das Vorrecht, ihre Agenten in die inneren Teile von Bengalen zu senden, mit Vorteil für meine Verhandlungen ausnutzen zu können. Ich werde alles dies nötig haben, um zu einem Punkt zu gelangen, bei dem ihr eigenes Interesse in Frage kommt.

Der Handel mit Rangpur kann sich vielleicht auf zwei bis zwei und ein halbes Lakh Rupien[5] steigern; der durch Nepal beträgt, wie mir gesagt worden ist, das Drei- oder Vierfache. Bauern, die sich der Karawane anschließen, bezahlen für die Erlaubnis. In Rangpur sind zwei oder drei Häuser, die über Bhutan mit Lhasa Handel treiben; der Kaufmann, der sich jetzt bei mir befindet, ist einer von diesen Leuten. Sie dürfen aber mit Broad-cloth[6] und einigen anderen Artikeln nicht handeln. Ihre jährlichen Geschäfte mögen ungefähr ein Lakh von der obigen Summe ausmachen.

5 1 Lakh = 100 000. (M)
6 Broad-cloth ist feines schwarzes Tuch. (G)

Eine Beschreibung Tibets

Dieses Land, das sich von Ladak bis an die Grenze von China erstreckt, wird von den Eingeborenen Pu genannt, ausgesprochen, wie die Franzosen U in Dominus aussprechen oder die Schotten das griechische Ypsilon. Es ist voller Hügel, die man auch Berge nennen könnte, wenn sie nicht denen in des Deb Rajah Königreich zu nahe wären; man braucht indessen nur auf wenige zu klettern, da die Wege durch die Täler führen. Mit Ausnahme eines Klosters hier und da sind sie den Moschus-Tieren und anderen wilden Tieren überlassen. Die Gegend ist kahl, steinig und ohne Schatten; kaum ein Baum ist zu sehen, mit Ausnahme der Nachbarschaft der Dörfer, und selbst da sind sie nicht zahlreich. Auf dem Wege nach Pari-jong lagen eine große Menge Häuser in Trümmern, was durch einen Krieg mit den Bhutanern vor ungefähr 60 Jahren verursacht worden war.

Die Täler bringen Weizen, Gerste und Erbsen hervor; die ersteren werden auf Wassermühlen von sehr einfacher Konstruktion gemahlen, die anderen dienen nur als Futter für die Tiere. Die Bauern und die große Mehrzahl der Bevölkerung leben von Mehl, aus dem ein Teig gemacht oder das mit im Lande produziertem Öl gebacken wird, und von dem Fleisch der Hammel oder des kuhschwänzigen Rindviehs. Die bessere Klasse von Leuten ißt Reis, der aus des Deb Rajah Lande kommt, ungesäuertes Brot in der Form von gedrehten Semmeln mit Butter, Hammelsuppe, mit gestoßenem Reis verdickt, gekochtes Hammelfleisch in größeren Stücken oder in Scheiben geschnitten, nicht viel Rindfleisch, Süßigkeiten und Früchte, die aus China oder Kaschmir kommen. Was Schweinefleisch anbetrifft, das in dem benachbarten Königreich als Nahrungsmittel eine so große Rolle spielt, so gibt es nur wenige Schweine im Land. Alle Welt trinkt Tee, der in derselben Weise zubereitet wird wie in der Tatarei. Die vornehmen Leute trinken Tee vom Morgen bis zur Nacht. Die niedrigeren Klassen und Laien rauchten bis zu hundert Pfeifen am Tage und halten das noch für sehr wenig. Sie trinken auch Branntwein, der aus Weizen destilliert wird, aber selten im Übermaß. Den Priestern ist der Gebrauch von Tabak und Branntwein verboten; sie überschreiten dieses Verbot indessen häufig was das Rauchen anbetrifft, aber nicht im Trinken.

Die Diener und Bauern tragen horizontale Mützen aus gelb gefärbten Schafwollocken gemacht; sie ähneln den schottischen Mützen, sind aber größer; ich habe eine gesehen, die über drei Fuß im Durchmesser hatte. Die Weiber bedecken im Winter ihre Köpfe mit kleinen rauhen Mützen aus demselben Material. Manchmal färben sie sie in tiefem Blutrot, was drollig aussieht. Paimas Anzug kann als Muster für den der niedrigerern Klassen dienen. Die höheren Laien tragen Tuniken aus Atlas, wie Brokat gewebt oder glatt, mit Schaf- oder Lammfell oder sibrischem Pelz besetzt, eine runde Kappe, mit Pelz eingefaßt und mit einer seidenen Troddel an der Spitze, und bulgarische Lederstiefel. Tuniken aus feinem rotem Tuch sind auch nicht selten. Die Frauen tragen Jacken und bis etwas unter das Knie reichende Unterröcke aus grobem Deckenstoff, aus gestreifter oder einfarbiger Serge oder chinesischem Atlas, je nach ihrem Stande; tatarische Strümpfe mit Ledersohlen, die unter dem Knie gebunden werden. Wenn sie angezogen sind, tragen sie ein Stück Tuch wie einen Mantel über die Schultern geworfen. Alle Klassen geben sich viel Mühe mit ihrem Kopfschmuck, flechten sich das Haar sorgfältig mit Korallen, Bernstein, langen Glasperlen und echten Perlen und tragen auch solche Halsketten, in denen die Bernsteinstücke häufig die Größe eines Hühnereis haben. Die Menge der beiden ersteren Arten von Perlen, die sich selbst auf dem Kopf der Frau oder der Tochter eines Bauern befinden, ist unglaublich. Die beiden letzteren Arten werden nur von vornehmen Damen getragen.

Es ist in dem kalten Klima von Tibet nicht allein unangenehm, sondern es widerspricht sogar ganz entschieden den Sitten des Landes, daß die Bewohner, ob männlich oder weiblich, ob hoch oder niedrig, sich jemals Hände und Gesicht waschen. Es ist daher schwer, die Gesichtsfarbe der Tibetaner genau zu bestimmen. Sie sind, wie ich glaube, im allgemeinen dunkler als die Untertanen des Rajah. Paimas Farbe ist indessen die dunkelste, die ich gesehen habe. Sie sehen auch nicht so gut aus wie ihre Nachbarn, die Bhutaner. Hier gehen die Leute kaum über die mittlere Größe hinaus, in des Rajah Land sind sie selten unter ihr. Manche Gründe könnten dafür angeführt werden, aber es wären vielleicht nur theoretische; hier ist jedenfalls nicht der Ort für sie.

Die Gylongs oder Priester (d. h. Mönche) sind eine besondere Klasse des Volks. Ihre Kleidung und Gelübde sind dieselben wie in des Deb Rajah Reich, doch sie sind hier zahlreicher, haben aber weniger politische Macht, und die niedrigeren unter ihnen sind daher schlechter gekleidet und leben schlechter. Außer den 4000 in Teschu Lumbo und den dreimal so zahlreichen in Lhasa sind die Mönche über das ganze Land in Klöstern zerstreut, denen Grund und Boden für ihren Unterhalt zugeteilt ist. Die Annis oder Nonnen haben den Kopf geschoren und sind in rote Wollstoffe gekleidet; sie legen dieselben Gelübde der Keuschheit ab wie die Mönche und leben in Nonnenklöstern. Ihre Zahl ist nicht so groß. Die Mönche und Nonnen tragen auf Grund einer Sitte, die ich später erwähnen werde, wenig zur Vermehrung der Bevölkerung bei.

Das Volk ist im allgemeinen geradezu und gutgelaunt, nicht der niedrigen Schmeichelei ergeben wie in Bengalen, sondern lacht, tanzt, singt und schnupft gern. Von des Lama Palast sind selbstverständlich Weiber und Lustbarkeiten ausgeschlossen.

Die Pferde werden selten mehr als 14 bis 14 und eine halbe Hand hoch. Schecken sind selten. Die Pferde sind stark, ausdauernd und nicht bösartig, werden aber schlecht behandelt. Die Leute fallen in das entgegengesetzte Extrem wie die Bewohner von Bengalen. Ein Mann füttert 20 bis 25 Pferde; daß er für sie sorgte, kann ich nicht behaupten. Die Ziegen, Schafe, Hunde und Rinder, die ich nach Bengalen schickte, werden für sich selbst sprechen.

Es gibt sehr viele wilde Enten und Gänse, die sehr zahm sind, da sie ganz unbelästigt gelassen werden, und ebenfalls viele Hasen. Von Rebhühnern habe ich nur ein Volk gesehen.

Einige der Häuser sind aus Stein, andere aus Ziegelsteinen, weiß angestrichen oder gemalt. Die Treppen sind Leitern. Wegen der Schwierigkeit, sich lange Balken zu verschaffen, sind die Zimmer voller Pfosten. Sie haben keine Ventilation, sondern der Rauch von den Kuhdungfeuern zieht durch eine Öffnung in der Mitte des Daches ab, die auch dazu dient, Licht hereinzulassen. Ein solches Zimmer ist tüchtig schmutzig. Des Lama jetzige Wohnung ist klein. Sein Palast in Teschu Lumbo soll fürstlich sein. Der Aufstieg zu dem Zimmer ist dort auch auf Leitern, aber die Räume sind gut gemalt, vergoldet und fertiggemacht; es fehlen ihnen nur Fenster und Öfen. Die ersteren haben nur Bretter wie die Rahmen eines Treibhauses; die letzteren sind unbekannt und man gebraucht Töpfe mit Holzkohlen an ihrer Statt.

Ich will nur zwei Gebräuche erwähnen, die sehr eigentümlich erscheinen. Da nur wenig Holz im Lande ist, können sie ihre Toten nicht verbrennen, aber sie wenden ein ebenso wirksames Mittel an, sie zu vernichten. Der Leichnam wird auf einen benachbarten Berg getragen, dort in Stücke geschnitten und gehackt und den wilden Tieren zum Fraß überlassen. Ich habe einmal einen dieser Begräbnisberge besucht und glaubte, ihn wie eine Knochenstätte zu finden. Adler, Raben und Habichte schwebten über uns, aber keine Spur von sterblichen Überresten war zu sehen. Endlich wurde mir die Stelle gezeigt, wo der Körper hingelegt wird, und ich konnte einige frische Knochensplitter bemerken. Auf der Höhe dieses düsteren Hügels hatte eine alte Jungfrau ihr einsames Heim aufgeschlagen. Ich wünschte sehr, das Innere desselben zu sehen. Endlich, nach vieler Mühe, überredete ich sie, das einzige Fenster ihrer armseligen Hütte zu öffnen und ihr gerunzeltes Gesicht und ihre elende Wohnung zu zeigen. Nachdem sie uns eine Art von aus Weizen gemachtem Schnaps zu trinken gegeben und viele Gebete für unsere Sicherheit über uns gemurmelt hatte, nahmen wir Abschied von ihr. Diese Einsiedlerin lebt ausschließlich von Almosen und wird im ganzen Land hoch verehrt.

Die zweite Sitte weiß ich nicht zu benennen, es sei denn, daß ich sie als Vielmännerei bezeichnete. In den meisten anderen östlichen Ländern ist Vielweiberei gestattet. Ihre Fürsprecher vergleichen die Menschheit mit den Hirschen, ihre Gegner mit Turteltauben. Montesquieu und andere politische Schriftsteller behaupten, daß sie der Bevölkerung schädlich sei, und die Frauen greifen sie an, weil es ungerecht und unvernünftig sei, daß so viele von ihnen einem Manne untertan sein sollten. Aber in diesem Lande haben sie ihre Rache. Der älteste Bruder heiratet ein Weib und dieses wird die Gattin der ganzen Familie. Sie tun sich in der Ehe zusammen, wie Kaufleute in Geschäften. Auch ruft diese Sitte selten Eifersucht unter den Beteiligten hervor. Streitigkeiten entstehen allerdings manchmal wegen der solchen Ehen entsprossenen Kinder, aber die werden entweder durch Vergleichung der Gesichtszüge des Kindes mit denen seiner verschiedenen Väter erledigt oder der Entscheidung der Mutter überlassen.

Der Handel von Tibet

Der auswärtige Handel von Tibet ist sehr bedeutend. Da es bergig, von Natur unfruchtbar und nur dünn bevölkert ist, braucht es große Zufuhren aus anderen Ländern, und seine wertvollen Erzeugnisse gewähren ihm die Mittel, sich dieselben zu verschaffen. Es bringt Gold, Moschus, Kuhschwänze, Wolle und Salz hervor. Grobe wollene Tuche und schmale Serge sind beinahe seine einzigen Fabrikate. Es produziert weder Eisen noch Früchte oder Gewürze. Die Natur des Bodens und des Klimas verbietet den Anbau von Seide, Reis und Tabak, während der Verbrauch dieser Artikel groß ist. Aber die Bedürfnisse des Landes werden sich am besten aus einer Beschreibung seines Handels ersehen lassen. In dieser Skizze beabsichtigte ich indessen, nur die Umrisse zu geben, die ich um Erlaubnis bitte, später ausfüllen zu dürfen.

Der Geist der Regierung ist, ähnlich wie der der meisten alten Königreiche in Hindustan, dem Handel günstig. Keine Zölle werden auf Waren erhoben, und der Handel wird beschützt und ist frei von Erpressungen. Viele fremde Kaufleute haben sich, ermutigt durch die Vergünstigungen oder angezogen durch die Hoffnung auf Gewinn, in Tibet niedergelassen. Die Eingeborenen von Kaschmir, die wie die Juden in Europa oder die Armenier im türkischen Reiche sich über die östlichen Königreiche verbreitet haben und einen ausgedehnten Handel zwischen den entfernteren Teilen derselben treiben, haben kaufmännische Geschäfte in Lhasa und allen hauptsächlichsten Städten des Landes eingerichtet. Ihre Agenten an der Küste von Coromandel, in Bengalen, Benares, Nepal und Kaschmir liefern ihnen die Produkte der verschiedenen Länder, die sie in Lhasa verkaufen oder an ihre Associés in Siling (Sining), einer Stadt an der Grenze von China, weiterbefördern. Die Gosains, die handeltreibenden Pilger Indiens, gehen in großer Zahl dorthin, ihr demütiges Betragen und heiliger Charakter, noch erhöht durch das Verdienst weiter Pilgerfahrten, ihre Berichte über unbekannte Länder und weit entfernte Gegenden und mehr als alles ihre Beteuerungen hoher Verehrung für den Lama sichern ihnen nicht allein freundliche Aufnahme, sondern auch große Gunst. Obgleich sie in die Tracht der Armut gekleidet sind, besitzen viele von ihnen großen Reichtum. Ihr Handel beschränkt sich hauptsächlich auf Artikel von großem Wert und kleinem Umfang. Er wird ohne Lärm und ohne Aufsehen zu erregen betrieben und oft auf Pfaden, die von anderen Kaufleuten nicht benutzt werden. Die Kalmücken, die mit ihren Frauen und Familien jedes Jahr in großen Scharen erscheinen, um ihre Verehrung an den Schreinen des Lama zu bezeigen, bringen ihre Kamele, beladen mit Pelzwerk und andern sibirischen Gütern. Die Bhutaner und die anderen Bewohner der Berge, welche die südliche Grenze Tibets bilden, sind durch ihre Lage imstande, Tibet sowohl mit den Erzeugnissen Bengalens wie ihrer eigenen Länder zu versorgen. Das Volk von Assam liefert ihm die groben Manufakturen seines eigenen Landes. Die Chinesen, deren Reich das Land unterworfen ist, haben sich in großer Anzahl in der Hauptstadt niedergelassen und treiben durch die Einfuhr der merkwürdigen Manufakturen und sonstiger Waren ihres Landes einen ausgedehnten und gewinnreichen Handel. Und so ist Lhasa, das zugleich der Sitz der Regierung und die Residenz des Dalai Lama ist, auch der Platz, den die Fremden besuchen, und der Mittelpunkt des Verkehrs zwischen den entferntesten Gegenden der Welt.

Der hauptsächlichste Teil des Handels fällt auf China. Er wird durch die Eingeborenen dieses Landes, die Kaschmiris und die Agenten des Lama betrieben, die sich nach Sining und manchmal sogar nach Peking begeben. Die Einfuhr besteht aus grobem Tee, der in ungeheuren Mengen verbraucht wird, geblümtem und als Brokat gearbeitetem Atlas, Pelong-Taschentüchern, Seide, Zwirn, Pelzwaren, Porzellanschalen, Glas, Schnupftabaksdosen, Messern und anderen Messerschmiedewaren, Silber und etwas Tabak. Ausgeführt werden dagegen Gold, Perlen, Korallen, große Muscheln, feines Tuch und eine geringe Menge bengalischer (Baumwollen-) Stoffe.

Die sibirischen Produkte werden hauptsächlich durch Kalmücken eingeführt oder auf dem Wege über Sining. Sie bestehen aus Pelzwerk, roten und schwarzen bulgarischen Häuten, Kuhschwänzen, einigen Dromedaren, falschen Perlen und Silber und werden gegen Tuch, Korallen und Bernsteinperlen, Gewürze und Gold eingetauscht. Der Handel mit Kaschmir wird natürlich durch die Kaschmiris betrieben, er ist nicht bedeutend. Die Einfuhr von dort besteht hauptsächlich in Zucker, getrockneten Weintrauben und anderen Früchten; die Ausfuhr in Ziegenwolle und Gold. Die Einfuhr von Assam sind Gewürze und Holz, Munga (Seide von Assam), Doties (Lendentücher) und andere grobe Leinen- und Seidenstoffe.

Die Erzeugnisse Bhutans, die nach Tibet eingeführt werden, sind Reis, bearbeitetes Eisen, grobes wollenes Tuch und etwas Munjit (Rubia mungista), die gegen Tee und andere chinesische Waren, Steinsalz, Wolle, Schaffelle und schmale Friese für eigenen Gebrauch eingetauscht werden. Was von Nepal eingeführt wird, sind besonders Eisen und Reis. Aber auf diese beiden Länder, die die hauptsächlichsten Verbindungskanäle zwischen Bengalen und Tibet gewesen sind, ist es notwendig, näher einzugehen.

Solange Nepal in die verschiedenen Staaten Kathmandu,

Patan, Bhatgaon und Gurkha[1] zerfiel und unter der Regierung von Rajahs, die voneinander unabhängig waren, stand, erhielt der Handel jede Ermutigung. Ein sehr geringer Zoll wurde auf die Waren erhoben; das Land, das gut bevölkert und wohl angebaut war, lieferte leicht die Mittel für ihren Transport, und die Kaufleute, die unbelästigt durch Ausbeutungen oder Erpressungen waren, ließen sich in Nepal nieder und trugen dazu bei, den Wohlstand des Landes zu heben, indem sie sich selbst bereicherten. Indessen entstanden Streitigkeiten zwischen den kleinen Herrschern, es kam zu Kämpfen, und Prithi Narayan, der Gurkhali Rajah, wurde (1768) zu Hilfe gerufen und nahm an dem Kriege teil. Nachdem der Feind geschlagen worden, wendete er seine Waffen gegen seine Verbündeten und hat teils durch Verrat, teils durch die Anwendung größerer Fähigkeiten nach einem 25jährigen Kampfe sich zum Herrn des ganzen Landes gemacht und es unter seinem Szepter vereinigt.

Aber obgleich der Reichtum Nepals dem Gurkha Rajah die Mittel zu seinem Erfolge gab, hat er doch die Quelle vernachlässigt, aus der er stammte. Argwöhnisch gegen Untertanen, die seiner Regierung feindlich gesinnt waren, unterhielt er eine stehende Armee von Soldtruppen. Er disziplinierte sie, gab ihnen Feuerwaffen, schuf eine Artillerie und unterließ nichts, um sich furchtbar zu machen. Die ordentlichen Einkünfte von Ländern, in denen eine stehende Armee bisher unbekannt gewesen war, genügten nicht für die außerordentlichen Ausgaben, und außer anderen Mitteln griff der Gurkha Rajah zu der Auferlegung hoher Steuern auf den Handel, um sich das Geld für sie zu verschaffen. Die Kaufleute, die unter den nichtssagendsten Vorwänden schweren und willkürli-

1 Gurkha ist der Name eines kleinen Staats im Tale von Nepal; Gurkhali ist der Name des Volks, die hauptsächlich dem Khas-Stamm angehören. Die unterworfene Bevölkerung von Nepal sind die Newars, ein friedliches Volk, während die Gurkhas ein sehr kriegerisches sind. (M)

chen Geldstrafen unterworfen wurden und sich genötigt sahen, durch nicht weniger drückende Geschenke den Schutz einer tyrannischen Regierung zu erkaufen, verließen ein Land, in dem sie nicht länger die Freiheit und Sicherheit genossen, die das Leben des Handels sind. Die Gosains, die früher ausgedehnte Niederlassungen in Nepal besaßen, zogen sich den Haß des Gurkha Rajah durch die Unterstützung zu, die sie seinen Gegnern angedeihen ließen, und wurden aus dem Reiche vertrieben, und viele der wohlhabendsten Einwohner, die ihres Eigentums beraubt oder den Erpressungen eines Eroberers ausgesetzt waren, verließen es gleichfalls. Nur zwei Kaschmiri-Handelshäuser blieben, und der Rajah, der fürchtet, daß auch sie ihn verlassen möchten, zwingt sie, ihm Sicherheit für die Rückkehr der Agenten zu stellen, die sie Veranlassung haben, über die Grenzen seines Reiches zu senden.

Der Handel zwischen Bengalen und Tibet durch des Deb Rajah Land wurde früher ausschließlich durch die Bhutaner betrieben. Zwei von den Kaschmiri-Häusern, die sich aus Nepal geflüchtet haben und den gewinnbringenden Handel, an dem sie bisher beteiligt gewesen, nicht aufgeben wollten, ließen sich in Lhasa nieder, und nachdem sie die Erlaubnis des Deb Rajah erhalten hatten, ihre Güter durch sein Gebiet gehen zu lassen, siedelten sie Agenten in Bengalen an. Aber da sie nicht in feinen Tuchen und anderen bedeutenden Artikeln handeln dürfen, ihr Handel überhaupt keine große Ausdehnung hat und alle anderen Kaufleute ausgeschlossen sind, deckt der Verkehr durchaus nicht den Verlust, den Bengalen durch die Unterbrechung seines durch Nepal gegangenen Handels erlitten hat.

Die Waren aus Bengalen pflegten auch nach Tibet durch den Murung und eine Provinz zu gehen, die an denselben stößt, die Lhasa unterworfen ist und durch einen Herrn regiert wird, der als Demo Jong bezeichnet wird (Sikkim). Als die Fakire aus Nepal vertrieben wurden, schlugen sie gewöhnlich diesen Weg ein, aber weil er für ungesund galt, wurde er von respektablen Kaufleuten nicht gewählt. Da der Gurkha Rajah aber seitdem seine Eroberungen auf das erste dieser Länder ausgedehnt hat und kürzlich in das andere eingedrungen ist, hat der Verkehr auf diesem Wege ganz aufgehört.

Außer diesen verschiedenen Verbindungen gibt es noch einen Weg, der von Benares und Mirzapur durch das Land Mustang an der Grenze von Tibet und die Hügel nördlich von Bulwant Sings Gebieten[2] führt, die unter noch unabhängigen Rajahs stehen. Die wertvolleren Einfuhren aus Bengalen kommen manchmal auf diesem Wege nach Tibet. Aber obgleich die Kaufleute in der größten Sicherheit reisen können und die kleinen Rajahs ihnen jede Unterstützung zuteil werden lassen, sind doch die Länge und die Schwierigkeiten des Weges, der durch ein bergiges und zum Teil unbewohntes Land führt, und die vielen Zwischenzölle, die auf die Waren gelegt werden, die Veranlassung, daß er selten benutzt wird. In den letzten Jahren ist er indessen häufiger eingeschlagen worden, da er beinahe der einzige Verbindungsweg geblieben ist.

Die hauptsächlichsten Handelsartikel von Bengalen nach Tibet sind: feines Tuch, Otterfelle, Nil (Indigo), Perlen, Korallen, Bernstein- und andere Perlen, große (Chank-) Muscheln, Gewürze, Zucker, Malteser, gestreifte Atlasse und etwas weißes Tuch, besonders grobes. Dagegen werden Goldstaub, Moschus und Kuhschwänze zurückgebracht.

Die Kenntnis der im Umlauf befindlichen Münzen und des entsprechenden Wertes des Geldes in einem Lande ist von größter Bedeutung, um die Natur seines Handels zu verstehen. Aber die Schwierigkeit des Gegenstandes und die Verschiedenheit der Umstände, die man in Erwägung ziehen muß, um sich eine richtige Ansicht darüber zu bilden,

2 D. h. Benares. (M)

nötigen mich, für den Augenblick mich kurz zu fassen. Es gibt keine Münzstätten in Tibet. Zahlungen werden in chinesischem und tatarischem Silber geleistet, in kleinen Säckchen mit Goldstaub oder in den Münzen der früheren Rajahs von Kathmandu und Patan, die das im Umlauf befindliche Metallgeld des Landes sind. Die Zirkulation ihrer Rupien, die unterwertig waren, war für diese Fürsten sehr vorteilhaft, und sobald der Gurkha Rajah seine Autorität fest etabliert hatte, versuchte er, seine Münzen in Tibet einzuführen. Zu diesem Zweck schickte er eine Abordnung nach Lhasa mit einer großen Menge auf seinen Namen geschlagener Rupien und erbat die Zustimmung der Regierung dazu, sie im Lande in Umlauf setzen zu können. Die Kaufleute, die des Gurkha Rajah Unzuverlässigkeit kannten, weigerten sich indessen, sie anzunehmen, und die Regierung gab die folgende geriebene Antwort: »Wir sind bereit, Euer Geld aufzunehmen, vorausgesetzt, daß Ihr alles Geld aus Nepal, das jetzt in Umlauf ist, zurücknehmt.« Die Erfüllung dieser Bedingung lag weder im Interesse des Gurkha Rajah, noch in seiner Macht. Bis jetzt ist daher nichts in dieser wichtigen Angelegenheit geschehen. Das alte Geld fährt fort, genommen zu werden, aber da der Kanal, durch den es eingeführt wurde, seit langem verstopft ist, ist es weit über seinen früheren Wert gestiegen, sowohl im Verhältnis zum Silber wie zum Goldstaub.

Verhandlungen

I

Vor ungefähr 70 Jahren gewann der Kaiser von China die Oberhoheit über Tibet, in der Weise, wie solche Oberhoheiten gewöhnlich erworben werden, indem er sich in die Streitigkeiten zwischen zwei sich befehdende Parteien einmischte.[1] Infolge einer Umwälzung, die vor ungefähr 25 Jahren (1749) stattfand, wurde die Regierung von Tibet in die Hände des früheren Dalai Lama gelegt.[2] Bei seinem Tode erlangte Gesub Rimpoché[3], sein Mundschenk oder Vertrauter, die höchste Verwaltungsgewalt, teils durch seinen eigenen Einfluß am Hofe in Peking, teils durch die Empfehlung des Teschu Lama, der jetzt als der erste Mann im Lande angesehen wurde. Zwei Jahre später entdeckte der Teschu

1 Die chinesischen Residenten in Tibet (Ambans, nicht Ambas, wie Bogle sie nennt) wurden zuerst 1720 ernannt; eine gewisse chinesische Oberherrschaft bestand aber schon lange vorher. (M)

2 Ein Aufstand gegen die Chinesen brach 1749 aus, der damit endete, daß Lobsang Kalsang, der 6. Dalai Lama, als weltlicher Herrscher, unterstützt von den beiden chinesischen Residenten in Lhasa, eingesetzt wurde. Er starb 1758. (M)

3 Früher hatten die Äbte der vier Klöster Chemiling, Tongiling, Chechuling und Kenduling den Titel Gesub Rimpoché (Kostbarkeit, Juwel), und einer von ihnen war Regent während der Minderjährigkeit des Dalai Lama. Später wurde der weltliche Regent, Gesub Rimpoché, aus dem Dibong-Kloster gewählt. Er führt auch den Titel Nomen Khan. (M)

Lama das Kind, in dessen Körper die Seele des Dalai Lama übergegangen war, und benachrichtigte den chinesischen Hof davon. Das Kind wurde sofort durch den Kaiser anerkannt,[4] Changay Lama, der Hohepriester, der in Peking residiert, kam, um es zu besuchen, und kehrte, nach einigen in Teschu Lumbo zugebrachten Monaten, an den Hof zurück. Für viele Jahre nach Gesubs Beförderung fuhr der Teschu Lama fort, großen Einfluß in der Regierung zu besitzen, aber seit einiger Zeit hat Gesub versucht, sich durch sein eigenes Interesse im Amt zu erhalten, und obgleich er den Ansichten des Lama große Ehrerbietung entgegenzubringen scheint, holt er doch so selten als möglich seinen Rat ein. Der große Ehrgeiz Gesubs ist, die Regierung sich und später seinen Neffen zu sichern, während der Lama im Gegenteil seinen ganzen Einfluß beim Hofe von Peking aufbietet, um die Regierung für den Dalai Lama zu erlangen, der jetzt bald großjährig sein wird, und die Ernennung eines Ministers zu sichern, der ihm ergeben sein würde. Wenn er seinen Willen durchsetzen kann, wird sein Einfluß sofort wieder aufleben; denn unabhängig von dem guten Einvernehmen, das zwischen allen den östlichen Hohenpriestern besteht, verdankt der Dalai Lama dem Teschu Lama seine Erhebung, und da er durch dessen Leute erzogen worden ist, wird er natürlich der Meinung und dem Rat desselben große Aufmerksamkeit schenken.

Die Schwierigkeiten, die sich meiner Reise in den Weg stellten, kamen hauptsächlich vom Gesub Rimpoché. Bald nach meiner Ankunft in Descheripgay gab mir der Teschu Lama einen der Briefe desselben, worin er erwähnt, daß er von zwei Fringies gehört habe, die mit einem großen Gefolge von Dienern in des Deb Rajah Gebiet angekommen seien; daß die Fringies den Krieg sehr liebten und, nachdem sie sich in einem Lande eingeschlichen hätten, Unruhen erregten und

---

4 Dies war der 7. Dalai Lama, Lobsang Champal, der 1805 starb. (M)

sich zu Herren desselben machten; daß, da bisher keine Fringies jemals in Tibet zugelassen worden seien, er dem Lama riete, ein Mittel zu finden, um mich zurückzuschicken, entweder wegen der Heftigkeit der Blattern oder unter einem anderen Vorwande.

Es war auf diesen Brief hin, daß der Lama mir schrieb, ich möchte nach Kalkutta zurückkehren. Nach der Ankunft des Gosain und dem Empfang des Briefes, den ich ihm von Tassisudon geschickt, schrieb er an Gesub, daß er von Anfang an dem Deb Rajah abgeraten habe, Krieg anzufangen; daß die Regierung von Lhasa ihn aber dazu ermutigt habe; daß Deb Judhur geschlagen und ein Teil seines Landes erobert worden sei; daß er, der Lama, an den Gouverneur geschrieben habe, der darauf nicht allein die Feindseligkeiten eingestellt, sondern auch das ganze (eroberte) Gebiet des Deb Rajah zurückgegeben habe; daß, da ich vom Gouverneur gesandt sei, er es für passend halte, mich zu empfangen, daß aber, falls sie, entgegen seiner Meinung, daran festhielten, die Erlaubnis zu verweigern, und daraus ein Unglück für das Land entstände, sie sich nur selbst dafür zu tadeln haben würden. Dieser Brief verschaffte mir die Zulassung (zum Lande), aber Gesub schrieb zugleich an den Teschu Lama, zu verhindern, daß ich nach Lhasa käme, und wiederholte dies in Geheimschreiben nach meiner Ankunft. Die Wahrheit ist, daß er von Natur eifersüchtig und argwöhnisch ist und außerdem besorgt war, den Chinesen, die ebenso eifersüchtig und argwöhnisch sind wie er, Anstoß zu geben. Gesub schickte mir indessen etwas chinesischen Branntwein, Biskuits und Fische, und seine Diener, die kamen, um den Teschu Lama zu seiner Rückkehr nach Teschu Lumbo zu beglückwünschen, machten mir zwei Besuche. Ich benutzte ihre Rückreise, um ihm ein paar unbedeutende Geschenke zu senden, denn ich hatte keine andern, die ich hätte senden können, und schrieb ihm, oder vielmehr der Lama schrieb ihm für mich, aber ich habe nie eine Antwort erhalten.

Unter diesen Umständen war ich genötigt, meine Verhandlungen in betreff der Entwicklung des Handels zwischen
Bengalen und Tibet ausschließlich auf die mit dem Teschu
Lama zu beschränken. Ich konnte nicht daran denken, ohne
solche Geschenke für den Dalai Lama, den Gesub und die
vier Minister, wie sie ihrer Stellung entsprechen, nach Lhasa
zu gehen, was außerdem Gesubs Argwohn für mich unmöglich machte. Was den Lama anbetraf, so hatte ich alle
Veranlassung, nach den Höflichkeiten und Aufmerksamkeiten, die er mir erwiesen, und der Art und Weise, wie er sich
über die Gunst aussprach, die Sie ihm durch den Abschluß
des Friedens mit den Bhutanern hätten zuteil werden lassen,
anzunehmen, daß er Ihnen gegenüber die freundlichsten
Absichten hege, und ich mußte es als meine Aufgabe ansehn,
dieselben so gut ich konnte zu unterhalten.

Der Teschu Lama ist ungefähr 40 Jahre alt. Er hat ein
heiteres und leutseliges Wesen, ist sehr neugierig und sehr
intelligent. Er ist ganz Herr seiner eigenen Angelegenheiten,
seine Ansichten sind liberal und weitsichtig, und er wünscht,
wie jeder große Mann dies tut, seinen Einfluß auszudehnen.
Als eine Folge seines friedfertigen Charakters und seiner von
Natur freundlichen und menschlichen Sinnesart ist er dem
Kriege und dem Blutvergießen abgeneigt und versucht bei
allen Streitigkeiten, durch seine Vermittlung eine Aussöh-
nung herbeizuführen. In seinen Gesprächen ist er geradeaus
und ehrlich, wendet selbst keine Schmeicheleien und Komplimente an und nimmt sie schlecht auf, wenn sie ihm
gemacht werden. Er ist großmütig und wohltätig und wird
von den Tibetanern, Kalmücken und dem größten Teil der
Chinesen allgemein geliebt und verehrt. Meine Schilderung
seines Charakters mag voreingenommen erscheinen, aber
seine eigenen Untertanen, die Kaschmiri und die Fakire
sprechen sich noch viel günstiger über ihn aus, und ich muß
gestehen, daß ich nie einen Mann gekannt habe, dessen
Benehmen mir so gefallen hat oder für den ich nach einer so

kurzen Bekanntschaft in meinem Herzen so viel Wohlgefallen gefühlt gehabt hätte.

Infolge meiner Vorstellungen, daß es Ihr Wunsch sei, freien Handelsverkehr zwischen den Einwohnern von Bengalen und Tibet zu eröffnen, schrieb er an Gesub Rimpoché über den Gegenstand. Er tat dasselbe auch an die hauptsächlichsten Kaufleute, Kaschmiri und Eingeborenen. Viele von diesen kamen später entweder selbst zu mir oder schickten ihre Agenten. Die Tibetaner entschuldigten sich, daß sie keine Gumaschtas (Agenten) nach Bengalen schicken könnten, wegen der Hitze und des ungesunden Klimas, die dort herrschten. Einige der hauptsächlichsten Kaschmiri-Handlungshäuser, die durch die Bedrückungen der Gurkha Rajahs gezwungen gewesen waren, diesen Handel aufzugeben, versicherten mir, daß sie ihre Agenten nach Kalkutta senden wollten, sobald die Regenzeit vorüber sei, und der Lama übernahm es, ihnen den Durchgang durch das Gebiet des Deb Rajah zu verschaffen. Da der Gurkha Rajah in das Gebiet eines Lhasa unterworfenen Häuptlings eingefallen war, konnte der Lama sich mit keinem Anliegen an ihn wenden; aber sofort nach dem Tode des alten Rajah schrieb er an seinen Nachfolger und ersuchte ihn, den Handel zu begünstigen und zu schützen und allen Kaufleuten, Hindus und Mohammedanern, freien Handelsverkehr in seinem Reiche zu erlauben, »denn jetzt«, schrieb er, »fürchtet sich jeder, Ihr Land zu betreten, und es wird arm und öde werden«. Er schrieb auch an den Deb Rajah und legte ihm dasselbe ans Herz, und gab mir einen seiner Mönche mit, um mich in Tassisudon bei meinem Anliegen nach dieser Richtung hin zu unterstützen. Was die Frage der Zulassung von Europäern in Tibet anbetrifft, so hätte ich, obgleich der Punkt nicht besonders in Ihren Instruktionen erwähnt ist, sehr gewünscht, ihn durchsetzen zu können, da das ein vortreffliches Licht auf meine Mission geworfen haben würde. Aber der Argwohn der Bergbevölkerung wie der Verwaltung in

Lhasa und die Umstände, die ich bereits erwähnt habe, werden, wie ich vermute, zeigen, daß die Sache einfach unmöglich war. Wenn die Regierung von Tibet in den Händen der Lamas läge, so würde sich, wie ich glaube, dieser Punkt mit Aussicht auf Erfolg betreiben lassen; für den Augenblick steht er meiner Ansicht nach außer Frage. Da die Bezahlung für die Waren, die aus Bengalen nach Tibet gehen, meistens in Gold erfolgt, so bedeutet eine Ausdehnung dieses Handels so viel klaren Gewinn für Bengalen, und der Kanal, durch den dieser Handel geht, ist, obgleich von Wichtigkeit für einzelne Individuen, doch, wie ich ehrfurchtsvoll annehme, von wenig Interesse für das Land. Wenn irgendein Engländer sich auf diesen Handel einlassen will, so sehe ich nicht ein, warum er nicht durch asiatische Agenten so gut wie durch europäische betrieben werden könnte, ohne die Gefahr zu laufen, die Freundschaft und das gute Verständnis mit den nördlichen Mächten zu stören, auf das Sie einen so großen Wert legen.

In meinem Bericht vom 5. Dezember erwähnte ich den Wunsch des Lama, ein religiöses Haus am Ufer des Ganges zu gründen. Vor ungefähr 700 oder 800 Jahren hatten die tibetanischen Hohenpriester eine ganze Anzahl von Klöstern in Bengalen, und ihre Priester pflegten sich in dieses Land zu begeben, um die Sprache und die Religion der Brahmanen zu studieren und die heiligen Plätze in Hindustan zu besuchen. Als die Mohammedaner Bengalen erobert hatten, plünderten und zerstörten sie die Tempel der Tibetaner und vertrieben sie aus dem Lande. Seit dieser Zeit hat wenig Verkehr zwischen den beiden Reichen bestanden. Der Lama ist überzeugt, daß es einen hellen Glanz auf sein Pontifikat werfen und seinen Ruf und Charakter weit verbreiten würde, wenn er nach so langer Zeit eine religiöse Niederlassung in Bengalen erhalten könnte, und die Angelegenheit macht ihm viele Sorge. Er beabsichtigt auch, während der kalten Jahreszeit einige seiner Mönche an Sie zu senden, die nachher die

Pilgerschaft nach Gaya und anderen Orten antreten sollen, und er hat an den Chidzun Tamba[5] in Peking geschrieben, der großen Einfluß auf den Kaiser hat, um ihn zu benachrichtigen, daß die Engländer jetzt die Herren von Bengalen seien, daß Sie, ihr Haupt, ihm große Gunst erwiesen hätten und daß die Engländer jedem gestatteten, ungestört seiner eigenen Religion zu folgen; er hat ihm zugleich geraten, daß er einige Personen an Sie absenden möge, Ihnen ihre Aufwartung zu machen und die hauptsächlichsten Tempel in Bengalen zu besuchen. Ich muß gestehen, daß ich alles dies in der Absicht ermutigt habe, dadurch unseren Verkehr und unsere Beziehungen mit Tibet zu kräftigen, wie auch in dem Glauben, daß es der Ostindischen Gesellschaft von Nutzen sein würde, irgendeine Verbindung mit dem Hofe von China zu erlangen. Und obgleich ich nicht so zuversichtlich wie der Lama auf einen Erfolg seiner Bemühungen rechne, so ehrlich dieselben auch sein mögen, für Sie die Erlaubnis zu erhalten, jemanden an den Kaiser zu senden, so verzweifle ich doch nicht daran, durch Ihre Gunst an einem oder dem anderen Tage einen Blick auf Peking werfen zu können.

Der jetzige Kaiser [Kien lung][6] ist von heftigem und herrschsüchtigem Charakter. Er hat Yarkand durch seine Übermacht erobert. Er hat, zum Teil durch Mittel, die eines großen Herrschers unwürdig sind, die Kalmücken vollstän-

5 Bogles Chidzun Tamba ist der Cheptsundampa 'Hut'ukht'u, der in K'urun (Urga) residiert und auch der Taranatha Lama genannt wird. Der jetzt dauernd in Peking residierende Chang-chia 'Hut'ukht'u ist die Wiedergeburt eines lebenden Buddhas, der gegen Ende des 17. Jahrhunderts von dem damaligen Dalai Lama zu dem Kaiser Kanghi geschickt worden war. Ihm wurde ursprünglich Dolon Nor im Gebiet der Ch'ahar-Mongolen zum Aufenthalt angewiesen. Später, auf Befehl des Kaisers Kienlung, 1736–96, siedelte sein Nachfolger nach Peking über in den von dem Vorgänger Kienlungs, Yung Chêng, 1723–35, in eine prächtige Lamaserie umgewandelten Palast, in dem er geboren war. (B)
6 Kien-Lung, 1736–1796, Sohn seines Vorgängers Yung-Chêng und Enkel Kang His. (M)

dig unterworfen[7]. Aber ein kleiner Kambu-Fürst, zwischen Yünnan und Tibet, geschützt durch seine Berge und unterstützt, wie ich glaube, durch den König von Pegu[8], hat seine zahlreichen Armeen während der letzten Jahre im Schach gehalten, und die Zerwürfnisse zwischen ihm und dem Hofe von St. Petersburg über die Grenzen und die Wanderungen der Untertanen können leicht zu einem Konflikt führen, bei dem er, wie ich annehmen möchte, tüchtige Schläge bekommen dürfte. Der Lama bemüht sich, den Bruch zu verhindern, aber die Chinesen scheinen im Unrecht zu sein, und des Kaisers hochmütiger Sinn kann sich nicht zu Zugeständnissen entschließen.

2

Am Tage nach meiner Ankunft machte ich dem Lama meine Aufwartung mit den Schreiben des Gouverneurs, nachdem ich vorher ohne Schwierigkeit abgemacht hatte, daß mir gestattet sein sollte, sie in seine eigenen Hände zu legen. Ich übergab sie zusammen mit der Perlenhalskette, während meine Diener die anderen Geschenke vor ihm ausbreiteten.

7 Es handelt sich um die Unterwerfung einiger Stämme der Miaotse, der (eingebornen) Kinder des Bodens, auf dem Gebiet zwischen der chinesischen Provinz Szetschuan (Si-chuan) und Tibet, die erst 1774 nach langen und heftigen Kämpfen erfolgte. Die »Unterwerfung« der rebellischen Räuber des »Kintchuan« (des »goldenen Baches«) gelang dem chinesischen General Akui nur dadurch, daß er auf mit unsäglicher Mühe und Zeitverlust durch die unwegsamen Gebirge selbst angelegten Straßen Geschütze bis an die Hauptfeste des Gegners heranbrachte. (B)
8 Das Reich Pegu, dessen ebenso benannte, 573 n. Chr. gegründete Hauptstadt an dem gleichnamigen Flusse liegt, hat vom 13. Jahrhundert bis zur Zerstörung des Reichs durch Alompra (Ahompya) von Birma 1755 eine große Rolle in der hinterindischen Geschichte gespielt. Der Krieg, den der Teschu Lama erwähnt, wurde mit sehr unglücklichem Erfolge in 1768 und den nächstfolgenden Jahren gegen Awa, ein anderes der hinterindischen Reiche, geführt. (B)

Er empfing mich mit einem höflichen und lächelnden Gesichtsausdruck, und ich wurde in seiner Nähe auf einen hohen mit einem Teppich bedeckten Stuhl gesetzt. Er sprach zu mir auf Hindustanisch, von welcher Sprache er eine mäßige Kenntnis besitzt. Nach Erkundigungen nach der Gesundheit des Gouverneurs und meiner Reise nach Tassisudon brachte er das Gespräch auf den Krieg in Bahar. Er tadelte Deb Judhur, der die Veranlassung dazu gegeben. »Ich habe es immer«, sagte er, »schwer getadelt, daß er sich der Person des Bahar Rajah bemächtigt und den Krieg mit den Fringies angefangen habe, aber der Deb hielt sich für ebenso stark in den Waffen als sie und wollte nicht auf meinen Rat hören. Nachdem er geschlagen worden war, schrieb er an den Gouverneur, der, indem er auf meine Bitte die Feindseligkeiten gegen die Bhutaner einstellte und ihnen ihr Land zurückgab, mich sehr glücklich gemacht und eine sehr fromme Tat begangen hat. Meine Diener, die nach Kalkutta kamen, waren nur kleine Leute, und den freundlichen Empfang, der ihnen vom Gouverneur zuteil wurde, betrachte ich als einen weiteren Beweis seiner Freundschaft.«

Ich sagte ihm, daß Bahar von Rangpur, einer der Provinzen von Bengalen, nur durch einen Bach getrennt sei; daß die Bhutaner sich seit unvordenklichen Zeiten auf ihre Berge beschränkt gehabt hätten und daß, wenn sie in die Ebene kamen, dies in freundlicher Weise geschah und um Handel zu treiben; daß, als Tausende von bewaffneten Männern aus ihren Wäldern hervorkamen und den Rajah von Bahar, einen unbedeutenden Fürsten, der kein Gegenstand des Argwohns für sie sein konnte, gefangen nahmen und fortführten, sich seines Landes bemächtigten und sich dort niederließen, die Ostindische Gesellschaft alle Veranlassung hatte, besorgt zu sein und anzunehmen, daß sie, ermutigt durch ihren ersten Erfolg in Bahar, sich kaum durch eine nur in der Einbildung bestehende Grenze aufhalten lassen, sondern bald die Eroberung von Rangpur unternehmen und ihre Pläne selbst auf die inneren und fruchtbaren Provinzen von Bengalen ausdehnen würden; daß der Gouverneur, obgleich er viel von dem Namen und dem heiligen Charakter des Lama gehört gehabt, doch vollständig unbekannt mit der bhutanischen Nation gewesen sei, und da er keine Beziehungen zu dem Oberhaupt unterhalten, um so mehr Grund für seine Befürchtungen gehabt, und daher, sowie er die Bitte des Volks von Bahar um Hilfe erhalten, ein Bataillon von den Sepoys der Gesellschaft gesandt habe, um die Angreifer zurückzutreiben; daß ihm, dem Lama, das, was nachher geschehen, wohl bekannt sei; daß der Gouverneur sich sehr über die Briefe des Lama gefreut und sofort die Feindseligkeit eingestellt habe, und daß dann ein Frieden zwischen den Bhutanern und der Gesellschaft abgeschlossen worden, durch den den ersteren ihr ganzes Gebiet zurückgegeben worden sei; daß der Gouverneur sich glücklich fühle, freundschaftliche Beziehungen mit einem Manne unterhalten zu können, dessen Ruhm in der ganzen Welt bekannt sei und dessen Charakter bei so vielen Nationen die größte Verehrung genösse; er habe mich daher an ihn, den Lama, gesendet mit einem Schreiben und Beweisen seiner Freundschaft, die ich die Ehre gehabt hätte, ihm zu überreichen, und die er, wie ich zu hoffen wagte, günstig aufnehmen werde.

Der Lama antwortete nicht auf das, was ich gesagt hatte. Ich möchte sogar daran zweifeln, daß er es gut verstanden gehabt hat, denn ich redete in einer Sprache, an die er nicht gewöhnt ist, und das kehlige R, das ich von meiner Mutter geerbt hatte, vermehrte wahrscheinlich die Schwierigkeit. Ich habe mich dann bemüht, mich innerhalb der Grenzen und der Redewendungen seiner Sprache zu halten, und so gelang es auch, uns zu verständigen.

»Sie haben unzweifelhaft gehört«, sagte der Lama, »daß Deb Judhur die Regierung genommen worden ist und daß er sich zu mir geflüchtet hat; er regierte das Land nicht ordentlich, und die Fringies waren nicht zufrieden mit ihm.« Ich erwiderte, daß die Engländer nichts mit Deb Judhurs Vertreibung zu tun gehabt hätten; daß sie durch sein eigenes Volk geschehen sei; die Gesellschaft habe keinen anderen Wunsch, als daß die Bhutaner in ihrem eigenen Land bleiben und sich nicht Eingriffe in Bengalen erlauben oder Unruhen an dessen Grenze erregen möchten. »Der Gouverneur«, sagte er, »hatte unzweifelhaft gute Gründe, zum Kriege zu schreiten, aber ich habe einen Abscheu vor Blutvergießen, und die Bhutaner sind meine Vasallen; ich bin daher froh, daß die Sache beendigt ist.« Er öffnete dann den Brief des Gouverneurs, aber sein Inhalt wurde ihm bei dieser Gelegenheit nicht erläutert.

Am nächsten Tag war der Lama damit beschäftigt, die Besuche und Geschenke einiger Kalmücken zu empfangen, und ich hatte keine Gelegenheit, ihm meine Aufwartung zu machen. Am folgenden Morgen ließ er mich rufen. Er trug nicht seine mitraförmige Mütze, und niemand war bei ihm außer dem Sopon Chumbo, seinem Vertrauten und Günstling.

Er kam wieder auf die Bahar-Geschichte zu sprechen und wiederholte die Gründe für den Krieg in derselben Art und Weise. Er gab aufs neue seiner großen Genugtuung für den Empfang Ausdruck, den der Gouverneur seinen Dienern hatte zuteil werden lassen, und fügte hinzu, daß er mit ihnen eine andere Person von höherem Range geschickt hätte, die aber durch Krankheit verhindert worden sei, sich nach Kalkutta zu begeben. »Ich will offen gestehen«, sagte er, »daß mein Grund für die Verweigerung Ihrer Zulassung der gewesen ist, daß so viele Personen mir davon abgeraten hatten. Ich hatte auch viel von der Macht der Fringies gehört und daß die Gesellschaft wie ein mächtiger König sei und Krieg und Eroberungen liebe, und da meine und meines Volkes Beschäftigung darin besteht, zu Gott zu beten, fürchtete ich mich, die Fringies in mein Land zu lassen. Aber ich habe seitdem gelernt, daß die Fringies ein großes und gerechtes Volk sind. Ich hatte bisher nie Fringies gesehn, aber ich freue mich über Ihre Ankunft und ich hoffe, Sie werden meine frühere Weigerung nicht übel deuten.«

Ich erwiderte, daß ich seine Weigerung immer auf die Vorstellungen von übeldenkenden Leuten zurückgeführt hätte, die einen unvorteilhaften Eindruck auf ihn hervorgebracht hätten, wie die Wolken manchmal das Angesicht der Sonne verdunkeln. »Dem Gouverneur liegt vor allem daran, Ihre Freundschaft und Gunst zu erlangen. Da Ihre Ansichten so allgemein und verdientermaßen in diesem Teil der Welt als maßgebend angesehen werden, ist er sich darüber klar, daß der Ruf der Engländer in Ihrer Hand liegt und daß ihr guter oder schlechter Name hauptsächlich von Ihrem Urteil abhängt. Ich habe daher in Ihrer Gegenwart die Sachen erörtert, deren Wahrheit die ganze Welt kennt.«

Der Lama versicherte mir darauf, daß sein Herz offen und den Engländern wohlgesinnt sei und er den Vorstellungen, welche ihm zu ihrem Nachteil gemacht worden seien, keinen Glauben beimesse. »Ich wünsche«, sagte er, »an den Ufern des Ganges einen Platz zu haben, wohin ich mein Volk senden kann, um zu beten. Ich beabsichtigte daher, dem Gouverneur über diesen Gegenstand zu schreiben, und wünsche, daß Sie mein Anliegen unterstützen mögen.« Ich erwiderte, da ich wüßte, wieviel dem Gouverneur daran liege, seine Freundschaft zu unterhalten, ich überzeugt sei, daß er ihn bei dieser wie bei jeder anderen Gelegenheit bereit finden werde, seinen Wünschen, soweit es in seiner Macht liege, zu entsprechen.[9]

Er erkundigte sich, ob wir das Kreuz verehrten, indem er mit seinen Fingern ein Kreuz machte und hinzufügte, daß

9 Ein Stück Land wurde am Ganges gegenüber von Kalkutta erworben und auf ihm auf Warren Hastings' Befehl durch den Gosain unter Bogles Leitung ein Haus und ein Tempel errichtet, die seinerzeit viel von Leuten aus Tibet und Bhutan besucht und benutzt wurden, später aber in Vergessenheit gerieten. (M)

früher einige Fringy-Patres in Lhasa gewesen wären, die das Kreuz verehrt, aber Unruhen veranlaßt hätten und darum aus dem Lande verwiesen worden seien. Ich sagte, ich hätte von den Priestern gehört, die in Lhasa gewesen wären, daß sie aber nicht meinem Vaterlande angehört und eine andere Sprache gesprochen hätten und daß ihre Religion von der meinigen verschieden gewesen sei; daß die englische Geistlichkeit zu Hause bliebe und nicht in andere Länder ginge; daß wir jedem erlaubten, Gott auf seine eigene Weise anzubeten, was der Gosain oder irgendeiner seines Volks, der in Bengalen gewesen sei, bestätigen könnte, und daß wir einen guten und frommen Mann schätzten, welcher Religion er auch immer angehöre. Er wechselte den Gegenstand des Gesprächs, worüber ich nicht betrübt war.

Am Nachmittag besuchte ich den Chanzo Cucho[10], der ein Bruder des Lama von derselben Mutter, aber von einem anderen Vater ist, jedoch wenig von der gewinnenden Art und Weise und den Fähigkeiten seines Bruders hat. Die Unterhaltung war kurz, formell und uninteressant.

Mir war berichtet worden, daß Cheyt Sings Agent die Engländer als ein ränkesüchtiges und ehrgeiziges Volk geschildert hatte, die, nachdem sie sich unter dem Vorwand Handel zu treiben, in ein Land eingeschlichen und mit seiner Lage und seinen Bewohnern bekannt gemacht hätten, nachher versuchten, sich zu Herren desselben zu machen, und daß seine Vorstellungen zusammen mit anderen Umständen dazu beigetragen hätten, Schwierigkeiten gegen meine Reise zu schaffen. Er kam, um mich zu besuchen, und da ich es für das

---

10 Der Chanzo Cucho war bei Turners Besuch in Teschu Lumbo 1783 Regent für den minderjährigen Teschu Lama. Turner beschreibt den Regenten als von mittlerer Größe und breitschultrig, aber nicht zur Korpulenz neigend, mit einem kurzen, breiten Gesicht, einer kleinen etwas aufgestülpten Nase, kleinen schwarzen Augen und vorstehenden Backenknochen. In seinen Zügen war eine angenehme Symmetrie und eine Liebenswürdigkeit des Ausdrucks, die sehr einnehmend war. (M)

Beste und für den Charakter eines Engländers Ziemlichste halte, gegen jeden Mann offen zu sein, entschloß ich mich, ihm gegenüber dies zu erwähnen. Ich teilte ihm also mit, was ich gehört hatte. Ich sagte ihm, daß sein Herr Vater, Bulwunt Sing, sich den Engländern immer freundlich gezeigt habe und daß, falls ihr, der Engländer, Vorgehen in Bengalen nicht zu rechtfertigen sei, Bulwunt Sing gleichzeitig dafür, daß er sie unterstützt habe, getadelt werden müsse; daß aber die ganze Welt wisse, daß die Engländer durch die Notwendigkeit und in Selbstverteidigung gezwungen gewesen, zu handeln, wie sie es getan. Ich erwähnte kurz, wie sie zur Herrschaft in Bengalen gekommen, und betonte besonders die Hilfe, die Bulwunt Sing ihnen geleistet, und die Freundschaft, die immer zwischen ihm und der Gesellschaft bestanden habe und die auch unter Cheyt Sing fortdauere. Ich fügte hinzu, daß, da ich wüßte, wie unzufrieden der Gouverneur sein würde, wenn ich etwas Ungünstiges über seinen Herrn sagte, ich überzeugt wäre, daß Cheyt Sing ihn in allem desavouieren würde, was er etwa zum Nachteil der Gesellschaft vorbringen möchte.

Er erklärte mir darauf, daß er nichts gegen die Engländer gesagt habe; daß er glaube, daß ein Agent von Kaschmiri Mull, der sich kürzlich nach Lhasa begeben, es vielleicht getan haben könnte; er habe dem Teschu Lama nur gesagt, was er über die Angelegenheiten von Hindustan wisse. Er schloß dann mit den hindustanischen abgeleierten Phrasen, daß ich sein Herr, ein großer Mann usw. sei. Ich erwiderte, daß, wie er von dem Rajah von Benares an den Lama geschickt worden sei, ich in derselben Weise durch den Gouverneur von seiten der Ostindischen Gesellschaft abge-sandt wäre, und daß es meine Pflicht wäre, für den Charakter meiner Auftraggeber einzutreten; daß es die Art der Englän-der sei, offen vorzugehen, und ich ihm nur wiederholt hätte, was ich gehört gehabt, und mich freute, zu finden, daß ich falsch informiert worden wäre.

Nach dieser Auseinandersetzung wurden er und ich große Freunde. Er kam häufig, um mich zu besuchen, und da er ein vielgereister Mann war, trug seine Unterhaltung manchmal viel dazu bei, mir über einige langweilige Stunden fortzuhelfen.

Am 15. November schickte der Lama nach mir und ließ mir sagen, ich sollte meine Leute mitbringen. Er wiederholte die Versicherungen seiner guten Meinung von den Engländern und äußerte sich über den Gouverneur in den freundlichsten Ausdrücken; sein Gesichtsausdruck war dabei offen und ehrlich, was man wohl als einen Beweis für seine Aufrichtigkeit ansehen darf. Er ließ mich dann mit einem Gewande von purpurnem Atlas bekleiden, das mit Fuchspelz gefüttert und am Halse und den Aufschlägen mit einer ausgezackten Goldspitze verziert war, die, wie er sagte, aus Rußland gekommen wäre, mit einer mit Zobel besetzten und mit einer roten Quaste gekrönten Mütze aus geblümtem europäischem Atlas und mit einem Paar großer rotlederner Reitstiefel. Er ließ Dr. Hamilton auch mit einem tatarischen Anzuge bekleiden, nur war dessen Tunika aus blauem Atlas; auch alle unsere Diener erhielten an diesem Tage oder einige Tage später mit Lammfell gefütterte Röcke und Stiefel.

Am nächsten Tage besuchte ich den Sopon Chumbo[11], der ein großer Günstling ist; er ist in Peking gewesen, hat einen

11 Turner berichtet, daß der Regent den Sopon Chumbo mehr wie einen Gleichgestellten als einen Untergebenen behandelt gehabt habe; er fügt hinzu, daß die eigentümliche Macht, die dieser besessen, nichts mehr als ein gerechter Tribut für seine Rechtschaffenheit und Talente geschienen habe. Er hatte ein offenes und intelligentes Gesicht, kleine Augen, dünne Augenbrauen, hohe Backenknochen und keine Spur von Bart. Seine Pflichten als Sadik unter dem Lama bestanden darin, die Befehle desselben weiterzugeben, die Feste zu arrangieren, die Garderobe und die Schatzkammer zu verwalten und als Mundschenk zu fungieren. Er war viel gereist, in China, in der Mongolei und bis zu den Ufern des Baikal-Sees gewesen. (M)

großen Teil der Tatarei durchreist, ist sogar bis zur russischen Grenze gekommen und kennt die Sprachen dieser verschiedenen Länder. Ich machte nur einen kurzen Besuch, denn der Lama scheint ganz Herr in seinen eigenen Angelegenheiten zu sein und hatte mir früher – ich erinnerte mich allerdings nicht, bei welchem Gespräch – gesagt, daß er wünsche, daß ich ohne Dolmetscher mit ihm reden könne, daß ich mich mit meinen Angelegenheiten nur an ihn wende und mir nicht die Mühe mache, sie ihm durch den Mund seiner Beamten vortragen zu lassen.

Der Lama begann damit, einige der Ursachen des Zurückganges des Handels zwischen Bengalen und Tibet anzuführen. Er erwähnte zuerst den Krieg mit Deb Judhur, währenddessen nichts von oder nach Bengalen durch sein Land habe gehen dürfen, und fügte hinzu: »Wenn ich es ihm gestatten wollte, würde er jetzt wieder Krieg gegen sein eigenes Volk beginnen, aber ich werde ihm nicht erlauben, Giansu, wo er jetzt ist, zu verlassen.« Dann erwähnte er Prithi Narayan, den Rajah von Gurkha, der, wie er sagte, alle Länder in Nepal erobert und durch seine Erpressungen und Bedrückungen alle Kaufleute gezwungen habe, das Land zu verlassen, da er ihre Waren und Gelder mit Beschlag belegte, sowie er eine Gelegenheit dazu fände. »Er hat sich jetzt«, fügte er hinzu, »Bijapurs an der Grenze von Bengalen bemächtigt und bedroht, wie ich höre, das Land des Deb Rajah mit einem Einfall. Was mich anbetrifft, so gebe ich den Kaufleuten alle Ermunterung, und in diesem Lande sind sie frei und sicher.«

Ich sagte, daß, da er so gut über die Ursachen der Stockung des Handels unterrichtet sei und er und die Ostindische Gesellschaft in der Behandlung der Kaufleute übereinstimmten, ich überzeugt wäre, daß er ein wirksames Gegenmittel in Anwendung bringen werde. Er erwiderte darauf, daß seine Untertanen ihre Waren nur bis Pari-jong brächten, wo sie von den Bhutanern in Empfang genommen und gekauft würden, die sie dann nach Bengalen beförderten, und daß die

Waren aus Bengalen in gleicher Weise nach Tibet gelangten. Ich sagte ihm, daß das Volk aus dem Lande des Deb Rajah in Rangpur immer etwas Handel treibe und in diesem Jahre Pferde usw. wie gewöhnlich dorthin bringen würde, daß ich überzeugt wäre, daß sie keine Ursache haben würden, mit ihrem Empfang unzufrieden zu sein; daß dies aber nur sehr wenig ausmache und durchaus nicht dem Bedarf der beiden Länder entspräche und in keinem Verhältnis zu dem Handel stehe, der in früheren Zeiten bestanden habe. Er stimmte dem vollständig bei und beendete das Gespräch mit den Worten, daß er in einigen Tagen einen der Minister aus Lhasa erwarte, den er mir vorstellen wolle, da er wünsche, daß ich alle bedeutenden Leute dort kennenlernen möchte. Daraus konnte ich entnehmen, daß manches von diesem Manne abhängen würde.

Verschiedene Feiertage und viel Beten verhinderten mich, den Lama während der nächsten Tage zu sehen. Er brachte dann das Gespräch wieder auf den Handel und zählte die verschiedenen Artikel auf, die aus Tibet nach Bengalen gingen: Gold, Moschus, Kuhschwänze und grobe Wollenstoffe; er meinte, daß die Tibetaner sich fürchteten, nach Bengalen zu gehen, wegen der dort herrschenden Hitze; daß er im vorigen Jahr vier Leute nach Benares geschickt habe, um dort zu beten, und daß drei davon gestorben seien, außer der Person, die er für Kalkutta bestimmt gehabt hätte; daß die Reise auch eine außergewöhnliche sei und die Leute sich davor fürchteten; daß in früheren Zeiten große Mengen von Tibetanern sich nach Hindustan zu begeben pflegten; daß die Lamas Tempel in Benares, Gaya, irgendwo in Purneah und an einigen anderen Plätzen, deren Namen mir unbekannt waren, gehabt hätten; daß ihre Priester dorthin zu gehen pflegten, um den Schaster und die Religion der Brahmanen zu studieren, und daß sie, nachdem sie dort 10, 20 oder 30 Jahre zugebracht, nach Tibet zurückzukehren und ihre Kenntnisse ihren Landsleuten mitzuteilen pflegten, wodurch sie sich einen großen Ruf gemacht hätten; daß vor ungefähr 800 Jahren die Mohammedaner in Bengalen eingefallen seien und dasselbe erobert hätten; daß sie die Tempel zerstört und das Volk geplündert hätten und daß nur wenige Leute sich gerettet und mit einigen Brahmanen, die der Verfolgung entgangen, wieder in ihre Berge zurückgekehrt seien und daß seit dieser Zeit die Einwohner von Tibet wenig Beziehungen zu Bengalen oder anderen Ländern gehabt hätten.

Ich sagte ihm, daß die Zeiten sich sehr geändert hätten, daß in Bengalen und unter der Ostindischen Gesellschaft jedes Mannes Eigentum sicher sei und es jedem freistehe, seiner eigenen Religion zu folgen. Er erwiderte, daß er erfahren habe, daß unter den Fringies das Land ruhig sei, und daß, da ich eine so lange Reise gemacht und von dem Gouverneur geschickt worden sei, er sich schämen würde, wenn ich ohne Erfolg zurückkäme; daß er daher, sowie er nach Teschu Lumbo zurückgekehrt sei, wo er seine Beamten und auch einige Leute aus Lhasa finden würde, mit denselben in Beratung treten und auch einige der hauptsächlichsten Kaufleute kommen lassen würde, mit denen er, nachdem er sie von dem Wunsche des Gouverneurs und der Unterstützung und dem Schutz, den die Ostindische Gesellschaft den Kaufleuten in Bengalen zuteil werden ließe, in Kenntnis gesetzt, über die beste Art und Weise, den Handel zu treiben und zu fördern, Rücksprache nehmen werde. »Sie«, sagte er, »werden auch mit ihnen sprechen, und wir werden dann sehen, was geschehen kann.« Ich konnte gegen einen so verständigen Vorschlag nichts einwenden, und ich sah deutlich, daß er keinen Schritt tun wollte, ehe er sich nicht mit seinen eigenen Beamten und den Leuten in Lhasa ins Einvernehmen gesetzt habe.

Am 18. November hatte ich eine weitere Audienz beim Lama. Er sprach von Religion und dem Zusammenhang der seinigen mit der der Brahmanen; daß sie drei der Hindugötter, Wischnu, Brahma und einen anderen (Schiwa) verehrten, aber nicht ihre niedrigen Gottheiten. Er fragte mich dann, wie viele Götter wir in unserer Religion hätten. Ich sagte: »Einen.« Er erwiderte, daß er gehört habe, unser Gott sei dreimal geboren worden. Ich hatte nicht die Absicht, ihm die Geheimnisse der Dreieinigkeit zu erklären, außerdem fühlte ich mich unfähig dazu, und sagte daher, daß nach unserem Glauben Gott immer bestanden habe. Er bemerkte nachsichtig, daß wir alle denselben Gott anbeteten, aber unter verschiedenen Namen, und alle demselben Ziel zustrebten, wenn auch auf verschiedenen Wegen. Meine Antwort war in demselben toleranten Geist gehalten, denn ich bin nicht als Missionar geschickt, und nachdem so viele fähige und kluge Jesuiten, angezogen mit den Kleidern von Aposteln und mit Rosenkränzen und Kruzifixen bewaffnet, vergeblich versucht haben, ungläubige Nationen zu bekehren, bin ich nicht eingebildet genug zu glauben, daß meine Arbeit erfolgreich sein könnte.

Der Lama sagte mir, daß er nach Lhasa über die Frage einer freien Handelsverbindung zwischen Tibet und Bengalen geschrieben habe. »Ich habe ihnen gesagt«, fügte er hinzu, »daß, da Sie so weit hergekommen wären und vom König von Bengalen geschickt wären, sie sich um die Angelegenheit kümmern müßten.«

Obgleich er dies mit großem Eifer sagte, muß ich gestehen, daß mir der Gedanke wenig zusagte, meine Angelegenheit nach Lhasa verlegt zu sehen, wo ich nicht zugegen sein konnte, wo ich unbekannt war und wo ich Grund hatte anzunehmen, daß die Minister mir und meiner Sache wenig günstig gewesen waren. Ich stellte ihm daher vor, daß ich ihn als die Hauptperson betrachte, daß während der Minderjährigkeit des Dalai Lama die Regierung des Landes in seinen Händen liege und daß ich mich ganz allein auf ihn verließe, um die Hindernisse wegzuräumen, die dem Handel zwischen Tibet und Bengalen im Wege ständen. Er sagte, daß er auch an die Kaufleute geschrieben habe, um sie zum Handel mit Bengalen zu ermutigen. Ich erwiderte, daß die Kaufleute, wenn sie ihren Nutzen bei den Geschäften fänden, unzweifelhaft bereit sein würden, sie zu treiben, daß aber, da er mich von den Schwierigkeiten unterrichtet habe, denen sie in Nepal begegneten, und er wisse, daß der Deb Rajah keinen freien Durchgangsverkehr durch sein Land erlaube, ich zu wissen wünsche, welchen Weg sie einschlagen sollten. Er sagte, daß Deb Judhur den Tibetanern früher nicht habe gestatten wollen, in seinem Lande Handel zu treiben, daß die Bhutaner sowohl wie die Bewohner von Demo Jongs Lande, das zwischen Pari-jong und Murung liege (Sikkim), zügellos und tyrannisch seien, so daß die Kaufleute keine Schonung von ihnen zu erwarten hätten. Ich bat um die Erlaubnis, ihm noch einmal vorzustellen, daß ich sie sehr ehrlich und friedlich gefunden hätte und daß, da ich seinen Einfluß auf die Bhutaner kennte, ich nicht daran zweifelte, daß er die Erlaubnis zu freiem Verkehr erhalten könne. Er bemerkte, daß der gegenwärtige Rajah ein alter Mann sei, und sprach nicht eben achtungsvoll von ihm, fügte aber hinzu, daß er ihm über den Gegenstand schreiben wolle; ich könnte versichert sein, daß er sich alle Mühe in der Angelegenheit geben werde, wegen der ich gekommen sei. Es war spät dabei geworden und ich verabschiedete mich deshalb.

Der Lama ließ mich wieder am 6. Dezember rufen und übergab mir einige Briefe aus Kalkutta und Bahar; auf seinen Wunsch öffnete ich sie in seiner Gegenwart. Er erkundigte sich, welche Neuigkeiten sie enthielten und besonders, ob in ihnen etwas über den Gurkha Rajah gesagt sei. Ich erwiderte, daß sie nichts darüber enthielten. »Ich frage«, sagte er, »weil seine Streitkräfte damit beschäftigt sind, Demo Jongs Land, das an Bengalen grenzt, anzugreifen. Sie haben es eingeschlossen; der Gurkha Rajah hat Sepoys nach der englischen Art ausgebildet und ihnen Gewehre gegeben, ich höre aber, daß sie schlechte Schützen sein sollen und nur einmal unter 100 Malen treffen.« Ich erwiderte, daß mir in Bhutan gesagt worden sei, der Gurkha Rajah stände irgendwo an der

Der Potala in Lhasa nach einer Zeichnung von Johannes Grueber
(1661). Bis 1904 gelangte kein weiteres Bild dieses Bauwerkes nach
Europa. Die rechts abgebildete Kutsche ist eine freie Erfindung des

Kupferstechers. In Tibet wurde das Rad für so profane Zwecke nicht verwendet, weil es ein heiliges Symbol war (vgl. S. 259).

Grenze von Tibet, worauf er meinte: »Sie müsssen Demo Jongs Gebiet gemeint haben, das Lhasa untertänig ist; ich habe gerade ein Schreiben von Deb Rajah, der sehr unruhig ist, weil er gehört hat, Deb Judhur sei im Begriff, zurückzukehren und in das Land einzufallen; er schreibt, ich möchte ihn doch ja zurückhalten.« Nachher erkundigte er sich, wie es sich mit den Blitzen in Bengalen verhalte. In Tibet beständen die Donnerkeile manchmal aus Eisen oder Stahl, und dann zeigte er mir ein Messer, dessen aus Stahl und Gold bestehender Griff durchbrochen gearbeitet und mit mehreren ausgeschnittenen Köpfen verziert war; auf der Klinge befanden sich chinesische Zeichen, und er sagte, es sei vom Himmel gefallen. Es war fast das einzige in seiner Unterhaltung, das wunderbar war. Er fragte sehr viel, aber ich würde kein Ende finden, wenn ich alles aufführen wollte. Da er meine Angelegenheit bis zur Rückkehr in seine Hauptstadt zurückgelegt hatte, sprach ich nicht von ihr.

Am 7. Dezember hatte ich eine kurze Zusammenkunft mit dem Lama. Er wollte am nächsten Morgen von Descheripgay aufbrechen, um nach Teschu Lumbo zu seinem Palast zurückzukehren, von dem er drei Jahre abwesend gewesen war.

Gespräche mit dem Teschu Lama in Teschu Lumbo

Bei unserer ersten Zusammenkunft nach seiner Rückkehr nach Teschu Lumbo sprach der Lama zu mir über seinen schon früher von mir erwähnten Wunsch der Errichtung eines religiösen Hauses am Ganges, und ich gab meiner Überzeugung, daß derselbe erfüllt werden würde, aufs neue Ausdruck. Er fügte hinzu, daß er dem Changay Lama, dem Hohepriester in Peking, mit dem er auf dem freundlichsten und intimsten Fuße stehe, geschrieben habe oder schreiben wolle, daß die Fringies die Herren von Bengalen seien und ihm große Gunst erwiesen hätten. Er fügte hinzu: »Ich halte es für wahrscheinlich, daß er einige Leute entsenden wird, um die hauptsächlichsten religiösen Plätze zu besuchen. Ich bin nur ein kleiner Mann im Vergleich mit dem Changay Lama, denn er ist immer beim Kaiser und hat großen Einfluß auf ihn. Die Gunst, die der Kaiser mir und dem Dalai Lama erzeigt, ist zum großen Teil den guten Diensten des Changay Lama bei Hofe zu danken. Ich hoffe daher, daß, falls er einige Leute schickt, der Gouverneur sie freundlich empfangen wird.« Ich ermutigte ihn sehr in allen diesen Sachen. »Jetzt«, sagte er, »kann ich noch nicht sagen, ob sie kommen werden oder nicht. Sollten sie kommen, so werde ich sie zum Deb Rajah schicken, und von da werden sie sich nach Bengalen begeben.« Ich erwiderte, daß ich annehmen möchte, daß es dem

Gouverneur angenehm sein würde, etwas vorher benachrichtigt zu werden, damit er die nötigen Befehle für ihre Reise geben könne. Sonst kam nichts von Bedeutung vor, und ich ging, um die Deputation von Lhasa zu empfangen.

Es waren zwei; der eine war ein Mönch, der andere ein Laie in weiblicher Tracht, und sie kamen mit etwa 20 Dienern. Sie brachten eine ganze Menge Kisten mit sich, die voll von kleinen getrockneten Fischen, Kuchen, Mehl, Pilzen usw. waren, und einige mit Branntwein gefüllte Bambusse. Der Laie sprach. Er sagte, sie wären von Lhasa gekommen, um dem Lama ihre Aufwartung zu machen, und brächten mir diese chinesischen Eßwaren vom Gesub, die sie mich anzunehmen bäten; der Lama habe ihnen, obgleich dies nicht der Brauch sei, befohlen, mich zu besuchen, da ich von so weit und von dem Haupt der Fringies gekommen sei. Darauf sprach ich meinen Dank für die mir vom Gesub erwiesene Freundlichkeit aus und sagte ihnen, daß ich vom Gouverneur geschickt worden sei, um dem Lama meine Achtung zu bezeigen, und daß ich mich sehr über ihren Besuchen freute und mich dadurch sehr geehrt fühlte.

Da sie mir sagten, daß die Fringies dem Lama und ihnen eine große Gunst dadurch erwiesen hätten, daß sie mit den Bhutanern Frieden geschlossen und ihnen ihr Land zurückgegeben hätten, benutzte ich diese Gelegenheit, um ihnen zu wiederholen, daß der Name und der Charakter des Dalai Lama und des Teschu Lama meinen Auftraggebern wohlbekannt wären und der Gouverneur bereit sei, ihre und des Gesub Rimpoché Freundschaft und gute Meinung zu fördern; daß die Engländer weit entfernt davon wären, die händelsüchtigen Leute zu sein, als die sie ihnen von einigen schlechtgesinnten Menschen geschildert worden wären, und daß sie auch keinen Zuwachs ihres Gebietes anstrebten; daß, da die Verwaltung von Bengalen ihnen anvertraut sei, sie nur wünschten, in Ruhe gelassen zu werden; der Krieg mit den Bhutanern sei durch diese allein hervorgerufen worden; sie, die Abgesandten, seien mit Regierungsangelegenheiten vertraut genug, um beurteilen zu können, ob die Ostindische Gesellschaft nicht Veranlassung gehabt habe, sich darüber zu beunruhigen, daß 8000 bis 10 000 Bhutaner, die sich bis dahin immer in ihren Bergen gehalten hätten, nun auf einmal in die Ebenen eingebrochen seien, den Rajah von Bahar gefangen genommen, sich seines Landes bemächtigt und ihre Waffen bis an die Grenze von Bengalen getragen hätten; im Laufe des Krieges sei einiges von dem Gebiet von Bhutan erobert, ihnen aber sofort auf des Lama Ansuchen zurückgegeben worden, und weit entfernt, Eroberungen zu machen, seien die Grenzen von Bengalen dieselben wie vorher geblieben; obgleich die Engländer eine starke Armee unterhielten, sei der Krieg mit dem Deb Rajah doch der erste gewesen, den sie in vielen Jahren geführt hätten.

Der Laie nickte dazu mit dem Kopf und sagte dann, daß der Lama nach Lhasa wegen Kaufleuten geschrieben habe, daß die Tibetaner sich vor der Hitze fürchteten und sich daher nur nach Pari-jong begäben, wohin die Untertanen des Deb Rajah die Waren aus Bengalen brächten und sie gegen die tibetanischen austauschten; daß dies ein alter Gebrauch sei und sicher auch ferner beobachtet werden würde. Ich erwiderte, daß dieser Handel immer durch des Deb Rajah Untertanen getrieben worden wäre, die sich in diesem Jahre wie gewöhnlich nach Bengalen begeben hätten; daß aber außerdem früher auch ein sehr bedeutender Handel zwischen Tibet und Bengalen bestanden hätte, der zum großen Bedauern meines Auftraggebers in den letzten Jahren sehr zurückgegangen sei; es wäre überflüssig für mich, ihnen die Ursachen dieses Rückganges vorzutragen, da sie wohlbekannt mit denselben seien; der Gouverneur wünsche, diese Hindernisse wegzuräumen, und habe mir infolgedessen aufgetragen, sie dem Lama vorzustellen, der darauf darüber nach Lhasa geschrieben habe; und ich hoffte, daß der Gesub Rimpoché und die dortige Regierung gern bereit sein würden, einem so vernünftigen Vorschlag zuzustimmen. – Sie erwiderten mir, daß der Gesub Rimpoché alles tun würde, was in seiner Macht stehe, daß aber er und das ganze Land dem Kaiser von China untertänig seien. Das ist die Schwierigkeit, der ich auf allen meinen Wegen begegne.

Die Leute aus Lhasa empfahlen sich. Ich bot an, ihren Besuch zu erwidern. Sie schienen das nicht zu wünschen, sagten aber, daß sie wiederkommen würden.

Am 23. Dezember ließ mich der Lama rufen, als er in den Tempel ging. Auf seinen Wunsch wiederholte ich ihm, was zwischen mir und den Abgesandten aus Lhasa vorgegangen war. Ich berichtete ihm, daß sie gesagt hätten, der alte Brauch würde unzweifelhaft aufrecht erhalten werden; nun würde nach demselben Nepal durch seine eigenen Rajahs regiert und es habe den Kaufleuten freigestanden, durch das Land hindurch zwischen Tibet und Bengalen Handel zu treiben; ich müsse aber gestehen, daß ich nicht einsähe, wie der alte Brauch aufrecht erhalten werden könne, wenn die Regierung in Lhasa nicht den früheren Zustand in Nepal wieder herstellen oder dem Gurkha Rajah befehlen könne, die Kaufleute mit Rücksicht zu behandeln. Er erwiderte, daß er wohl wisse, daß der Handel mit Bengalen in den letzten Jahren sehr zurückgegangen sei; daß die Kaufleute früher Korallen, Perlen und feines Tuch in Menge in das Land zu bringen pflegten, was jetzt nicht mehr der Fall sei; daß man sich auf den Gurkha Rajah nicht verlassen könne, der vor einigen Jahren einige Kaufleute ermutigt habe, sich in Nepal niederzulassen, und sie zuerst gut behandelt, dann ihnen aber die Ohren abgeschnitten und sie aus dem Lande getrieben habe; er habe immer wieder ihm, dem Lama, versprochen, nie auch nur eines Fingers Breite auf sein Gebiet hinüberzugreifen, und doch habe er jetzt das Gebiet des Demo Jong angegriffen, das zu Lhasa gehöre; er, der Lama, sei von der Zuverlässigkeit meiner Vorschläge in der Handelsfrage überzeugt und habe in dem Sinne darüber nah Lhasa geschrieben und jetzt eine

Antwort von dort erhalten, in der der Gesub Rimpoché seiner Besorgnis Ausdruck gebe, bei den Chinesen Anstoß zu erregen; außerdem machten die Unruhen, die der Gurkha Rajah im Gebiet des Demo Jong hervorgerufen, den Augenblick zu einem sehr ungünstigen für die Erledigung solcher Angelegenheiten; aber er hoffe sie in ein oder zwei Jahren zu Ende führen zu können; der Debo, der mich besucht und mit mir Schach gespielt habe, sei mit zwei andern Generalen und Truppen nach Sikkim gegangen, um den Gurkha Rajah zu nötigen, das Land zu verlassen oder zu kämpfen. – Ich erwiderte, daß ich nach allem, was ich gehört, annehmen müßte, daß der Gurkha Rajah, anstatt kleiner zu werden, eher größer werden dürfte, daß er, weit entfernt, mit den gemachten Eroberungen und dem großen Gebiet, dessen er sich bemächtigt, zufrieden zu sein, nur an seine ehrgeizigen Pläne dächte; daß er Murung und Bijapur unterworfen und jetzt Sikkim angegriffen habe, nach dessen Eroberung er sich der Besitzungen des Deb Rajah bemächtigen werde; daß tatsächlich des Gurkha Rajah Ziele nur Eroberungen seien. – Der Lama mußte in den Tempel, aber als ich mich empfahl, bat er mich, nicht zu erwähnen, was er mir über die Leute aus China gesagt habe, da das eine große Sache sei. Ich versicherte ihm, daß ich über alles im allgemeinen und über dies im besonderen schweigen würde.

Am 28. Dezember hatte ich eine Audienz beim Lama, bei der nur sein Vertrauter und niemand anders zugegen war. Er ging wieder sehr ausführlich auf den Krieg des Gurkha Rajah mit dem Demo Jong ein, sowie auf die Verräterei und Treulosigkeit des ersteren ihm und der Regierung von Lhasa gegenüber. Ich wiederholte ihm meine Ansicht über den Gurkha Rajah, dessen Ehrgeiz und Fähigkeiten ihn zu Eroberungen trieben; wenn es ihm gelänge, Sikkim zu nehmen, würde er Pari-jong oder Bhutan angreifen und nachdem er den Titel »König der Berge« (Parbat-kai-Padschah) angenommen, werde er auch wünschen, es in Wirklichkeit zu sein; um

Menschen zu beurteilen, müsse man sich an ihre Handlungen halten, und ich könne nicht begreifen, wie dem Gurkha Rajah, der, nachdem er sich von einem unbedeutenden Fürsten zum Herrn von Nepal gemacht und Bijapur und Murung unterworfen und sich jetzt gegen das Gebiet des Demo Jong, eines Vasallen von Lhasa, gewendet habe, von dem Gesub und der tibetanischen Regierung mehr Vertrauen gezeigt werden könne als den Engländern, die seit 12 oder 15 Jahren nie versucht hätten, die Grenzen von Bengalen auszudehnen, die dem Deb Rajah sein Land zurückgegeben hätten und die bekannt dafür wären, ihre Verpflichtungen skrupulös zu erfüllen. – Der Lama erwiderte, daß die Augen der Lhasa-Regierung geöffnet seien und daß sie die Pläne des Gurkha Rajah jetzt in einem anderen Lichte sähen; Gesub habe über die Engländer solche Berichte erhalten, daß sein Verdacht erregt sei, »und«, fügte er hinzu, »er ist ehrgeizig und sieht die Sachen nicht in demselben Lichte wie ich«. – Ich sagte, ich hätte viel von den Fähigkeiten Gesubs gehört, aber ich glaubte, daß er in dem vorliegenden Falle blind für sein eigenes Interesse sei; ich wüßte, daß der Gurkha Rajah die Engländer fürchte, daß er auch wisse, wie streng dieselben an ihren Verträgen festhielten und wie fest sie zu ihren Freunden ständen; er habe gesehen, wie Shujau-'d-Daulahs Gebiet (des Nawab von Oudh) während 12 Jahre Frieden genossen, nur weil die Mahratten und die anderen hindustanischen Mächte gewußt hätten, daß die Engländer bereit seien, ihm zu Hilfe zu kommen; Shujau-'d-Daulah habe sogar, wenn er einen Einfall gefürchtet, manchmal die Truppen der Ostindischen Gesellschaft angerufen, die bis zu den entferntesten Grenzen seiner Besitzungen marschiert seien und später, wenn ihre Anwesenheit nicht länger erforderlich gewesen, nach Bengalen zurückgekehrt wären; ich müsse gestehen, daß ich nichts sähe, was den Gurkha Rajah mehr bewegen könne, von seinem Angriff auf Demo Jong abzustehen und sich auf sein eigenes Land zu beschränken, als die Kenntnis von dem

Vorhandensein einer Beziehung zwischen Tibet und Bengalen. Der Lama schien sehr erfreut über das, was ich ihm gesagt, und fragte, ob er es Gesub schreiben dürfte. – Ich sagte, daß er es könnte und ich nicht daran zweifelte, daß der Gouverneur bereit sein würde, seine Vermittlung eintreten zu lassen, um den Gurkha Rajah zu veranlassen, von seinen Angriffen auf Gebiete, die Lhasa untertänig seien, abzustehen, sowie daß wegen der Furcht des Rajah vor den Engländern solche Vermittlung wahrscheinlich erfolgreich sein würde; aber ich fügte hinzu, daß, falls Gesub gegen alle Vernunft und gegen das, was er von der Zuverlässigkeit und der Mäßigung der Engländer gesehen habe, fortfahre, Verdacht gegen sie zu hegen, ich und meine Auftraggeber machtlos seien. – Der Lama führte darauf aus, daß Gesubs Besorgnisse vor den Engländern nicht allein von ihm ausgingen, sondern von seiner Furcht herkämen, bei den Chinesen Anstoß zu geben, deren Reiche dies Land untertänig sei, und daß er wünschte, eine Antwort aus Peking zu erhalten. – Ich erwiderte, daß, wenn sie den Namen des Kaisers von China erwähnten, ich stumm von Verwunderung sei; nach seinem, des Lama Schreiben an den Gouverneur wie nach allen sonstigen Berichten hätten meine Auftraggeber ihn als das Haupt des Landes während der Minderjährigkeit des Dalai Lama betrachtet und angenommen, daß, obgleich der Kaiser von China der Oberherr sei, alles in seinen Händen liege, der Gesub ihm seine Ernennung verdanke und in allem seinem Rate folge; der Gouverneur habe bei seinen den Handel betreffenden Vorschlägen das Interesse Tibets ebenso wie das Bengalens im Auge; in früheren Zeiten hätten Kaufleute freien Zugang zu Tibet gehabt, durch des Gurkha Rajah Kriege und Bedrückungen während einiger Jahre sei dies verhindert worden, und der Gouverneur bäte nur, die Hindernisse zu beseitigen, die dadurch geschaffen worden wären. – Der Lama erwiderte, daß er nicht daran zweifle, daß er diesen Punkt durchsetzen würde, aber es könne ein oder zwei Jahre dauern, bis dies geschähe. Außer den Schwierigkeiten für den Handel, die des Gurkha Rajah Verhalten in Nepal verursacht hätten, verhindere sein augenblicklicher Krieg mit Demo Jong die Einfuhr von Zucker, Gewürzen, Tabak usw., und die Tibetaner beschwerten sich sehr darüber. Nachdem ich ihm für seine Absicht, den Handel in zwei Jahren eröffnen zu wollen, gedankt hatte, fügte ich hinzu, daß ich, da ich vom Gouverneur für diese Sache geschickt worden sei, nicht umhin könne, mich für den Erfolg meiner Sendung lebhaft zu interessieren; es hänge von ihm ab, ob ich nach Bengalen glücklich und mit Erfolg gekrönt zurückkehre oder mit Scham bedeckt, was sicherlich mein Los sein würde, wenn ich das, was ich auf Befehl des Gouverneurs ihm vorgetragen, nicht erlangte.

Am 30. Dezember kamen die Leute von Gesub Rimpoché, um von mir Abschied zu nehmen. Ich erwähnte ihnen gegenüber, daß es meine Absicht gewesen sei, ihren Besuch zu erwidern; sie hätten dies jedoch abgelehnt, ich hätte mir aber vorgenommen, durch sie an Gesub Rimpoché zu schreiben, und bäte sie, sich meiner Briefe annehmen zu wollen. – Sie sagten, daß, wenn ich in dem Briefe nur den Empfang des chinesischen Branntweins usw. erwähnen wollte, sie ihn mitnehmen würden, wenn ich aber etwas über Geschäfte oder die Kalmücken schriebe, was Gesub oder das Land in Ungelegenheiten bringen könne, sie ihn nicht mitnehmen könnten. – Ich muß gestehen, daß diese Antwort mich überraschte. Ich erwiderte, daß, da ich zum Teschu Lama geschickt worden sei und unter seinem Dache lebte, ich ihn um seine Ansicht gefragt hätte, ob ich an Gesub schreiben sollte, daß er mir dazu durch den Gosain geraten habe und daß ich nichts schreiben würde, was ich dem Lama nicht vorher mitgeteilt und wozu ich seine Zustimmung erhalten hätte; ich wäre erstaunt, daß sie besorgt schienen, daß ich etwas zu schreiben imstande sein würde, das den Gesub in Verlegenheit bringen könnte; ich sei in ihr Land mit einem reinen Herzen gekommen und wünschte ihnen und dem Gesub Rimpoché alles Gute. Sie sprachen dann den Wunsch aus, daß ich ihnen eine Abschrift des Briefes geben möchte, den ich an den Gesub schreiben würde. – Ich antwortete, daß ich den Brief und die Abschrift an den Teschu Lama geben würde, der ihnen denselben zeigen könnte, wenn er wollte. Ich fügte hinzu, daß ich den Grund von Gesubs Besorgnissen wissen wollte, und da ich die Ehrlichkeit der Absichten meiner Auftraggeber kennte, bereit wäre, ihm jede Aufklärung zu geben. – Ihre Antwort war, daß sie gekommen wären, um von mir Abschied zu nehmen, viel Reden sei nicht die Gewohnheit des Landes, und sie wünschten mir eine glückliche Rückreise nach Bengalen. – Ich versuchte, sie dazu zu bringen, daß sie hörten, was ich zu sagen hätte, und wollte das Gespräch auf die Handelsfrage bringen. Aber es half nichts, und so trennten wir uns.

Die Unterhaltung machte mir mehr Sorge als irgend etwas anderes in Tibet. Ich suchte sofort um eine Audienz beim Lama nach und wurde vorgelassen. Ich wiederholte ihm, was vorgefallen sei. Er sagte, die Leute von Lhasa seien geringes Volk und verständen es nicht besser. Ich erwiderte, daß, falls ich geglaubt hätte, daß das, was sie gesagt hätten, nur von ihnen ausgegangen sei, mich das wenig beunruhigt haben würde, ich hätte aber allen Grund, ihre Gesinnungen als die Gesubs anzusehen, und könnte nicht umhin, anzunehmen, daß er mich beargwöhne, ins Land gekommen zu sein, um Unruhen anzustiften; Gott sei mein Zeuge, daß ich ihm, dem Lama, und dem Lande alles Gute wünsche und daß ich einen Verdacht des Verrates oder der Falschheit nicht ertragen könne. Ich war sehr aufgeregt und sprach dies mit einiger Wärme. Der Lama suchte mich zu beruhigen. Er sagte, daß der Gesub unbekannt mit dem Charakter der Engländer sei. »Aber«, fügte er hinzu, »in jedem Falle wird der Dalai Lama in einem Jahre großjährig sein und dann Gesubs Herrschaft zu Ende sein.« Ich sagte ihm, daß ich ihn vorher hätte fragen lassen, ob es sich schicke, daß ich an Gesub schriebe, und daß ich jetzt gekommen sei, um, nachdem ich ihm erzählt, was zwischen mir und Gesubs Agenten vorgegangen sei, ihn um seinen Rat und seine Ansicht zu fragen. Ich las ihm darauf den Entwurf des Schreibens vor, das ich an Gesub zu senden gewillt war. »Jedes Land«, bemerkte der Lama, »hat seine eigene Art und Weise zu schreiben; wenn Sie es gestatten, will ich den Brief für Sie schreiben.« Ich nahm sein Anerbieten an, er rief sofort einen von seinen Leuten, hieß ihn sich hinsetzen und diktierte ihm den Brief an Gesub Rimpoché in meinem Namen in tibetanischer Sprache, indem er ihn mir zugleich auf hindustanisch erklärte. Soweit ich mich erinnere, lautete er wie folgt:

»An Gesub Rimpoché. (Folgen einige Komplimente.)

Ich habe den chinesischen Wein, Fische, Pilze, Biskuits usw. erhalten, die Sie so freundlich gewesen, mir in großer Menge zu senden, und die alle in ihrer Art vortrefflich waren. Möge Ihr Land Ruhe und Sie selber Glück genießen. Ich ersuche Sie im Namen des Gouverneurs, meines Herrn, daß Sie den Kaufleuten gestatten wollen, zwischen Tibet und Bengalen Handel zu treiben. Ich habe Ihnen ein Gewehr, ein Stück feines Tuch und ein Schnupftuch geschickt, durch deren Annahme Sie mich verbinden würden.«

Nachdem der Brief geschrieben war, verabschiedete ich mich vom Lama.

Am nächsten Tag schickte ich den Brief mit dem Tuch usw. an Gesubs Diener durch einen von des Lama Leuten und bat ihn, denselben zu sagen, wie sehr ich über das Vorgefallene bekümmert sei; daß, wenn Gesub trotz allem mich im Verdacht hätte und sie nicht hören wollten, was ich zu sagen hätte, um mich davon zu befreien, ich hilflos sei, daß ich einen Brief usw. an Gesub geschrieben, den ich sie bäte, an ihn zu besorgen, und daß, wenn sie seinen Inhalt zu wissen wünschten, sie sich an den Lama wenden möchten, der ihn gesehen und gebilligt habe. Sie ließen mir darauf sagen, daß

Gesub Rimpoché, der Regent in Lhasa

sie betrübt und beschämt über das wären, was sich bei unserer letzten Zusammenkunft zugetragen hätte, daß sie den Brief an Gesub überbringen und ihm treu alles mitteilen wollten, was ich gesagt hätte. Daraus ersah ich, daß der Lama mit ihnen gesprochen hatte.

Es mag sonderbar erscheinen, daß ich, obgleich ich so vielen Unannehmlichkeiten dadurch ausgesetzt war, daß sich der Sitz der Regierung in Lhasa befand, dem Lama niemals vorgeschlagen habe, mich dorthin zu begeben, und es ist daher notwendig, daß ich meine Gründe dafür anführe. Ich hatte jede Veranlassung, nach dem Briefe Gesub Rimpochés an den Lama, nach den Gesprächen mit dem letzteren und nach anderen mir gewordenen Mitteilungen, anzunehmen, daß Gesub sehr argwöhnisch gegen mich sei; daß er mich als einen Spion ansehe, der gekommen sei, die »Nacktheit des

Landes« auszuspähen, und daß er glaube, daß die Engländer Absichten auf Tibet hätten. Ich mußte daher voraussetzen, daß er meinen Besuch nicht annehmen würde, so lange er in dieser Gesinnung verharrte, während ich auf der anderen Seite hoffen durfte, daß die Briefe des Lama und die Vorstellungen des Chauduri, eines Mannes, dessen Beziehungen zu mir ich später erwähnen werde, ihn vielleicht dazu bewegen könnten, eine vorteilhaftere Meinung von mir und meinem Geschäft zu fassen. Ein anderer Punkt war, daß ich in der Eigenschaft, die ich als im Auftrage der Ostindischen Gesellschaft gesandt besaß, nicht nach Lhasa gehen konnte, ohne passende Geschenke für Gesub, den Dalai Lama und vielleicht die chinesischen Beamten mitzunehmen, die ich zu beschaffen nicht in der Lage war.

Ich besuchte den Lama am 13. Januar, und er kam selbst auf den Gegenstand zu sprechen. Er sagte, daß, da ich so weit gekommen, er sich sehr freuen würde, wenn ich auch Lhasa sehen könnte; Gesub sei aber dagegen und habe geschrieben, er sollte mich bei sich behalten und ich sollte nicht nach Lhasa gehen; wenn ich indessen einige meiner Leute nach dort zu senden wünschte, werde er ihnen Pässe ausstellen und sie könnten mir nachher eine Schilderung von Lhasa und von allem, was ich wissen wollte, geben. – Dadurch kam ich in die Lage, ihm eine bestimmte Antwort erteilen zu müssen. Ich erwiderte ihm, daß ich sehr unangenehm davon berührt sei, daß Gesub noch fortführe, solchen Argwohn gegen mich zu hegen, und sich einbilde, daß ich mit der Absicht gekommen sei, einen unfreundlichen Bericht über dieses Reich zu machen; ich verstände nichts von Landesaufnahmen oder Krieg und Dr. Hamilton ebensowenig; was das Land angehe, könne der Gosain, der in Kalkutta gewesen, ihm sagen, daß der Gouverneur Karten von demselben habe und die Namen der hauptsächlichsten Plätze, Lhasa, Chamnamring, Schigatzé, Janglaché, Giansu, Painám usw. kenne; ich wollte ihm gestehen, daß ich, nachdem ich so weit hergekommen und nur einige Tagereisen von Lhasa entfernt sei, mich freuen würde, auch diese Stadt zu sehen. Ich täte dies aber aus einem ganz anderen Grunde als aus dem, den Gesub voraussetze; der Besuch von Lhasa würde mir bei meinen Landsleuten zu Ansehen und Ruhm gereichen, und ich wagte auch zu hoffen, daß Gesub, nachdem er mich gesehen und mit mir gesprochen, seine Auffassung ändern und seinen Argwohn fallen lassen werde. – Der Lama meinte darauf, daß das sehr richtig sei, aber Gesubs Herz sei eng und argwöhnisch, und um die Wahrheit zu sagen, sei er nicht sicher, die Zustimmung desselben zu meinem Besuch zu erlangen, aber ich könnte einige meiner Leute senden. »Ich will Ihnen«, fuhr er fort, »einen Beweis von der Engherzigkeit Gesubs geben. Der Gurkha Rajah hat einige Agenten mit Briefen für mich und ihn an mich geschickt; sie sind jetzt in Kuti, der Grenzstadt von Nepal, und Gesub will sie nicht nach Tibet hineinlassen, außer anderen Gründen auch deshalb, damit sie nicht die Art und Weise kennenlernen, wie die Kalmücken zu Pferde fechten, die auch in Tibet geübt wird (er stellte sie dabei durch Bewegungen dar) und die sie den Leuten des Gurkha Rajah lehren könnten.« Ich erwiderte, daß, wenn meine Leute nach Lhasa gingen, sie davon Vorteil haben würden und nicht ich, und was das anbeträfe, daß sie mir eine Beschreibung der Stadt geben könnten, so läge mir nichts daran; er sei ja in der Lage, am besten über meine Gleichgültigkeit in dieser Beziehung zu urteilen, da ich so lange in Teschu Lumbo gewesen sei und nicht einmal Schigatzé, eine Stadt in der Nachbarschaft, besucht hätte. – In Wahrheit hatte ich meine Neugierde nur darum gezügelt, um nicht dem Glauben, daß ich gekommen sei, das Land zu untersuchen und auszuspionieren, Nahrung zu geben, da Schigatzé unter von Lhasa geschickten Beamten steht.

Der Lama bot mir darauf an, mir eine Karte von Tibet von Ladak bis zur Grenze von China zu geben mit den Namen der Plätze und ihren Entfernungen. Das war ein herrlicher

Gegenstand, und ich wußte, daß seine Beschaffung großen Glanz auf meine Sendung werfen würde. Aber ich dachte daran, daß die Ostindische Gesellschaft kein anderes Interesse als das des Handels an diesem Lande habe und daß eine Anzahl ausländischer Namen zu kennen und die Geographie von Tibet zu berichtigen, so sehr es auch die Geographen und Kartenhändler interessieren möchte, doch für meine Auftraggeber und die Menschheit im allgemeinen nicht von Nutzen sein würde, sowie daß ich durch die Annahme des Anerbietens wichtigere Sachen opfern und die Eifersucht erregen könnte, die mir bis jetzt bei allen meinen Verhandlungen so sehr im Wege gestanden hatte. Ich antwortete daher dem Lama, nachdem ich ihm für sein freundliches Anerbieten gedankt hatte, in derselben gleichgültigen Weise, daß die Lage des Landes, seine Stärke, Truppenzahl usw. meine Auftraggeber nicht interessierten; daß die Ostindische Gesellschaft Tibet als so weit von Bengalen gelegen und durch solche Berge von ihm getrennt ansehe, deren Schwierigkeiten ich ja nur zu gut kennen gelernt hätte, daß sie nicht im Traum an eine Gefahr dächte, die Bengalen von dort drohen könne, und dieselben Ursachen, selbst wenn die Gesellschaft Absichten für die Ausdehnung ihres Gebietes hätte, die sie, wie ihre Handlungsweise zeigte, nicht besäße, Tibet ebenso gegen einen Angriff von Bengalen schützten; und daß, wenn ich eine Karte des Landes annähme, ich dadurch Gesub nur Grund für seinen Argwohn geben würde.

Er erwiderte, daß Gesub davon nichts erfahren würde. – Ich antwortete, daß ich dafür die Verantwortung nicht übernehmen könne und die Sache in jedem Falle meine Auftraggeber nicht interessiere; freilich würde ich sehr zufrieden sein, wenn ich etwas über die Gesetze und Sitten Tibets erfahren könnte, weil, da jedes Land in einigen dieser Punkte die anderen übertreffe, es die Aufgabe eines Reisenden sei, sich darüber zu unterrichten und was sich als gut erweise, anzunehmen; ich wollte ihm gern gestehen, daß der

Gouverneur mir aufgetragen habe, mich nach ihren Sitten zu erkundigen, aber auch, mich in keiner Weise um die Stärke oder Streitkräfte Tibets zu kümmern. – Er schien sehr zufrieden mit dem, was ich ihm sagte, und erwiderte, daß er seine Leute beauftragen werde, mir alle Einzelheiten über die Gesetze und Sitten des Landes aufzuschreiben, die ich zu wissen wünschte.

Der 19. Januar war der erste Feiertag des Jahreswechsels. Ich ging in den Tempel, um die Zeremonie zu sehen. Bevor sie begann, rief mich der Lama in eine Kammer und erzählte mir, daß die Agenten des Gurkha Rajah, die so lange an der Grenze aufgehalten worden waren, angekommen wären; daß der erste derselben ein Gosain sei, der sich früher lange in Tibet aufgehalten; er habe einen Brief von dem Gurkha Rajah gebracht, in dem alles stände, aber er sei in Nayari geschrieben und er habe ihn zum Übersetzen gegeben, würde mir aber nachher den Inhalt mitteilen; der Gurkha Rajah nenne sich darin den »König der Berge« (Parbat-kai-Padschah), auch habe er früher nur Früchte als Geschenk geschickt, diesmal aber wertvollere Gaben. Er fügte hinzu, daß er verstanden habe, daß der Kerant Rajah[1], als sein Land von den Gurkha Rajah erobert worden, sich zu dem Demo Jong geflüchtet habe, aber nachdem er bei Ausbruch der Feindseligkeiten zwischen dem Gurkha Rajah und dem Demo Jong gefunden habe, wie wenig sicher die Lage sei, in der Richtung auf Purneah weitergeflohen sei. Der Lama fragte mich dann, was ich von dem Gurkha Rajah dächte und ob er jemals die Engländer angegriffen habe oder in Bengalen eingefallen sei? – Ich gestand, daß ich wenig von ihm gehört gehabt, ehe ich hierher gekommen; daß ich von dem, was er mir zu sagen die Güte gehabt und was ich sonst von der Zahl der Truppen, die er unterhielt, wie davon gehört hätte, daß er jedes Jahr einen

---

1 Kirats oder Kirantis, ein Stamm im östlichen Nepal, in der Nähe der Lepchas, von denen sie durch den Arun-Fluß getrennt sind. (M)

neuen Krieg begänne und neue Eroberungen mache, wie von seinem erneuten Einfall in das Gebiet des Demo Jong annehmen möchte, daß er danach strebe, sich zum Herrn des ganzen Berglandes zu machen; daß ich, da ich nicht wüßte, warum er seine Agenten gesandt habe, auch nichts darüber sagen könne; falls er gleichzeitig seine Truppen aus des Demo Jong Lande zurückzöge, möchte ich annehmen, daß es ihm Ernst mit seinen Freundschafts- und Mäßigungsversicherungen sei; ich könne aber einen Mann nicht verstehen, der, während er mit der einen Hand Freundschaftsversicherungen anbiete, in der anderen ein Schwert trage. – »Wir werden sehen«, sagte der Lama. »Inzwischen hat der Gesub Rimpoché 18 000 Mann unter dem Deb Patza geschickt, zusammen mit einem Priester oder niedrigeren Lama, um gleich vorbereitet für Krieg und Frieden zu sein.« Er sagte mir auch, daß der Gurkha Rajah ganz bedeckt mit Flecken und Schwären sei und seine Gesundheit sehr schlecht sei. – Der Gottesdienst begann und der Lama ging in den Tempel.

Am 19. hatte ich eine andere Audienz beim Lama im Tempel zwischen den Gottesdiensten. Er sagte mir, der Gurkha Rajah habe nicht nur an ihn, sondern auch an den Dalai Lama, an Gesub Rimpoché und an den Gubschay Pundita geschrieben, der einer der Minister in Lhasa ist; in den Briefen erwähne er, daß er Kerant, Murung unterworfen habe; er schreibe auch, daß er mit diesem Lande keinen Streit suche, er aber, wenn sie an Krieg dächten, sie benachrichtige, daß er wohlvorbereitet für denselben wäre, und sie bäte, nicht zu vergessen, daß er ein Rajput sei; er wünsche Faktoreien in Kuti, Kerant und einem anderen Platze an der Grenze zwischen Tibet und Nepal zu errichten, wo die Kaufleute die Waren seines Landes und die aus Bengalen kaufen könnten, und erbäte ihre Zustimmung dazu; den gewöhnlichen Handelsartikeln wolle er freien Durchgang durch sein Land gestatten, aber nicht Glas und anderen Kuriositäten, und er bäte sie, die Einfuhr davon auch zu verbieten; er ersuche sie ferner, nichts mit Fringies oder Moghuls (Mongolen) zu tun zu haben und sie nicht ins Land zu lassen, sondern dem alten Brauch treu zu bleiben, was er auch zu tun gewillt sei; ein Fringy sei jetzt zu ihm in Geschäften gekommen, aber er beabsichtige, ihn zurückzuschicken, und ersuche sie, dasselbe mit uns zu tun; er habe auch wegen der Zulassung seiner Münzen zum Verkehr geschrieben und 2000 Rupien zu dem Zweck mitgeschickt. Der Lama fragte mich dann wegen des Fringy, der beim Gurkha Rajah sei, aber da ich ganz im Dunkel darüber war, konnte ich ihm keinerlei Auskunft geben. Der Lama verlangte bei dieser Gelegenheit nicht, meine Ansicht über des Gurkha Rajah Brief zu hören, und ich machte daher auch keine Bemerkungen über den Gegenstand.

Am 26. Januar besuchte ich den Lama. Es war der erste Tag des tibetanischen Jahres, und Geschäfte wurden nicht gemacht.

Am 24. Februar machte ich dem Lama meine Aufwartung, um mich für einige Tage von ihm zu verabschieden, die ich mit seinen Neffen auf ihrer Besitzung bei Rinjaitzay zubringen wollte, die ungefähr zwei Tagereisen von Teschu Lumbo entfernt ist.

Ich kehrte am 2. März zurück und hatte am 3. eine Audienz beim Lama. Nach Glückwünschen zu meiner Rückkehr und Fragen über die Bewirtung, die mir seine Neffen hätten zuteil werden lassen, sagte er mir, daß der Bote, den er nach Lhasa geschickt, zurückgekehrt sei und die Nachricht gebracht habe, daß Gesub jetzt außer Gefahr sei; nach seiner Erkrankung hätten die chinesischen Beamten einige Beschwörer über sein Schicksal befragt, die eine orakelhafte Antwort gegeben hätten; sie hätten auch Boten nach Peking geschickt, und er habe die letzte Ölung empfangen und wäre mehrere Tage mit seinen Augen auf den Boden gerichtet und sozusagen bewußtlos geblieben, aber da die Heftigkeit der Krankheit nachgelassen, sei er jetzt imstande, im Zimmer herumzugehen, könne sich aber noch nicht auf Geschäfte einlassen. Der Lama erzählte mir ferner, daß sich das Gerücht von dem Tode des Gurkha Rajah[2] bestätige und er Briefe aus Lhasa erhalten habe, die einen Bericht darüber enthielten, sowie daß auch die Nachrichten der Gosains und Kaschmiri dies ebenfalls meldeten; drei seiner Frauen und sechs Beischläferinnen hätten sich bei seinem Begräbnis verbrannt; sein Sohn Sing Pertab sei ihm nachgefolgt. Der Lama teilte mir ferner mit, daß nach in Lhasa eingetroffenen Nachrichten die Chinesen endlich mit Hilfe einer ungeheuren Streitmacht Ribdyen Gyripo (den aufständigen Häuptling eines Turpan- oder tibetanischen Stammes in Szechuen, der mit einigen tausend braven Anhängern sich und sein Bergland gegen die vereinigten Streitkräfte des ganzen chinesischen Reiches verteidigt hatte) besiegt hätten; sie hätten sich auf Wegen, die sie mit unendlicher Mühe und Arbeit durch die Berge gelegt, beinahe seiner Hauptstadt genähert, worauf der Kampa-Häuptling sich aus Verzweiflung von den Mauern herabgestürzt habe. Er sagte mir auch, daß der Dalai Lama sich im nächsten Jahre nach Peking begeben werde, um dem Kaiser seine Aufwartung zu machen. Meinen Teil an der Unterhaltung brauche ich nicht zu wiederholen.

Am 18. März hatte ich einen Besuch von dem Agenten von Nepal. Ich sagte ihm, daß ich von aller Welt von des Gurkha Tod gehört habe, ob er irgendwelche Nachrichten darüber empfangen habe? Er erwiderte, daß er keine habe und er daher auch den Newars (den Eingeborenen von Nepal) nicht befohlen habe, sich die Bärte und Augenbrauen abzuschneiden. Er sprach indessen davon, als ob kein Zweifel daran bestehen könnte. Er fügte hinzu, daß einige von des Gurkha Rajah Sepoys nach Kuti gekommen seien, was Gesub Rimpoché übel vermerkt und deshalb an den Lama geschrieben

2 Der Rajah Bertab Sing Sa dewa starb 1775. Sein Sohn, der von 1780 bis 1815 regierte, war Girwan Yudh Vikrama Sah deva. (M)

habe, der mit ihm darüber gesprochen; er habe ihm erwidert, daß sie gekommen seien, um den bhutanischen Truppen ihr Exerzieren zu lehren, aber der Lama habe gemeint, es sei nicht erforderlich, daß sie neue Regeln lernten.

Ich hatte bis zum 15. März keine neue Gelegenheit, dem Lama aufzuwarten. Er sagte mir dann, daß er so beschäftigt mit einigen Kalmücken gewesen sei und so viel in deren Sachen zu schreiben gehabt habe, daß es ihm nicht möglich gewesen sei, mich früher zu sehen; vor mehreren Jahren sei ein tatarischer Stamm, die russische Untertanen gewesen, zu den Chinesen übergegangen, wovon ihm der Kaiser von China schriftlich Mitteilung gemacht und sich zu der Tatsache wie zu einem Glücksfall beglückwünscht habe; die Russen hätten seitdem vier Botschafter nach China geschickt, um ihre Vasallen zurückzuverlangen, dieselben seien ins Gefängnis geworfen worden, ebenso wie, wenn ich richtig verstanden habe, einige andere Russen, die dann mit demselben Auftrage geschickt worden seien und um die Freilassung der früheren Gesandten zu verlangen. Die Russen hätten die Feindseligkeiten noch nicht begonnen, aber er glaube, daß der Krieg nicht fern sei. Ich sagte ihm, daß die Russen, da sie einen großen Krieg mit den Türken hätten, schwerlich daran denken würden, einen anderen mit den Chinesen anzufangen und so zu gleicher Zeit mit zwei mächtigen Nachbarn zusammenzustoßen; aber ich zweifelte nicht, daß, sobald sie ihren Frieden mit dem Sultan von Rum gemacht hätten, sie das Betragen der Chinesen scharf ahnden würden. Der jetzige Herrscher von Rußland, obgleich eine Frau, sei sehr fähig und tätig, da sie ihre Truppen selbst besichtige, alle Botschafter selbst empfinge und jedes Departement ihrer Regierung selbst beaufsichtige; die Russen seien ebenfalls ein sehr kräftiges und kriegerisches Volk und großer Anstrengung fähig, und ich zweifelte, daß die Chinesen imstande sein würden, gegen die russischen Truppen aufzukommen, die seit langem an wirklichen und schweren Dienst gewöhnt gewesen wären. – Der Lama erwiderte, daß das sehr wahr sei; frühere Kaiser würden diese Umstände wohl in Betracht gezogen haben, der gegenwärtige aber sei zu heftig und zu kriegslustig, um auf Rat zu hören; er sei außerdem darüber gereizt, daß die Russen den Tsungaren, einem tatarischen Stamm, den er unterworfen, Zuflucht gewährt hätten; die Dinge müßten nun ihren Lauf nehmen und er fürchte, daß weder seine noch seines Freundes, des Lama von Peking, Vorstellungen den Krieg würden verhindern können.

Am 27. März kamen einige Kaschmiri-Kaufleute zu mir, die, nachdem sie nach der Gewohnheit des Landes mir seidene Taschentücher überreicht, mir mitteilten, daß sie auf Befehl des Lama kämen, der an ihre Prinzipale in Lhasa geschrieben (denn in Schigatzé sind nur Agenten) und sie benachrichtigt hätte, daß der Gouverneur ihm geschrieben und ich ihm den Wunsch desselben vorgestellt hätte, den Handel zwischen Tibet und Bengalen zu eröffnen, so daß Kaufleute unbehindert zwischen beiden Ländern Handel treiben könnten usw. Ich kann nicht sagen, ob das alles in dem Briefe des Lama gestanden oder er es ihnen persönlich gesagt hat, denn sie sagten, daß sie bei ihm gewesen seien und er gewünscht hätte, daß sie zu mir kämen. Ich sagte ihnen, daß der Gouverneur mich allerdings beauftragt habe, dem Lama vorzustellen, daß der Handel mit Bengalen während der letzten Jahre aus den bekannten Gründen zurückgegangen sei, und seine Unterstützung anzugehen, um ihn wieder auf die frühere Höhe zu bringen, was der Lama auch versprochen habe bestens zu tun. Ich setzte ihnen dann auseinander, welche Schritte in Bengalen geschehen seien, um den Kaufleuten ihr Geschäft zu erleichtern, daß man die alten Zollstationen und Erpressungen vom Handel abgeschafft habe, indem man die Zölle nur auf zwei Rupien vom Hundert festgesetzt habe und den Kaufleuten jeden Schutz und Ermutigung gewähre; wenn sie Agenten nach Bengalen senden wollten, könne ich ihnen die Versicherung erteilen, daß der

Gouverneur denselben jede Sicherheit und Unterstützung zuteil werden lassen werde; die einzige Schwierigkeit liege in dem Wege, auf dem sie nach Bengalen gelangen könnten; ich hätte gehört, daß sie sich fürchteten, durch Nepal zu gehen, zu dem jetzt Murung und Bijapur gehörten, es bleibe also nur des Deb Rajah Land übrig, der nur einem oder zwei Kaufleuten die Erlaubnis gegeben habe, Waren durch sein Land zu transportieren; daß ich ihm gegenüber den Gegenstand nur leicht berührt und ihn zurückgestellt hätte, bis ich den Lama gesehen und seine Befehle empfangen haben würde. Ich würde aber jede Überredung und jedes Mittel anwenden, um des Rajah Zustimmung zu erlangen; ich wäre überzeugt, daß der Lama mich in meinen Bemühungen unterstützen würde, und ich hoffte daher auf einen guten Erfolg derselben, könnte aber nichts Bestimmtes über die Entschlüsse von Leuten sagen, mit denen ich nur wenig bekannt sei.

Sie erwiderten, daß sie nach des Lama Äußerungen und Versicherungen nicht an des Deb Rajah Erlaubnis zweifelten, durch sein Land passieren zu dürfen; nach ihrem unglücklichen Kriege und nachdem die Bhutaner ihr Land wieder zurückerhalten hätten, glaubten sie, daß der Deb Rajah sehr bereit sein würde, jede Forderung der Ostindischen Gesellschaft zu bewilligen, da er befürchten müsse, daß im Falle einer Weigerung die Gesellschaft wieder in sein Gebiet einfallen werde; sie schlossen damit, daß ich ihm ja damit drohen könne. – Ich sagte ihnen darauf, daß ich nicht ermächtigt sei, ihm gegenüber solche Sprache zu führen, und daß alles, was ich mit dem Deb Rajah abmache, durch friedliche und freundliche Mittel bewirkt werden müsse; die Gesellschaft habe auf das Schreiben des Lama an den Gouverneur des Deb Rajah Land zurückgegeben und mit ihm einen Frieden abgeschlossen, der nach den Grundsätzen der englischen Regierung für sie für immer unverletzlich bleiben müsse. – Die Kaufleute bemerkten, daß der Gurkha Rajah jetzt gestorben sei, und sie hofften, daß sein Sohn sich den

Kaufleuten günstiger erweisen würde und im Falle einer Weigerung des Deb Rajah des Gouverneurs Ansuchen an den neuen Rajah von Nepal, Sing Pertab[3], sicherlich freien Durchgang für sie herbeiführen werde. – Ich antwortete, daß ich, da ich mit dem Charakter Sing Pertabs und den Maßregeln, die er zu treffen beabsichtige, unbekannt sei, nichts über diesen Punkt sagen könne; wenn er in die Fußstapfen seines Vaters trete, Versprechungen und Eide nur leiste, um sie zu brechen, und immer mit Kriegen beschäftigt sei, sei es für meine Auftraggeber schwer, mit ihm in freundschaftliche Beziehungen und Verhandlungen zu treten; wenn er sich mit dem ruhigen Besitz seiner Gebiete begnüge, könne der Gouverneur ihm einen Agenten schicken und um Sicherheit und Schutz für die Kaufleute nachsuchen; ich müßte aber annehmen, daß er in diesem Punkte wie in allem, was die Bergländer angehe, die Bengalen von Tibet trennten, besonders durch die Ansichten des Lama beeinflußt werden werde, dessen Charakter und Fähigkeiten ihn besonders in den Stand setzten, über die Maßregeln zu urteilen, die in betreff der Staatshäupter befolgt werden müßten, die seine Untertanen seien. – Ich fragte dann, zu welcher Zeit sie beabsichtigten, ihre Agenten nach Bengalen zu entsenden, und erhielt die Antwort: nach der Regenzeit. Sie baten mich zugleich um Briefe für die Leute an der Grenze von Bengalen, da sie dort ganz fremd seien. – Ich versprach ihnen Schreiben für einige meiner Bekannten und bot ihnen an, falls sie dies wünschten, an die Killadars der Grenzprovinzen zu schreiben, damit dieselben ihnen jede erforderliche Unterstützung zuteil werden ließen; in Bengalen würden jedoch Kaufleute immer gut empfangen und hätten nichts zu fürchten. Ich erinnere mich nicht, daß irgend etwas anderes von Wichtigkeit vorgekom-

3 Der 1775 starb; ihm folgte ein Regent Bahadur Sah, der 1800 von dem Adel abgesetzt wurde, worauf der vorerwähnte Girwan Yudh die Regierung antrat. (M)

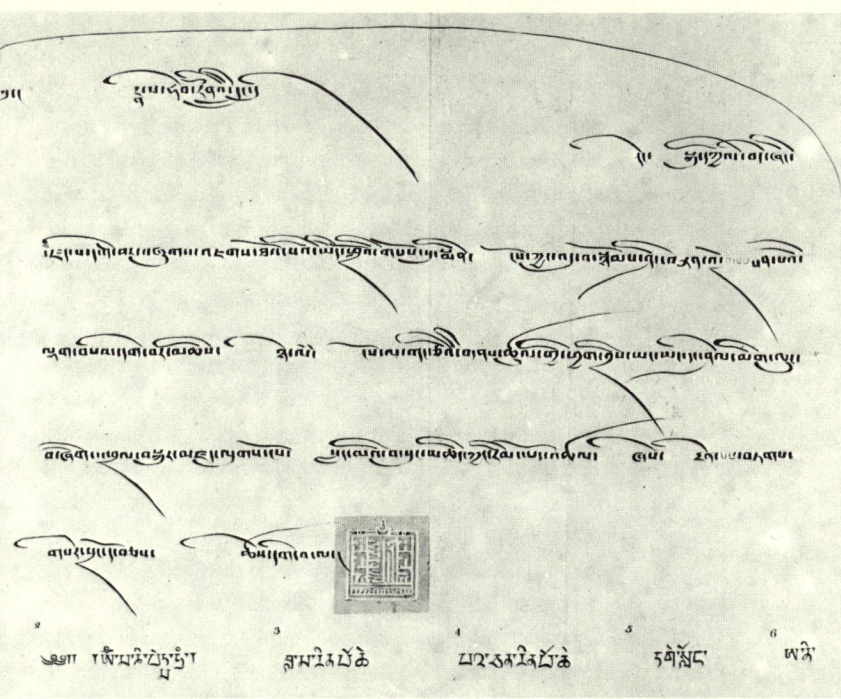

Kurzer Brief des Deb Rajah in der Umin-Schrift (Geschäfts- und Briefschrift; Zeile 1–6), nebst einigen Worten in der Uclen-Schrift (geschriebene und gedruckte Buchstaben in gelehrten und religiösen Werken; letzte Zeile)

men wäre. Ehe sie mich verließen, baten sie mich, den Lama zu benachrichtigen, daß sie mich in Befolgung seiner Befehle besucht hätten.

Am 29. März besuchten mich ewa ein Dutzend der bedeutendsten tibetanischen Kaufleute. Sie handeln hauptsächlich mit Tee, einige von ihnen im Betrage von zwei oder drei Lakh im Jahr, obgleich man das ihren Kleidern nicht ansehen würde. Sie sagten mir auch, daß sie auf Befehl des Lama kämen; sie hätten ein Schreiben von ihm aus Descheripgay erhalten, das ihnen riete, Agenten nach Bengalen zu senden, und er habe ihnen dasselbe mündlich in Teschu Lumbo wiederholt. Sie fügten hinzu, daß sie in einem kalten Klima geboren wären und sich fürchteten, sich in ein heißes zu begeben; ihre Leute würden in Bengalen sterben; aus Überlieferungen wüßten sie, daß die Leute dieses Landes vor ungefähr 800 Jahren nach Bengalen zu gehen pflegten, aber daß acht Leute von zehn gestorben wären; die Kaschmiri und Gosains könnten nach verschiedenen Ländern reisen, aber sie vermöchten das nicht. Ich antwortete, daß ich ihnen nur den Schutz und die Hilfe der bengalischen Regierung versprechen könne, das Klima läge in Gottes Hand; ich gab ihnen dann eine Schilderung des Klimas von Bengalen während des kalten Wetters und fügte hinzu, daß, wenn sie sich fürchteten, ihre Diener dorthin zu entsenden, die Kaschmiri und Gosains sie mit dem Nötigen versorgen könnten, was für die Leute von Bengalen und Tibet auf dasselbe herauskäme. Ich betonte besonders den Wunsch des Lama, den Frieden der Welt zu erhalten und den Handel der Kaufleute und das Glück der Menschheit zu fördern, und sie rühmten dagegen die liberale und gerechte Regierung der Engländer, von der der Lama sie benachrichtigt habe.

Da einige alte Leute unter ihnen waren, fragte ich sie, in welchem Verhältnis die heute aus Bengalen eingeführten Waren zu den in früheren Zeiten eingeführten stehen möchten. – Sie wollten kein bestimmtes Verhältnis angeben, sagten aber, daß früher viel Korallen, feines Tuch usw. durch Nepal gekommen seien, aber jetzt hauptsächlich durch die Fakire gebracht würden, die sie ins Land schmuggelten. Sie fügten hinzu, daß, was Tibet angehe, die Leute der Ansicht seien, daß es sehr reich wäre, weil Gold in ihm produziert würde; dies sei aber nicht der Fall, und wenn außergewöhnliche Mengen Goldes nach Bengalen geschickt würden, würde der Kaiser von China, der der Souverän des Landes sei, damit unzufrieden sein. – Ich erwiderte, daß der Handel zwischen Bengalen und Tibet nichts Neues sei und für viele hundert Jahre stattgefunden habe und daß der Gouverneur nichts weiter wünsche, als ihn auf den früheren Stand zurückzuführen. Sie schienen sehr zufrieden damit zu sein und verließen mich, nachdem sie mich gebeten hatten, dem Lama ihren Besuch mitzuteilen.

Ich machte dem Lama am 1. April einen kurzen Besuch. Er sagte mir, daß Gesub Rimpochés Regierung sich ihrem Ende nahe und er wünsche, daß, wenn der Dalai Lama seine Großjährigkeit erreicht hätte, der Gouverneur eine Gesandtschaft an ihn schicken möge. Er fügte dann hinzu, daß, falls ihm ein Platz an den Ufern des Ganges verliehen würde, er den Gosain, der in Kalkutta gewesen, dahin setzen würde; er hoffe, daß, wenn derselbe in einer Kleinigkeit etwas gebrauche, ich ihn unterstützen würde. – Ich fragte ihn, in welcher Gegend des Landes er den Platz wünschte. – Er erwiderte: so nahe als möglich bei Kalkutta, damit die Leute, die er dorthin zu senden beabsichtige, Gelegenheit hätten, dem Gouverneur aufzuwarten; das Übrige überließe er dem Gouverneur und den Pundits, nur müsse es nahe am Ganges sein. Er erzählte mir ferner, daß die Truppen unter dem Befehl von Deb Patza zurückgekehrt seien, da sie wegen des vielen Schnees, der die Wege unpassierbar mache, nicht hätten vorwärts kommen können, und daß Gesub Rimpoché sehr ärgerlich auf den Befehlshaber sei und ihm befohlen habe, zurückzukommen; er habe ein Schreiben von dem Befehlshaber der Gurkhatruppen erhalten, der erwähne, daß er wegen des Todes seines Herrn von allen kriegerischen Unternehmungen absehen wolle und einen dreijährigen Waffenstillstand vorschlage. Der Lama gab mir dann ein persisches Schriftstück, das Notizen enthielt, deren ich, wie er sagte, mich erinnern möchte. Er gab mir auch etwas Gartensamen und eine Ansicht von Teschu Lumbo. Diese letztere war Veranlassung zu einer Unterhaltung, die bis zum Ende meines Besuches dauerte.

Am 3. April machte ich dem Lama meinen Besuch, um mich öffentlich von ihm zu verabschieden. Er ließ mich zuerst rufen, um privatim mit mir zu reden. Ich sagte ihm, daß ich das persische Schriftstück gelesen, das er die Güte gehabt habe mir zu geben. Er wiederholte die in ihm enthaltenen Punkte und erwähnte, was er früher über den Lama von Peking gesagt hatte; er hoffe, daß der Kaiser die Regierung wieder in die Hände des Dalai Lama legen werde, wie das früher der Fall gewesen sei; dann werde er, der Lama, keine Schwierigkeit haben, alles, was der Gouverneur wünsche, durchzusetzen; er hoffe auch, es mit dem Kaiser arrangieren zu können, daß der Gouverneur seine Leute nach Peking senden und, falls er es wünsche, Faktoreien errichten dürfe; aber im Augenblick, so lange die Regierung in Gesubs Händen liege, seien er und die Ambans sehr eifersüchtig auf das Kommen von Fremden nach Tibet, so sehr, daß sie keinen Agenten vom König von Assam hätten zulassen wollen, und was sie ihm für Schwierigkeiten wegen meines Kommens gemacht hätten, wisse ich ja. Wegen des Hauses an den Ufern des Ganges, das er zu haben wünsche, sei es seine Absicht, daß Purungir, der in Kalkutta gewesen, die Sache erledigen solle. Er wünsche kein großes Haus, und es möge nach bengalischer Art gebaut werden. Ich bat ihn, Purungir die nötigen Weisungen zu geben, was er zu tun zusagte. Purungir habe ihm immer gut gedient, und er habe nie gefunden, daß er so viel löge wie die anderen Fakire; er bäte den Gouverneur um sein Wohlwollen für ihn. Der alte Gosain Suk-Debu habe auch um Erlaubnis gebeten, mich nach Kalkutta zu begleiten, und er habe auch über ihn an den Gouverneur geschrieben und hoffe, daß er ihm günstig sein werde. – Ich fragte dann wegen Bijapur, das ich bei einer früheren Gelegenheit erwähnt, und welche Antwort ich dem Deb Rajah geben solle, falls er mir davon spräche, und ob ich dem Gouverneur darüber Vortrag halten könne. – »Ich habe bereits an Pertab Sing geschrieben«, erwiderte er, »und ihm vorgestellt, wie sein Vater sich verräterischer- und ungerechterweise zum Herrn von Bijapur gemacht habe, und da ich Gutes über seinen Charakter gehört, hoffe ich, daß er es dem Deb Rajah, dem rechtmäßigen Besitzer, zurückgeben werde. Ich habe ihm auch geraten, einen Agenten nach Kalkutta zu senden, weiß aber noch nicht, was er antworten wird; falls der Deb Rajah sich an Sie wegen Bijapur wenden sollte, würde es sich meiner Ansicht nach empfehlen, wenn Sie ihm sagten, daß ich über den Punkt geschrieben. Falls ich eine ungünstige Antwort erhalte, kann der Gouverneur, wenn es ihm gefällt, darüber an Sing Pertab schreiben.«

Ich wiederholte seine Worte, um sicher zu sein, daß ich ihn richtig verstanden hatte, und er fragte mich dann, ob ich einige Wünsche hätte. Ich erwiderte, daß ich ihm gegenüber schon früher erwähnt hätte, wie sehr der Gouverneur merkwürdige Tiere liebe, und er habe mir auch einige solche geschickt; es gäbe aber zwei Arten wilder Tiere im Lande, die nicht verschickt werden könnten, wenn sie nicht jung gefangen und gezähmt würden; ich wisse, wie sehr er den Gouverneur verbinden würde, wenn er Befehle in diesem Sinne geben und sie während des kalten Wetters nach Bengalen senden wollte. – »Ich will befehlen, die Moschustiere zu fangen«, war seine Antwort, »und sie sollen Ihnen unterwegs übergeben werden.« – Ich dankte ihm dafür, fügte aber hinzu, daß es unmöglich sei, sie lebendig zu erhalten, wenn sie nicht vorher gezähmt worden wären. – »Gut«, war seine Antwort, »ich werde die erforderlichen Befehle geben und nach der Regenzeit einige durch meine Leute nach Bengalen schicken, und wenn andere Tiere oder irgend etwas anderes im Lande sein sollte, was der Gouverneur zu haben wünscht, so schreiben Sie mir darüber.«

Meine nächste Bitte bezog sich auf eine Liste aller Kometen mit den Daten ihrer Erscheinungen seit den frühesten Zeiten der chinesischen Geschichte; nach einigen Fragen über Kometen und der Bemerkung, daß sie einen in sechs Jahren erwarteten, versprach er, meinen Wunsch zu erfüllen und deswegen an den Lama in Peking schreiben zu wollen. Er sagte mir auch, daß sie von dem ersten der chinesischen

Könige bis zu Hrondzain Cambo, der vor ungefähr 800 Jahren in Tibet regiert habe, wahrscheinlich Srongtsan Gambo, geb. 627 n. Chr. (nach Csoma de Körös) 20 000 Jahre rechneten. Dann erkundigte er sich nach Rußland und ob der König von England vielen Einfluß auf die Kaiserin habe. – Ich erwiderte, daß er mehr Einfluß am russischen Hof habe als irgendein anderer Fürst in Europa, obgleich ihre Königreiche durch eine große Entfernung voneinander getrennt seien. – »Ich freue mich darüber, denn im Falle eines Krieges zwischen Rußland und China kann ich vielleicht durch die Gesellschaft etwas tun, um den Frieden herzustellen; denn das ist die Aufgabe von uns Lamas.« Er zeigte mir dann die Geschenke für den Gouverneur sowie seinen Brief, ehe er sein Siegel darauf setzte. Dann übergab er sie mir. – Ich fragte, ob er sie nicht dem Gosain anvertrauen wolle, aber er ersuchte mich, sie zu übernehmen, und ich tat daher nach seinem Wunsche. – »Es sind nur Kleinigkeiten«, sagte er, »aber was kann ich aus diesem Lande senden?« Nachdem er mir einige Stücke Seide, Beutelchen mit Goldstaub, Silber-Talente usw. als Geschenke gegeben und mich in ein schönes Khilat (Ehrenkleid) gekleidet hatte, nahm er ein Stück roter Seide, machte mit eigenen Händen einen Knoten darin und warf es mir selbst über die Schultern. Ich hatte dann meine öffentliche Abschiedsaudienz, aber er sagte mir, daß er mich noch einmal privatim sehen wolle.

Am 4. April war ich wieder beim Lama. Sein Zimmer war wegen eines religiösen Festtages rings mit Girlanden von gemaltem Papier, mit Heiligen-Bildern untermischt, behängt. Er richtete eine Menge Fragen über Religion an mich. Da ich nicht geschickt bin, ungläubige Nationen zu bekehren, ist das ein Gegenstand, auf den ich mich selten einlasse. Ich gab daher Antworten, die die Unterhaltung davon ablenkten. Er fragte mich besonders über die katholischen Missionare, die in Tibet gewesen und nach ihrer Vertreibung sich in Nepal niedergelassen hätten. Ich wiederholte ihm, was

Lamaistisches Gebet

ich schon früher gesagt, daß ich annähme, daß sie aus Italien gekommen seien, da einige von der Nation sich jetzt noch in Patna befänden; daß ihre Religion von der unsrigen verschieden sei, besonders durch ihren intoleranten Geist und den Willen, die ganze Welt zu ihrer Ansicht zu bringen, während jede Religion in England erlaubt sei und gute Leute von jedem Glauben geachtet würden. Er sagte mir, daß die Missionare vor ungefähr 40 Jahren aus Tibet vertrieben worden wären, weil sie sich mit den Fakiren zerstritten hatten.

Danach fragte er mich über die englische Niederlassung in Canton und ob jemals ein Engländer in Peking gewesen wäre. Ich gab ihm eine Darstellung des Handels zwischen England und China und sagte, daß ich glaube, daß kein Engländer je nach Peking gegangen sei. »Nicht einer«, sagte er. Ich erwiderte, daß vor vielen Jahren ein englischer Arzt[4] sehr jung in den russischen Dienst getreten sei und einen russischen Botschafter nach Peking begleitet habe, der vor ungefähr 50 Jahren an den Kaiser von China geschickt worden sei, aber daß ich nie von einem andern gehört hätte. – »Ich will versuchen«, sagte er, »durch die Vermittlung des Lama in Peking für die Engländer die Erlaubnis zu bekommen, zum Kaiser zu gelangen; ob ich es durchsetzen werde oder nicht, kann ich nicht sagen, aber ich werde den Gouverneur von dem Erfolg benachrichtigen.« – Ich sprach meinen Dank aus und sagte, daß es die Gesellschaft im höchsten Grade befriedigen würde und ich überzeugt sei, wie glücklich es den Gouverneur machen würde.

»Die Russen und die Chinesen«, sagte er, »sind augenblicklich schlecht aufeinander zu sprechen. Es ist mir gesagt worden, daß, wenn einer der ersteren nach Peking komme, er nicht in die Gegenwart des Kaisers gelassen werde, ohne daß er (nach Waffen) vorher untersucht worden sei – wegen eines Chinesen, der vor einiger Zeit von einem Russen getötet worden ist, der eine Pistole in einem Ärmel versteckt gehabt habe.« Ich berichtete ihm darauf ein Gespräch, das ich mit dem Chauduri gehabt hatte, worüber er keine andere Bemerkung machte, als daß die Hindus sich gern als einflußreich ausgäben und sich nicht scheuten, Unwahrheiten auszusprechen. Er zeigte mir dann die Statuen und das Kostüm, die er durch den Gosain nach Bengalen für den Tempel zu schicken beabsichtigte, den er am Ufer des Ganges zu bauen gedenke. Er bat mich ganz besonders, mich nach der Lage einer Stadt zu erkundigen, die er Schambul nannte, über die die Pundits

4 John Bell, der mit Lange unter Ismailoff von 1719 bis 1721 in Peking war. Es scheint aber, als ob schon früher von 1715 bis 1717 ein anderer englischer Arzt, namens Gaxwin oder Harwing, mit der ersten Mission Langes in Peking gewesen sei. (Dr. Dudgeons Monographie über »Russian intercourse with China«.) (B)

von Bengalen mir wohl Näheres zu sagen imstande sein würden. Ich erinnere mich an nichts weiter.

Am folgenden Tage war ich wieder, diesmal mit Dr. Hamilton, beim Lama, der sich eingehend nach der Art und Weise der Behandlung der Blattern in England erkundigte und die schrecklichen Folgen dieser Krankheit in Tibet beschrieb. Es ist überflüssig, zu erwähnen, was darüber gesprochen wurde. Er zeigte mir fünf oder sechs Taschenuhren, die er über Land erhalten hatte. Sie hatten hauptsächlich holländische und deutsche Fabrikantennamen und waren alle, mit einer Ausnahme, in Unordnung. Dies war die Veranlassung zu einem Gespräch über Uhren, das auch nicht erwähnt zu werden braucht. Er bat mich, englisch zu sprechen, und ich rezitierte einige Strophen aus Grays »Elegie auf einen Dorfkirchhof«[5]. Ich erwähne diese Dinge nur, weil sie seinen Charakter kennzeichnen.

Am 6. April machte ich dem Lama wieder meine Aufwartung. Bald nach meinem Eintritt kamen seine Diener, die mich begleiten sollten, herein, um sich von ihm zu verabschieden, und er berührte ihre Köpfe nach der Sitte des Landes und nach ihrem respektiven Range. »Diese Leute«, sagte er, »werden Sie nach Buxa-Duar begleiten, aber das Wetter wird jetzt so warm, daß jeder sich fürchtet, nach Bengalen zu gehen. Sowie die Regenzeit vorbei ist, werde ich einige Gylongs nach Kalkutta senden, um dem Gouverneur aufzuwarten und die heiligen Orte in Bengalen zu besuchen. Ich werde dem Gouverneur durch sie schreiben. Ich habe Ihnen wegen der beiden Löwenfelle, der Krokodile und der anderen Sachen gesprochen, wie beabsichtigen Sie mir dieselben zu senden?« – Ich erwiderte, daß ich daran gedacht hätte, sie an den Buxa-Subah (Befehlshaber des Tors) zu senden, der

5 Thomas Gray, 1716–1771, englischer Dichter. Sein bekanntestes Werk »Elegy written on a country churchyard« (1751) wurde in zahlreiche Sprachen übersetzt, auf deutsch u. a. von Johann Gottfried Seume. (G)

sie ihm übermitteln würde. – »Des Deb Rajah Leute«, sagte er, »werden Irrtümer begehen, Sie geben sie besser meinen Leuten, wenn sie nach Bengalen kommen.« Er fragte dann weiter, wie ich glaubte, daß der Gouverneur ihm seine Briefe senden werde. Ich erwiderte, daß ich mit Bezug auf irgendwelche Aufträge, die der Lama mir gegeben, oder Briefe, die an ihn zu senden seien, die Befehle befolgen würde, die er mir wegen deren Beförderung gegeben habe, aber ich vermutete, daß der Gouverneur seine Schreiben oder Geschenke nur seinen eigenen Leuten anzuvertrauen wünschen werde, die sie ihm überbringen würden. – Der Lama antwortete: »Ich will offen mit Ihnen sein. Ich wünsche, daß der Gouverneur mir jetzt nicht einen Engländer senden möge. Sie wissen, welche Schwierigkeiten ich wegen Ihres Kommens in dies Land gehabt habe und wie ich mit der Eifersucht des Gesub Rimpoché und der Leute in Lhasa (d. h. der Beamten dort) zu kämpfen gehabt habe. Selbst jetzt sind sie besorgt darüber, daß ich Sie so lange bei mir behalten habe. Ich möchte daher den Wunsch aussprechen, daß der Gouverneur lieber einen Hindu schicke. Ich hoffe, daß mein Brief an den Lama den Erfolg haben wird, diese Eifersucht zu beseitigen, und ich erwarte, daß in ein bis zwei Jahren die Regierung sich in den Händen des Dalai Lama befinden wird. Ich werde den Gouverneur dann benachrichtigen, und er mag dann einen Engländer an mich und den Dalai Lama schicken. Aber Gesub ist so sehr argwöhnisch und ist so überzeugt, daß Sie gekommen seien, um das Land auszuspionieren, daß die Ankunft eines anderen Engländers mir große Mühe machen würde.« – Ich versprach, alles das dem Gouverneur vorzustellen, denn ich war von der Wahrheit dessen, was er sagte, überzeugt; ich brachte aber zu gleicher Zeit einige Argumente vor, um ihn zu überzeugen, wie unbegründet diese Eifersucht sei; ich muß aber gestehen, daß, während ich sie anwendete, ich dies mehr getan habe, um ihm zu ermöglichen, sie andern gegenüber zu benutzen, als weil ich geglaubt hätte, daß er selbst diesen ungerechtfertigten Argwohn hege. Ich schloß damit, daß ich ihm sagte, daß, falls der Gouverneur solche unfreundlichen Absichten gehabt hätte, er mich nie in dies Land geschickt haben würde, denn welche Fehler die Engländer auch haben möchten, so wisse die ganze Welt doch, daß Verräterei nicht unter ihnen sei. Ich versprach ihm aber, dem Gouverneur seine Wünsche vorzustellen.

Er fragte mich darauf, ob ich ein weiteres Gespräch mit dem Chauduri gehabt hätte. Ich erwiderte: nein; daß ich dem Chauduri gesagt hätte, sich in allen Angelegenheiten an den Lama zu wenden, der am besten mit den Angelegenheiten von Bengalen und dem Zustand von Hindustan bekannt sei. Er schien damit zufrieden zu sein. »Gesub«, sagte er, »regiert jetzt das Land, aber seine Verwaltung nähert sich, wie ich glaube, ihrem Ende. Der Gouverneur ist ein großer Mann, und die Ostindische Gesellschaft ist jetzt der Souverän von Hindustan. Ich würde sehr gern Beziehungen zwischen ihnen und dem Kaiser herstellen, aber Gesub war früher ein kleiner Mann und wird es bald wieder sein, und es würde zu nichts dienen, es mit ihm zu tun.« Diese Ansichten sind verschieden von denjenigen, die der Lama in früheren Gesprächen ausgesprochen hat; aber ich glaube, daß die Versuche Gesubs, die Regierung in den Händen seiner eigenen Familie zu erhalten, sein Plan, der mitgeteilt worden ist, Deb Judhur töten zu lassen, bevor der Lama etwas davon wisse, und vielleicht andere Umstände, die ich nicht kenne, ihn mit Bezug auf denselben abgekühlt haben mögen.

Der Lama wechselte den Gegenstand des Gespräches. »Ich habe Ihnen früher gesagt, daß die Chinesen in der Nähe von Yunnan mit einem südlich davon residierenden Rajah im Kriege lägen. Der Kaiser hat mir geschrieben, Nachrichten über ihn einzuziehen, aber keiner unserer Leute ist in jenen Gegenden zugelassen, und ich war nicht imstande, die gewünschte Information zu geben. Wenn Sie nach Bengalen zurückkehren, wünsche ich, daß Sie sich über jenen Rajah erkundigen möchten und mir Nachricht zugehen lassen.« Ich erwiderte, daß, falls er der König von Pegu wäre, ich nicht bezweifelte, ihm einige Nachrichten verschaffen zu können, aber wenn er ein Rajah im Inlande wäre, mit dem der Kaiser Krieg führe, möchte es nicht in meiner Macht stehen; er könne sich indessen darauf verlassen, daß ich mich erkundigen werde. Er sagte, er wundere sich, daß man in Bengalen nie von diesem Kriege gehört habe. Ich stellte ihm die Lage von Pegu zu Bengalen vor und wie wenig Interesse wir daran hätten, was in jenem Lande vorgehe. Er fragte, ob der Gouverneur einige Beziehungen zum Könige von Pegu habe. Ich erwiderte, daß vor vielen Jahren ein König von Pegu an den Gouverneur geschrieben habe, aber ich wisse nichts von einem späteren Briefwechsel. »Es ist meine Aufgabe«, sagte er, »Streitigkeiten zu erledigen und Frieden zu stiften, und ich wünschte, daß der Gouverneur in der Lage wäre, mir die Möglichkeit zu verschaffen, dies auch in diesem Kriege zu tun. Er ist nicht so heftig, wie er war, aber sie sind noch in schlechten Beziehungen.« Er fragte mich noch, wie lange der Gouverneur noch in Bengalen bleiben werde, aber ich konnte die Frage nicht gut beantworten.

Ich sah den Sopon Chumbo am nächsten Morgen, als ich mich in das Zimmer des Lama begab. Er sagte mir, daß er vorgestellt habe, was ich ihm gesagt hätte, und der Lama würde sofort Befehle wegen der Moschustiere und der Tus (Schalziegen) geben. Teschu Lama sprach mir sein Bedauern über meine Abreise aus sowie seine Befriedigung über alles, was er über die Sitten Europas von mir gehört habe, und schloß mit vielen Wünschen für mein Glück, und daß er nicht unterlassen werde, zum Himmel für mich zu beten. Er sagte alles dies in einer Art und mit einem Ausdruck, der sehr verschieden war von den studierten und formellen Komplimenten der Hindustaner. Es ist mir immer schwer geworden, von jemand den letzten Abschied zu nehmen, und des Lama angenehmer und liebenswürdiger Charakter sowie die vielen

Gunstbezeigungen und Höflichkeiten, die er mir erwiesen, machten ihn mir diesmal besonders schmerzlich. Er bemerkte es und erwähnte, um mich aufzumuntern, seine Hoffnung, mich wiederzusehen. Er warf ein Taschentuch über meinen Hals, legte seine Hand auf mein Haupt, und ich zog mich zurück.

Nach einem kurzen Besuch beim Chanzo Cucho stieg ich zu Pferde und sagte Teschu Lumbo Lebewohl.

Die Episode mit dem Chauduri

Meine Beziehungen zu dem Chauduri bilden eine Episode in meinen Verhandlungen in Teschu Lumbo, die ich bis jetzt aufgespart habe und kurz erzählen will.

Bald nach des Lama Rückkehr nach seiner Hauptstadt kam ein »der Chauduri« genannter Mann, um mich zu sehen. Er war ein Eingeborener von Palpa (in Nepal) oder einem der anderen Bergländer, die den 24 Rajahs untertan sind. Er sagte mir, daß er kürzlich in Lhasa gewesen sei, und sprach viel von dem Vertrauen und der Gunst, die Gesub Rimpoché ihm gezeigt habe. Er gab an, daß er von Gesub geschickt worden sei, um dem Lama seine Aufwartung zu machen und mich zu sehen; Gesub sei sehr befriedigt davon, daß die Ostindische Gesellschaft mit den Bhutanern Frieden geschlossen habe, und er wünsche des Gouverneurs Freundschaft zu kultivieren; er wolle daher ihn (den Chauduri) als seinen Agenten nach Kalkutta mit einem Schreiben und Geschenken senden, und er werde mich bei meiner Rückkehr begleiten.

Da der Lama den Namen dieses Mannes mir gegenüber nie erwähnt hatte und Gesubs Diener, die mich am Tage vorher besucht gehabt, mich gebeten hatten, auf nichts zu hören, was der Fakir sage, ohne mir einen Grund für diese Warnung anzugeben, stand ich ihm, wie ich gestehen muß, was den Umfang seines Auftrages anging, argwöhnisch gegenüber, zweifelte aber nicht, daß er doch irgendeinen Auftrag habe. Ich wiederholte ihm indessen vieles von dem, was ich dem

Lama über die freundlichen Absichten der Gesellschaft mit Bezug auf Tibet gesagt hatte, und fügte hinzu, daß ich, falls Gesub einen Agenten nach Kalkutta senden wolle, überzeugt sei, daß der Gouverneur ihm alle Achtung und Aufmerksamkeit erweisen werde; was mich anbetreffe, so würde ich mich sehr über seine Gesellschaft auf dem Wege freuen, daß es aber, da ich an den Teschu Lama geschickt worden sei und unter seinem Dache lebe und keine Meinungsverschiedenheit zwischen dem Lama und Gesub bestehe, notwendig sei, dem ersteren gegenüber dies zu erwähnen. Ich fragte ihn zugleich, ob er mit dem Lama darüber gesprochen gehabt, und er erwiderte, daß er bisher keine Gelegenheit dazu gehabt habe, da derselbe seit seiner Rückkehr so viel anderweitig beschäftigt gewesen sei; es schien ihm auch nicht recht, daß ich mit ihm darüber spräche, denn er meinte, daß das überflüssig sei. Ich sagte ihm aber, daß es die Sitte der Engländer sei, ehrlich und offen zu handeln, und daß ich nichts tun könne, ohne es dem Lama gegenüber zu erwähnen.

Das hätte ich vielleicht nicht tun sollen, ein Mann mit mehr Geschick in diesen Dingen hätte angesichts der zwischen Gesub und dem Lama herrschenden geringen Zuneigung seine Verhandlungen mit dem Chauduri geführt, ohne dem Lama davon zu berichten. Aber ich muß gestehen, ich habe mit meiner geringen Lebenserfahrung Aufrichtigkeit und Ehrlichkeit für das Klügste gehalten, und ich hatte nicht die geringste Lust, das Vertrauen des Mannes zu gefährden, von dem ich mit gutem Grund annehmen konnte, daß er mir und meinen Auftraggebern wohlgesinnt sei, nur um die vage Möglichkeit zu nutzen, auf einem unsicheren Wege Verbindung zu einem Mann aufzunehmen, von dem ich annahm, daß er für mich und meine Vorgesetzten keine sehr freundlichen Gefühle hegte.

Der Chauduri gab endlich nach, daß ich darüber mit dem Lama sprechen könne, was ich auch, wie bereits erwähnt, in meinem Gespräch am 4. April tat.

Ich hatte darauf noch einen Besuch vom Chauduri, der auch über den Gegenstand mit dem Lama gesprochen hatte. Er wiederholte die Antworten des Lama in hindustanischem Stil, nicht in tibetanischem. Er sagte auch, daß Gesub sehr wünsche, dem Gouverneur in allem zu Gefallen zu sein, daß, falls er Faktoreien in Lhasa einzurichten wünsche, Gesub bereitwilligst die Erlaubnis dazu geben werde; Gesub habe auch daran gedacht, die bengalischen Rupien in Tibet einzuführen, und hoffe, daß der Gouverneur seine Zustimmung dazu geben werde.

Als ich in meinen Gedanken die ganzen Erzählungen von Gesubs ungeheurer Güte mit seinen Einwänden gegen meine Einreise in das Land verglich und mich erinnerte, was zwischen seinen Dienern und mir vorgefallen war, wuchs mein Argwohn gegen die Wahrheitsliebe des Chauduri. Nachdem ich ihm gesagt hatte, wie froh ich sei, von Gesubs freundlichem Wesen zu hören und ich sei überzeugt, es werde von seiten des Gouverneurs erwidert, teilte ich ihm noch mit, daß ich von meinen Auftraggebern keine Anweisung habe, mich für die Einrichtung einer Handelsniederlassung zu verwenden. Der Gouverneur betrachte allerdings die Hindernisse, denen die Kaufleute, die zwischen diesem Lande und Bengalen Handel trieben, in den vergangenen Jahren ausgesetzt waren, mit Sorge, und ich hätte sie auf seine Anweisung dem Lama dargestellt, der sie, wie ich annähme, Gesub übermittelt habe; und daß ihre Zurücknahme für dieses Land von ebenso großem Vorteil sei wie für Bengalen, ich hätte keine Zweifel an seiner Mitwirkung an einer so nützlichen Sache. Daß, bezüglich der Rupien, die Kompanie niemand an ihrer Ausfuhr hindert, und wenn die Kaufleute ihren Vorteil darin sähen, würden sie sie zweifellos nach Tibet bringen; aber solange der Gegenwert einer Sicca Rupie nicht sehr über ihren derzeitigen Wert von zwei Mahendra-Mallis steigen sollte, könne ich nicht sehen, wie die Kaufleute dabei ihren Vorteil finden könnten.

Der Chauduri fügte hinzu, daß er beabsichtige, sich in zehn oder zwölf Tagen nach Lhasa zu begeben; er werde Gesub alles vorstellen, was ich ihm über die Handelsfreiheit gesagt, und er verpflichte sich, vier Tage nach seiner Ankunft mir eine günstige Antwort von Gesub zu verschaffen und mir auch selbst zu schreiben; nachdem er einige Zeit bei Gesub verweilt und die Geschenke und das Schreiben desselben für den Gouverneur empfangen habe, werde er nach Teschu Lumbo zurückkehren und mich nach Kalkutta begleiten. Sonst erinnere ich mich an nichts, was noch während dieser Unterhaltungen vorgefallen wäre, denn ich war mit dem, was ich sagte, sehr vorsichtig, und ein Hindu kann viele Worte machen, ohne etwas zu sagen; ich machte ihm nur ein paar persönliche Versprechungen für den Fall, daß Gesub ihn als Vakíl nach Kalkutta senden sollte, und einmal hatte ich überlegt, ob ich ihm einige Geschenke machen sollte.

Inzwischen hatte der Lama an Gesub über den Chauduri geschrieben und eine Antwort erhalten, die er mir mitteilte. In diesem Briefe leugnete Gesub, dem Chauduri, der in seinen eigenen Angelegenheiten nach Teschu Lumbo gegangen sei, irgendeinen Auftrag an mich gegeben zu haben; er habe nie etwas davon gesagt, ihn nach Kalkutta senden zu wollen, habe überhaupt keine Beziehungen zu ihm und kenne sein Gesicht nur dadurch, daß er ihn einmal auf seinem Landsitze gesehen habe; der Lama möge ihn schleunigst nach Lhasa zurücksenden.

Ich gestehe, daß ich durchaus nicht imstande war, diesen Brief mit den Berichten, die ich sonst empfangen, in Übereinstimmung zu bringen. Denn obgleich ich den prahlerischen Reden des Chauduri wenig Glauben schenkte, war mir doch von aller Welt mitgeteilt worden, daß Gesub ihm ein Geschenk von zwischen 4000 und 5000 Rupien gemacht habe, und ich konnte doch nicht annehmen, daß er gegen einen Mann, den er nur einmal gesehen, so generös nur wegen seiner »schönen blauen Augen« sein würde.

Der Chauduri wurde nach Lhasa gebracht. Ich sah ihn nicht vor seiner Abreise, ließ ihn aber durch einen seiner Leute meiner freundlichen Gefühle gegen ihn versichern sowie meiner Dienste, wenn er das vollbringe, was er versprochen habe.

Ich hörte nichts weiter von ihm bis ungefähr eine Woche vor meiner Abreise nach Bengalen, als er wieder in Teschu Lumbo erschien. Während mehrerer Tage ließ er sich nicht bei mir sehen, so daß ich ihn durch eine dritte Person wissen ließ, daß ich darüber erstaunt sei. Darauf besuchte er mich und wurde in dem Gespräch, das wir dann hatten, immer kleiner und nahm alles zurück, was er vorher gesagt hatte. Gesub, obgleich dem Gouverneur wohlgesinnt, fürchte sich, bei den Chinesen Anstoß zu erregen, und habe ihm, dem Chauduri, daher aufgetragen, falls er die Ambans besuchen und sie ihn über mich befragen sollten, ausweichende Antworten zu geben und sie nicht wissen zu lassen, daß ich ein Fringy sei; die Ambans hätten ihn indessen nicht nach mir gefragt, und Gesub denke noch daran, ihn nach der Regenzeit nach Kalkutta zu schicken. Ich sagte, daß ich an Gesub geschrieben hätte, er habe mich aber keiner Antwort gewürdigt, ich könne mir also auch kein Urteil über seine Gefühle und Absichten anmaßen. Ich nähme aber an, daß er, falls er jemanden nach Kalkutta senden wolle, dies dem Lama gegenüber erwähnen werde. Was die Chinesen anbetreffe, so hielte ich seine Vorsichtsmaßregeln für überflüssig; ich sei nicht als Spion nach Tibet gekommen, sondern um dem Lama meine Aufwartung zu machen; den Engländern seien Doppelzüngigkeit und Verrat fremd und ich könnte nicht umhin, darüber erstaunt zu sein, daß er sich so fürchte, die Chinesen dadurch zu verletzen, daß er einen Agenten der Engländer, die niemals einen Streit mit Tibet gehabt hätten oder haben könnten, ins Land ließe, während er den Agenten eines Fürsten gestatte, nach Lhasa zu gehen, der zur Zeit im Kriege mit seinen Vasallen läge und von dessen Ehrgeiz und Verräte-

Ansicht von Lhasa

rei sie genügende Beweise gehabt hätten. Der Chauduri sagte, das alles sei sehr wahr, aber jedermann fürchte sich vor den Engländern. Ich wußte das nur zu gut selbst. Sonst geschah wenig. Ich war zurückhaltend und er auch. Ich hätte eine gute Gelegenheit gehabt, ihm seine fruchtlosen Versprechungen, mir eine Antwort Gesubs zu verschaffen, vorzuhalten, seine dreisten Versicherungen, zusammen mit mir nach Kalkutta entsandt zu werden. So hätte ich mich an ihm dafür rächen können, daß er mich getäuscht hatte. Aber das hätte ja keinen Sinn gehabt, und da ich ihm nichts gegeben hatte und auch nicht vorhatte, ihm etwas zu geben, mit welchem Recht sollte ich ihm da etwas vorwerfen? Deshalb verabschiedete ich mich mit freundlichen, aber vorsichtigen Worten von ihm.

Indem ich versuche, diese sonderbare Intrige zu erklären, kann ich mich nur an zwei Hypothesen halten. Entweder hatte der Chauduri, nach Gesubs Angabe, ganz auf eigene Faust gehandelt und gehofft, sich aufgrund seines angeblichen Auftrages bei mir einzuschmeicheln und vielleicht einige Geschenke zu erlangen und sich dann aufgrund seines Erfolges bei Gesub in Gunst zu setzen. Oder, was ich als das Wahrscheinlichere von beiden ansehe (denn ich bin sicher, daß Gesub ihm ein beträchtliches Geschenk gemacht hat), Gesub war eifersüchtig auf meinen Besuch bei dem Lama und hatte, um meinen Auftrag zu erkunden, den Chauduri gebraucht, um mich auszuforschen, während er zugleich, da er das nicht eingestehen konnte, jede Verbindung mit ihm ableugnete und ihn nach Lhasa zurückrief unter dem Vorwand, ihn zu bestrafen, in Wirklichkeit aber, um zu erfahren, was zwischen uns vorgegangen sei. Wie es aber auch gewesen sein möge, die ganze Geschichte löste sich in Luft auf.

Hauptbericht Bogles
bei seiner Rückkehr aus Tibet

An den Ehrenwerten Warren Hastings,
Generalgouverneur von Indien

Sehr geehrter Herr!

Nachdem die Mission zur Einrichtung des freien Verkehrs
zwischen den Einwohnern von Bengalen und Tibet, mit der
zu betrauen Sie mir die Ehre erwiesen, nun beendet ist, bitte
ich Sie um die Erlaubnis, Ihnen einen Bericht über Verlauf
und Ergebnis meiner Verhandlungen vorlegen zu dürfen.

Da über den Zustand der Länder, die ich unlängst besucht
habe, wenig bekannt ist, halte ich es für nicht unangebracht,
einige Betrachtungen über ihre Lage und Regierung voranzu-
stellen. Dabei werde ich mich allerdings bemühen, die Einzelheiten, die den Umfang dieses Berichtes zu sehr anschwel-
len lassen könnten, zu vermeiden.[1]

Über Bhutan sagt der Verfasser:
Ungefähr vor 280 Jahren soll dieses Land, dem ich den
Namen Bhutan gebe, durch Noanumgay, einen Schüler der
Lamas von Tibet, geeinigt und unter eine Regierung gebracht
worden sein. Vor dieser Zeit war es unter eine Anzahl kleiner

---

1 Da vieles von dem, was Bogle im folgenden mitteilt, in diesem Buch schon
an anderer Stelle erwähnt wurde, sind hier nur noch die darüber hinausge-
henden Teile wiedergegeben. (G)

und unabhängiger Häuptlinge verteilt, die in fortwährende Kämpfe verwickelt waren und tapfere und barbarische Vasallen unter ihren Befehlen hatten. Noanumgay machte Gesetze, führte Religion ein und brachte das Volk dadurch, im Verein mit anderen Vorgängen, unter eine feste und regelmäßige Regierung. Er wurde bei Lebzeiten von seinen Untertanen als ein großer Lama verehrt und wird noch von seinen Nachkommen angebetet. Sein Ruf ist indessen auf Bhutan beschränkt, und sein Geist wird nur als ein Ausfluß der Hohenpriester von Tibet angesehen.

Bei seinem Tode soll sich seine Seele in drei gleiche Teile geteilt und drei Kinder beseelt haben, die als Lamas angesehen wurden; die höchste Gewalt gehörte gemeinschaftlich allen dreien, denen die Geistlichkeit zur Seite stand, der sie ihre Erhebung verdankten. Derselbe kluge Plan sorgte dafür, daß sie Nachfolger hatten, und diese Form der Regierung besteht noch heute. Einer dieser Lamas, der Lama Giassa-tu genannt, ist vor 12 Jahren gestorben, und die Person, in die seine Seele übergegangen, ist noch nicht entdeckt worden; ein anderer Lama, Lama Schabdong, ist ein Knabe von sieben Jahren, so daß die ganze Autorität dieses Priesterregiments jetzt im Lama Rimpoché[2] liegt. Die ausführende Gewalt ist einem aus Wahl hervorgegangenem Beamten, dem Cucho Debo, anvertraut, der in Bengalen unter dem Namen des Deb Rajah bekannt ist.

Über Tibet schreibt Bogle unter anderem:

Zwei chinesische Vizekönige mit einer Wache von 1000 Soldaten sind in Lhasa stationiert und werden alle drei Jahre durch andere ersetzt. Der Kaiser von China wird als der Oberherr des Landes anerkannt, die Ernennungen zu den höchsten Ämtern des Staates geschehen auf seinen Befehl,

---

2 Er ist in Bengalen als der Dharma Rajah bekannt. Davis, der Begleiter Turners, nennt die drei Lamas, Lam-Sebdo, Lam-Geysey und Lam-Rimbochy. (M)

und in allen wichtigeren Sachen wird erst an den Hof in Peking berichtet; aber die innere Regierung des Landes liegt ganz in der Hand der Eingeborenen, die Chinesen sind im allgemeinen auf die Hauptstadt beschränkt, und das Volk von Tibet, in Lhasa ausgenommen, fühlt kaum den Druck einer fremden Macht.

Die ausführende Gewalt liegt in der Hand des Gesub Rimpoché und vier anderer Minister, die Kahlons genannt werden. Die Gouverneure der Forts und Provinzen werden von ihnen ernannt, und die Abgaben werden von Leuten erhoben, die jährlich von Lhasa geschickt werden. Aber da der Dalai Lama (Lobsang Champal, der 1805 starb) jetzt großjährig sein wird, erwartet man, daß der Kaiser von China ihm die höchste Gewalt übertragen wird, die auch sein Vorgänger besaß. Da die Kaiser von China von tatarischer Abstammung sind, gehören sie der Religion der Lamas an und verehren sie als die Häupter ihres Glaubens; der jetzige Kaiser unternimmt keinen Krieg, ohne den Teschu Lama um Rat zu fragen und ihm Geschenke zu senden, damit er für seinen Erfolg bete. Der Einfluß, den ein fähiger Hohepriester dadurch gewinnen kann, ist ersichtlich, und obgleich Gesub Rimpoché darauf sehr eifersüchtig ist, muß er doch dem Rat des Teschu Lama große Aufmerksamkeit schenken.

Wenn sich jemand die Mühe geben wollte, könnte er eine überraschende Parallele zwischen den Lamas und den alten römischen Päpsten ziehen. Die Stellung der ersteren mit Bezug auf die Kaiser von China könnte wohl mit dem Schutz und der Autorität verglichen werden, welche die Nachfolger St. Peters von den deutschen Kaisern empfingen. Ihre Ansprüche auf Unfehlbarkeit, die Verehrung, in der sie vom Volke gehalten werden, die weite Ausdehnung ihrer geistlichen Herrschaft, die sich über die ganze Tatarei und einen großen Teil von China erstreckt, sind vollständig ähnlich. Aber dieser Einfluß auf den Geist des Volkes, den beide besitzen, ist von den Lamas vielleicht in einer mehr zum

Glück der Menschheit führenden Weise ausgeübt worden. Die Gaben ihrer Verehrer sind durchaus freiwillige; ihre Regierung ist mild und gerecht; sie führen keine Kriege, sondern gebrauchen ihre Autorität oft, um die Zwistigkeiten zwischen streitenden Staaten beizulegen. In ihrem Privatcharakter sind sie sittsam und musterhaft und, wenn ich von dem einen, unter dessen Dach ich gelebt habe, auf die anderen schließen darf, sind sie menschenfreundlich, wohltätig und intelligent.

Die Religion der Lamas stammt von der der Hindus oder ist durch sie verbessert worden. Sie haben daher die größte Verehrung für den Ganges und die in Hindustan heilig gehaltenen Plätze bewahrt. Vor dem Einfall der Mohammedaner in das letztere hatten die Lamas Klöster und andere religiöse Gründungen in Bengalen, die von der tibetanischen Geistlichkeit aufgesucht wurden, wenn ihre Mitglieder die Lehren und die Wissenschaft der Brahmanen studieren wollten. Aber die Eroberung Bengalens durch die Mongolen machte diesem Verkehr ein Ende. Die Tempel der Lamas wurden geplündert und zerstört und ihr Volk aus dem Lande vertrieben, seit welcher Zeit wenig Beziehungen zwischen den Bewohnern von Tibet und Bengalen bestanden haben.

Über Nepal bemerkt Bogle:

Der tyrannische und treulose Charakter des Gurkha Rajah Prithi Narayan und sein Einfall in das Gebiet Demo Jong (Sikkim), eines Lhasa unterworfenen Rajah, gewährte keine Möglichkeit für Verhandlungen mit ihm über die Wiederbelebung des Handels durch Nepal. Aber gleich nach der Nachricht von seinem Tode, die eintraf, während ich in Teschu Lumbo war, schrieb der Lama an seinen Nachfolger, Sing Pertab, und ermahnte ihn in der schärfsten Weise, den Kaufleuten den Verkehr durch sein Land freizugeben. Der Brief, den der Lama bei dieser Gelegenheit schrieb, war kurz, und ich darf daher wohl auf Verzeihung rechnen, wenn ich ihn hier in Übersetzung beifüge:

»An Sing Pertab – (Nach einer Menge von Titeln.)
Ich habe von dem Tode Eures Vaters, Prithi Narayan, gehört. Da dies der Wille Gottes war, müßt Ihr Euer Herz nicht traurig sein lassen. Ihr seid ihm jetzt auf dem Thron gefolgt, und das ist eine passende Gelegenheit, Euch um das Glück Eures Volkes zu kümmern und allen Kaufleuten, Hindus, Mohammedanern und den vier Kasten, zu gestatten, zu kommen und zu gehen und ihren Handel unbehindert zu treiben, was zu Eurem Vorteil sein und Euch einen guten Namen machen wird. Jetzt fürchten sie Euch und keiner will Euer Land betreten. Lasset alles, was alter Brauch war, zwischen Euch und mir beobachtet werden. Es ist unrecht, daß mehr auf Euren Teil fallen sollte, und es ist unrecht, daß mehr auf meinen Teil fiele.«

Über seine Verhandlungen in Bhutan schreibt Bogle:
Nachdem ich fünf Monate in des Teschu Lama Palast zugebracht hatte, kehrte ich nach Bhutan zurück. Der Lama schrieb zu derselben Zeit an den Deb Rajah wegen der Kaufleute und schickte einen von seinen Leuten, um mich bei den Verhandlungen in Tassisudon zu unterstützen.

Aber ich hatte jetzt meinem Auftrage unter sehr verschiedenen Bedingungen von denen nachzukommen, die ich in Tibet gefunden. Teschu Lama, gewöhnt an den Verkehr mit Fremden, bereit zu verhandeln und aufmerksam auf alles, was seinen Ruf erhöhen kann, ging warm auf Anschauungen ein, die mit seinen eigenen übereinstimmten. Er hatte sich lange nach einer Gelegenheit gesehnt, zu einer oder der anderen Macht in Hindustan in Beziehung zu treten. Die Macht der Ostindischen Gesellschaft war ihm wohlbekannt, und er hatte bereits viel Ehre mit dem Vertrag eingelegt, den seine Vermittlung für die Bhutaner ausgewirkt hatte. Sein Wunsch, eine Freundschaft zu pflegen, die seinen eigenen Einfluß zu erhöhen beitrug, führte ihn dazu, eifrig Ihr Anliegen zu unterstützen, während seine Bemühungen für die Erleichterung und Bequemlichkeit der Kaufleute dazu dienten, seinen Ruf zu verbreiten. Da er Hindustanisch spricht und in hohem Maße Aufrichtigkeit und Liebenswürdigkeit besitzt, so redete er mit mir frei über jeden Gegenstand und forderte mich auf, mich immer direkt an ihn zu wenden. Er benachrichtigte mich von dem Widerstand, den die Regierung in Lhasa meiner Reise entgegengesetzt hatte; er gab mir ihre Schreiben zu lesen; er setzte mir die Schreiben auseinander, die er ihnen über die Handelsfrage schrieb, und sagte mir offen, was er durchsetzen könne und was nicht.

Der Deb Rajah ist, im Gegenteil, von jedem Verkehr mit Fremden abgeschlossen, man kann schwer zu ihm gelangen, er ist steif und zeremoniell in seinen Manieren und unentschieden in Geschäften. Er wird ganz von seinen Beamten geleitet, die zurückhaltend, argwöhnisch und ausweichend sind; in jeder irgendwie wichtigen Frage muß die Stimmung einiger hundert Priester berücksichtigt und die Meinung des Lama Rimpoché eingeholt werden, welcher letztere, ohne Erfahrung und Fähigkeiten, sich als die entscheidende Person in der Regierung ansieht.

Bogles Bericht schließt mit den folgenden Vorschlägen:

Aber außer den Artikeln, die bis jetzt den Gegenstand des Handels mit Tibet gebildet haben, scheint Raum und eine Möglichkeit der Ausdehnung des Handels für viele andere vorhanden zu sein. Die Bewohner sind sehr begierig nach allem, was aus einem fremden Lande kommt, und selbst die niedrigste Klasse des Volks besitzt eine Neugierde, wie man sie selten antrifft. Dies verspricht eine gute Gelegenheit für den Verkauf von Messerschmiede- und Glaswaren und vieler anderer europäischer Fabrikate.

Der leichteste und beste Weg, den Verkauf von englischem Broad-cloth gegen den von französischem zu fördern, den Absatz von Artikeln, die gewöhnlich nach Tibet ausgeführt werden, zu steigern und einen Markt für neue Artikel zu schaffen, würde meiner Ansicht nach der sein, die Kaschmiri, Gosains, Bhutaner und Tibetaner zum Besuch von Kalkutta während des Winters zu ermuntern; wenn man Verkäufe von englischen Tuchen in dieser Jahreszeit ansetzt, wird man es ihnen ermöglichen, sich dieselben zu den billigsten Preisen zu verschaffen, und wenn man ihnen Pässe und Eskorten bis zur Nordgrenze von Bengalen gibt, wird man sie veranlassen, dem Tuch der Ostindischen Gesellschaft den Vorzug vor anderen zu geben; während die Verschiedenheit der Waren, die sie dort finden, natürlich den Wunsch entstehen lassen wird, sie auf der Rückreise in ihre Heimat mitzunehmen.

Die Furcht zu verscheuchen, welche die Eingeborenen von Bhutan und Tibet vor dem Klima in Bengalen empfinden, werden ohne Zweifel nur Zeit und Gewohnheit vermögen. Aber wenn Neugierde, Religion und Interesse sich verschwören, sie zu dem Besuch von Bengalen zu bewegen, scheint nichts weiter notwendig, als die Ermunterung und der Schutz der Regierung.

Die Kaschmiri- und Gosain-Kaufleute, die beabsichtigen, im nächsten Winter Kalkutta zu besuchen, werden, wenn sie Pässe von Teschu Lumbo haben, keinen Schwierigkeiten in Tibet begegnen; und der Deb Rajah wird nach den Versicherungen, die er mir gegeben hat, wie ich überzeugt bin, ihnen bereitwilligst den Durchgang durch sein Reich von Pari-jong bis zur Grenze von Bengalen gestatten. Da der Weg indessen noch nie von Kaufleuten gemacht worden ist, dürfte es notwendig sein, ihnen bei ihrer Ankunft an den Grenzen von Bahar Hilfe und Unterstützung zuteil werden zu lassen und darauf bezügliche Befehle zu erteilen.

Die Eröffnung einer Straße durch Nepal und die Aufhebung der Zölle und Erpressungen, die kürzlich in dem Lande auf den Handel gelegt worden sind, scheinen ein Gegenstand von großer Bedeutung für die Herstellung einer freien Verbindung zwischen Bengalen und Tibet zu sein. Der Tod Prithi Narayans, des verstorbenen Rajah von Nepal, dürfte eine gute Gelegenheit zur Erreichung dieses Ziels bieten; Teschu Lama ist bereit, unsere Bemühungen nach dieser

Richtung hin zu unterstützen, und eine richtige Behandlung der verschiedenen Interessen, die zwischen den Häuptlingen an der Grenze von Nepal bestehen, wird meiner Ansicht nach leicht zum Ziele führen. Aber ich muß um Entschuldigung bitten, wenn ich auf den Vorteil aufmerksam mache, den Sie in allen Ihren Verhandlungen mit den Völkern, welche die nördlich von Bengalen liegenden Berge besitzen, haben würden, wenn Sie Ihre Maßregeln zusammen mit dem Teschu Lama träfen. Seine Kenntnis des Zustands dieser Länder gibt seiner Meinung ein großes Gewicht, und der Einfluß, den sein heiliger Charakter, der nur dazu benutzt wird, Zwistigkeiten auszugleichen und Harmonie zu befördern, bei allen Häuptlingen besitzt, könnte Ihnen ermöglichen, durch Verhandlungen und friedliche Mittel das zu erreichen, was die Eifersucht des Volks und die Stärke ihrer Lage sonst schwer zu erlangen machen dürfte.

Wenn eine Straße durch Nepal ebenso wie durch Bhutan geöffnet ist, scheint nichts weiter erforderlich, um den Zweck zu erreichen, für ich kürzlich verwendet worden bin. In Fragen des Handels sind meiner unmaßgeblichen Meinung nach Freiheit und Sicherheit alles, was nötig ist. Wenn man Kaufleute sich selbst überläßt, entdecken sie auf natürliche Weise die beste Art, ihren Handel zu betreiben und ihm, angetrieben durch ihr eigenes Interesse, den größten Umfang zu geben.

Die Nachteile, die in der Neuheit der Reise und der Eifersucht der Eingeborenen liegen, mögen mir vielleicht einen Anspruch auf Nachsicht geben. Ich habe meinen Auftrag nach bestem Wissen und Willen erfüllt und erwarte nun in Sorge das Urteil, das über mein Verhalten gefällt werden mag.

Bogles Plan, den Teschu Lama in Peking zu treffen

Memorandum verfaßt im Juli 1778

Der Betrag, den die chinesischen Kaufleute[1] einzelnen Engländern schulden, beträgt zwischen anderthalb und zwei Millionen Pfund Sterling. Unter den Gläubigern befinden sich Herr Bouchier, Sir Robert Harland, Sir John Lindsay und die meisten der Herren, die von Madras, ebenso wie Mr. Boddam und andere, die von Bombay (nach Canton) gegangen sind. Sie können keine Abhilfe erlangen und haben niemanden, an den sie sich wenden können. Sie haben einen Herrn Gordon nach England mit einer Vorstellung geschickt, um die Regierung und durch sie vielleicht den russischen Hof für ihre Beschwerden zu interessieren, haben aber wenig Aussicht auf Erfolg oder im besten Falle auf einen sehr entfernten. Außerdem ist das Geschäft der Gesellschaft viel-

---

1 Diese Schuldner waren die sogenannten Hong-Kaufleute (auch Co Hong genannt), denen von der chinesischen Regierung das Monopol des Handels mit den Engländern in Canton übertragen worden war. Erst durch Art. 5 des englisch-chinesischen Vertrags von Nanking (29. August 1842) wurde dieses Monopol für immer aufgehoben und übernahm die chinesische Regierung die Verpflichtung, die Schulden der Hong-Kaufleute in Höhe von drei Millionen Dollars an die britische Regierung zu bezahlen, die sie an die Gläubiger verteilte. (B)

fachen Plackereien und Bedrückungen ausgesetzt, und seine Leiter haben keine Mittel und Wege, mit dem Hofe zu Peking in Verbindung zu treten oder ihre Vorstellungen dorthin gelangen zu lassen.

Der Kaiser von China (Kien-lung) ist jetzt 70 Jahre alt. Er gehört der tatarischen Religion an, deren Häupter die Lamas sind. Der Changay Lama, der älter als er ist und in Peking residiert, soll, wie gesagt wird, großen Einfluß auf ihn haben. Er hat den dringenden Wunsch ausgesprochen, den Teschu Lama vor seinem Tode zu sehen, und hat ihn endlich, nach wiederholten Bitten, bewogen, sich auf den Weg zu machen, um mit ihm zusammenzutreffen. Der Kaiser hat einen Platz bestimmt, ungefähr eine Monatsreise von Peking auf dieser Seite, und der Teschu Lama wird in ungefähr zwei Monaten die Reise durch die Tatarei antreten. Sie wird annähernd acht Monate dauern, so daß er mit dem Kaiser ungefähr im nächsten Mai (in Peking) ankommen kann; er wird mindestens drei oder vier Monate dort bleiben, also bis zum August.

Als ich in Tibet war, versprach mir der Lama, zu versuchen, für mich Pässe nach Peking zu erlangen. Das ist ihm noch nicht gelungen, aber er hat mir einen Boten geschickt, um mir zu versichern, daß er sich Mühe geben wolle, um mir wenigstens Pässe für die Reise über Canton zu besorgen. Ich beabsichtige, ihm zu schreiben, daß ich mich bereit halten werde, über Land durch die Tatarei zu gehen, falls er glaubt, daß es möglich sein würde, mir einen Paß dafür zu beschaffen, oder sonst über See nach Canton, so daß ich mich nach Peking begeben könnte, während der Lama dort ist. Ich beabsichtige auch, einen Gosain zurückzuschicken, der beim Lama sehr in Gunst steht und den er nach Kalkutta gesandt hatte, damit er bei ihm eintreffe, ehe er seine Reise antritt; dieser Mann, der mir sehr verbunden ist, und einer meiner Diener würden den Lama nach China begleiten und mich dann in Canton treffen. Der Changay Lama in Peking ist ein geborener Tibetaner und versteht die Sprache, von der ich auch einige Kenntnis habe, so daß man nicht von den Dolmetschern abhängen würde.

Falls es mir gelingt, die Pässe zu erhalten, würde ich dann in der Lage sein, beim Hofe zu Peking mit Vorteil jeden Punkt zu betreiben. Selbst wenn ich (darin) enttäuscht werden sollte, halte ich es nicht für möglich, daß es mir nicht gelingen sollte, einen Weg zur Verbindung mit dem Hofe von Peking zu schaffen und in Canton eine Person zu finden, durch die Vorstellungen gemacht werden könnten.

Um den Weg vorzubereiten, ist es notwendig, einige Geschenke bereitzustellen, die in Peking annehmbar sein würden. Große Perlen, große Korallen, einige von den besten eßbaren Vogelnestern, einige arabische Pferde und Musseline müßten vorbereitet werden. Die meisten dieser Artikel verkaufen sich am besten in China, so daß, im Falle die Verhandlungen ergebnislos verlaufen sollten, sie dort ohne Verlust verkauft werden könnten. Aber die Personen, die ein Interesse an der Wiedererlangung dieser Schulden haben, sind so zahlreich und verstreut, daß es schwierig ist, sie zu bewegen, dazu (pekuniär) beizutragen, und noch schwieriger, dies so geheim zu tun, daß der Plan nicht bekannt würde, was die Leute in Canton veranlassen würde, ihr Bestes zu tun, um ihn zu vereiteln.

SVEN HEDINS
BERICHT

Sven Hedin:
Der Taschi Lama als Gast in Jehol

Zwischen den Engländern und dem Radscha von Bhutan waren 1772 Grenzstreitigkeiten ausgebrochen. Der Taschi Lama hatte Warren Hastings brieflich um Einstellung der Feindseligkeiten gebeten. Der schlaue Generalstatthalter wollte die Gelegenheit benutzen, um die politischen und wirtschaftlichen Verhältnisse Tibets auszukundschaften, insbesondere zu ermitteln, welche Naturerzeugnisse das Land hervorbringe und welche Aussichten der englische Handel dort habe. Er schickte also Mr. George Bogle mit Briefen und Geschenken zum Großlama. Der Gesandte wurde gut aufgenommen und blieb den Winter 1774/75 in Taschi-lunpo.

Der Großlama saß während des Empfangs auf seinem goldenen Thron, er trug die gelbe Mönchstracht und die hohe goldene Mitra. Der Gesandte überreichte den Brief und die Geschenke des Generalstatthalters und empfing den »Khadak«, die Gegengabe, vom Großlama. Später wurde Bogle formlos empfangen, der Kirchenfürst erhob sich vom Diwan, führte seinen Gast im Raum umher und erklärte ihm die Wandgemälde. Bogle schildert den Großlama als einen Mann von ungefähr 40 Jahren, klein von Wuchs, nicht gerade fett, aber mit Anlage zur Körperfülle. Seine Haut ist heller als die der meisten Tibeter, seine Arme sind so weiß wie die eines Europäers. Das schwarze Haar ist ganz kurz geschnitten, die

Augen sind klein und dunkel. Der wohlwollende und heitere Gesichtsausdruck läßt auf offene, ehrliche und großzügige Denkungsweise schließen. Der Großlama ist sehr lebhaft und gesprächig, er erzählt gern lustige Geschichten und weiß sie wirkungsvoll vorzutragen.

Der Taschi Lama leitete das Gespräch nach der herrschenden Sitte mit der Frage nach dem Wohlergehen des Generalstatthalters ein und bedankte sich dafür, daß Warren Hastings ihm versprochen habe, die Grenze von Bhutan wiederherzustellen. Er habe bisher immer gehört, die Europäer seien kriegerisch, darum habe er sie nicht in seinem Lande haben wollen, wo die Menschen zu Gott beteten. Jetzt aber sehe er, daß auch die Europäer rechtlich denkende Menschen seien, und deshalb heiße er Bogle willkommen.

Der Gesandte antwortete, daß dem Generalstatthalter sehr an der Freundschaft des Großlama gelegen sei. Dann drehte sich das Gespräch um verschiedene Religionen und um den Handel zwischen Tibet und Bengalen. Der Lama erklärte, für diese Frage sei Lhasa zuständig. Bogle antwortete ihm, der Dalai Lama sei ja noch minderjährig, der Taschi Lama sei also zur Zeit der höchste Würdenträger in Tibet, es sei wohl am besten, mit ihm zu verhandeln.

Die heikelsten politischen Fragen wurden erörtert. Bogle suchte mit großer Geschicklichkeit die Verehrung des Taschi Lama für den Kaiser Ch'ien-lung, seine übertriebene Vorstellung von der Macht Chinas zu mäßigen und zugleich das Selbstvertrauen des Kirchenfürsten zu stärken. Auf diese Weise hoffte er, ihn dem Einfluß Chinas zu entziehen und für die Interessen der Ostindischen Kompanie gewinnen zu können.

Zunächst hatte der Engländer Erfolg. Als aber später aus dem Spiel Ernst wurde und der Wettbewerb zwischen England und China begann, siegte der Kaiser. Der Taschi Lama büßte seine Vermittlerdienste mit dem Leben. Er reiste Warren Hastings zuliebe mit großem Prunk nach China; die Rückreise legte er im Sarg zurück.

Der Großlama sprach bei einer andern Gelegenheit von seinen Befürchtungen, es könnte einen Krieg zwischen Rußland und China geben. Diese Gefahr drohte seiner Meinung nach um so mehr, weil Ch'ien-lung kriegerisch gesinnt sei und sich durch Rußland beleidigt fühlte. Die Torguten waren ja nach Rußland ausgewandert und hatten dort eine Freistatt gefunden. Der Taschi Lama hoffte, im Fall eines Krieges zwischen Rußland und China mit Hilfe der Ostindischen Kompanie Frieden schaffen zu können. Er wollte den Kaiser durch den Tschantscha Hutuktu in Peking ersuchen lassen, daß er Engländern die Grenzen seines Reiches öffne. Er ließ Hastings bitten, in Zukunft nur noch Hindus mit Gesandtschaften nach Tibet zu betrauen, denn Gesub Rin-po-tschhe und die chinesischen Würdenträger in Lhasa duldeten keine Europäer in Tibet, sie hätten sich auch dem Besuch Bogles hartnäckig widersetzt.

Der Kaiser war vermutlich durch seine Beauftragten in Tibet wegen des freundschaftlichen Verhältnisses zwischen dem Taschi Lama und Warren Hastings gewarnt worden. Sein wachsendes Mißtrauen war ganz berechtigt. Vielleicht fürchtete er sogar, daß der Taschi Lama die Anerkennung der chinesischen Oberhoheit kündigen werde. Deshalb lud er ihn nach Peking ein und suchte ihn durch volle Entfaltung kaiserlicher Pracht auf andere Gedanken zu bringen.

Ch'ien-lung schickte dem Taschi Lama in den Jahren 1777, 1778 und 1779 einen Einladungsbrief nach dem andern. Der Lama entschuldigte sich mit seiner Furcht vor den Pocken und dem Klima. Der Kaiser gab nicht nach, er werde doch bald siebzig Jahre alt und habe noch den einen Wunsch im Leben, den göttlichen Taschi Lama von Angesicht zu Angesicht zu sehen und sich mit ihm im Gebet zu vereinigen. Der Lama brauche die Beschwerlichkeit der Reise nicht zu scheuen, denn unterwegs seien überall Raststätten errichtet, Lasttiere, Wagen, Lebensmittel und Geleite stünden schon bereit.

Um ganz sicher zu gehen, schrieb der Kaiser auch an den

Dalai Lama und die andern hohen Würdenträger, sie möchten doch auf den Taschi Lama einwirken und ihn zu der Reise
bewegen. Da half keine Ausrede mehr, der Hohepriester
mußte sich auf den Weg machen. Schon damals sprach er
seiner nächsten Umgebung gegenüber die Befürchtung aus,
er werde wohl nie mehr zurückkehren.

Er verließ Taschi-lunpo am 15. Juli 1779 mit großem
Gefolge, mit hohen Würdenträgern, Mönchen und 1500
Mann Bedeckung. Der Troß führte kostbare Geschenke für
den Kaiser mit.

Im Gefolge des Taschi Lama reiste auch der Gosein
Porungheer mit, ein brahmanischer Geistlicher, dessen sich
Warren Hastings oft als Unterhändler, Dolmetscher und
Kundschafter in Tibet und Bhutan bedient hatte. Porungheer
hat eine sehr wertvolle Schilderung der Reise hinterlassen.
Der Bericht ist in Kapitän Samuel Turners Buch »Account of
an Embassy to the court of the Teshoo Lama in Tibet«,
London 1800, abgedruckt. Hier folgt ein Auszug aus dieser
Darstellung.

Der Taschi Lama zog auf der bekannten mongolischen
Wallfahrerstraße nach Nordosten. Da Lhasa mit keinem
Wort erwähnt ist, scheint es, als habe der Taschi Lama diese
Stadt nicht berührt. Auch sein jetziger Nachfolger im Amt
war nie in Lhasa. Am 46. Reisetag kam dem Zug eine
Abordnung des Kaisers entgegen. Sie brachte kostbare Geschenke und einen prächtigen Palankin. Der Taschi Lama
nahm auf einer erhöhten Bühne Platz, die armseligen Nomaden durften seine Füße mit der Stirne berühren. Nach
weiteren 21 Reisetagen kamen acht Würdenträger des Kaisers
mit 2000 chinesischen Soldaten als Geleite. Noch 19 Tage,
dann war das Kloster Kumbum, der Geburtsort des Refor-
mators Tsong Khapa erreicht. Tsong Khapa war die erste
Wiedergeburt der Seele Amitabhas, die jetzt im Leibe des
Taschi Lama wohnte. Zwei Tage darauf hielt der Winter mit
starkem Schneefall seinen Einzug, der Großlama beschloß,

den Frühling im Kloster Kumbum zu erwarten. Im Laufe der vier Monate seines Winteraufenthalts bekam er wieder einen Willkommbrief vom Kaiser. Ch'ien-lung schickte seinem Besuch fünf Perlenhalsbänder, eine Uhr, eine Schnupftabaksdose und ein Messer, alles reich mit Edelsteinen besetzt. Der Generalstatthalter von Lan-tschou traf im Auftrag des Kaisers mit 10 000 Soldaten und Geschenken von unschätzbarem Wert ein.

Die Menschen kamen zu Tausenden nach Kumbum, nahten dem Thron des Taschi Lama und empfingen seinen Segen. Der Hohepriester legte die Hand mit dem safrangelben Handschuh auf weiße Papierblätter, die dadurch zu kostbaren Reliquien wurden.

Ein Häuptling mit einem Gefolge von 5000 Mann huldigte dem Taschi Lama und schenkte ihm 300 Pferde, 70 Maultiere, 100 Kamele, 1000 Ballen Brokat und 40 000 Unzen[1] Silber.

Als das Frühjahr wärmeres Wetter brachte, setzte der Taschi Lama die Reise fort. Der Generalstatthalter von Lantschou gab ihm das Geleite. Die 10 000 Soldaten wurden nach einer Woche heimgeschickt. In der Provinz Alaschan erwartete der Schwiegersohn des Kaisers den hohen Besuch und beschenkte ihn mit 100 Pferden, 100 Kamelen, 20 Maultieren und 20 000 Unzen Silber. Im Lauf der nächsten Tage fanden sich neun Häuptlinge mit 45 000 Unzen Silber, 200 Pferden, 20 Kamelen und 500 Yaks ein.

Nach zwölf Tagen erschien wieder ein kaiserlicher Sendbote mit einem Glückwunschbrief, einem reichverzierten zweirädrigen Wagen, der von vier Pferden und vier Maultieren gezogen wurde, einem Palankin, Perlen, 200 Ballen gelber Seide, Flaggen und andern Dingen.

Nach einer weiteren Woche kam der älteste Sohn des Kaisers mit dem obersten Hoflama, dem kaiserlichen Almosenverwalter Tschantscha Hutuktu und einem Gefolge von

---

1 1 Unze = 37,6 Gramm.

10 000 Soldaten dem Zug entgegen. Wieder regneten die Geschenke auf den Taschi Lama herab, Berge von Edelsteinen, Stickereien, Seide, Geld. Am nächsten Tag setzte der Taschi Lama seine Reise in Begleitung des Prinzen und des Hutuktu fort. Es waren noch 19 Tagereisen bis zum Dolonnor. Dort bewirtete der Hutuktu den erhabenen Gast und schenkte ihm 40 000 Unzen Silber.

Wieder 15 Tage danach erschien der jüngere Sohn des Kaisers mit großem Gefolge und mit Geschenken. Er teilte dem Taschi Lama mit, daß nur noch eine Tagereise bis zur Sommerresidenz des Kaisers zurückzulegen sei.

Am nächsten Tag traten sich die beiden großen Machthaber, der weltliche Herrscher und der Kirchenfürst, von Angesicht zu Angesicht gegenüber. Das Truppenspalier begann mehr als 50 Kilometer vom Sommerpalast entfernt und reichte ohne Unterbrechung bis an die Pforten der kaiserlichen Gemächer. Der Großlama legte diese letzte Strecke nur in Begleitung kaiserlicher Prinzen und höchster Würdenträger zurück. Als der Zug den innern Hof des Palastes erreicht hatte, kam der Kaiser selbst seinem Gast bis auf 40 Schritt von den Stufen des Thrones aus entgegen. Er reichte dem Lama die Hand und geleitete ihn zu seinem Prunksitz. Nach vielen Bezeugungen gegenseitiger Ergebenheit und Freude nahm der Lama auf dem höchsten Kissen zur Rechten des Kaisers Platz. Nach dem ersten Begrüßungsgespräch wurden kostbare Geschenke ausgetauscht, dann zog sich der Lama in den Palast zurück, der für ihn bereit gehalten war.

Am nächsten Tag machte der Kaiser seinen Gegenbesuch. Das Gespräch drehte sich zuerst um unwichtige Dinge, dann bat der Kaiser dringend, der Lama möge ihn in einige Geheimnisse seiner Religion einweihen. Der Kaiser und der Taschi Lama zogen sich, nur vom Hutuktu begleitet, in einen andern Flügel des Palastes zurück und nahmen auf drei Stühlen Platz. Auf dem größten, mittleren Stuhl saß der Lama, rechts von ihm der Kaiser, links der Tschantscha Hutuktu.

Der Großlama neigte sich zum Kaiser und flüsterte ihm etwa eine Viertelstunde lang Geheimnisse ins Ohr. Dann erhob er sich und wiederholte mit lauter Stimme religiöse Merksätze, die hierauf vom Kaiser und vom Hutuktu so lange nachgesprochen wurden, bis beide sie auswendig wußten. Die Unterweisung nahm etwa drei Stunden in Anspruch. Während dieser ganzen Zeit blieb das Gefolge in den äußeren Gemächern, ausgenommen zwei oder drei Geistliche, die der Lama von Zeit zu Zeit zur Unterstützung bei gewissen Zeremonien hereinrufen ließ.

Während der folgenden 26 Tage tauschten die beiden Machthaber wiederholt Besuche aus. Bei dieser Gelegenheit berührte der Großlama auch einmal die indische Frage, erzählte von Warren Hastings als »einem mächtigen Fürsten und Herrscher« und drückte die Hoffnung aus, daß es ihm gelingen möge, zwischen dem Kaiser und dem Beherrscher von Hindostan freundschaftliche Beziehungen zu vermitteln.

Der Kaiser ging scheinbar auf diese Anregungen ein und erkundigte sich nach der Persönlichkeit des Warren Hastings, der Größe des Landes, der Zahl seiner Streitkräfte. Diese Fragen beantwortete nicht der Lama selbst, sondern sein Sekretär Porungheer.

Einige Zeit danach verließ der Kaiser Jehol, um zu den Gräbern seiner Vorfahren zu wallfahrten. Der Taschi Lama begab sich mit großem Gefolge nach Peking. Neun Tage später zog er in den Gelben Palast Huang-szu ein, der ihm als Wohnsitz angewiesen war.

Die chinesischen Quellen schildern den Besuchsverlauf ganz anders. Dort heißt es: »Der Kaiser verließ Peking... Am 11. Tag des 7. Monats (10. August 1780) traf der Pan-tschhen Lama aus dem fernen Tibet ein und brachte dem Kaiser zu Tan P'u Ching durch Kniefälle[2] seine Huldigung dar.

2 Herr T. K. Koo, der Übersetzer dieser Quellen, sagt mir, daß der Lama nach dem Shêng-wu-chi (Bericht über kaiserliche Kriegsunternehmungen)

Der Kaiser ging nach dem I-ch'ing-k'uang-tien und empfing dort den Lama bei Tee und Früchten. Der Lama wurde
gnädig zum Sitzen aufgefordert. Der Kaiser befahl ihm,
seinen Wohnsitz im Taschi-lunpo (im Tempel Hsin-kung) zu
nehmen. Am 14. Tag (13. August) gab der Kaiser ein Fest für
den Pan-tschhen Lama, die Fürstlichkeiten und andere Gäste. Am 15. Tag kamen die Fürsten von Durbet und andere,
um dem Kaiser ihre Glückwünsche zum Geburtstag darzubringen. Der Kaiser empfing sie im Chüan-a-shêng-ching,
wohin er auch den Pan-tschhen Lama und die hohen Reichs-
beamten zur Audienz gerufen hatte. Er bot Tee und Früchte
an. Am 3. Tag des 8. Monats (1. September) empfing der
Kaiser den Pan-tschhen Lama und andere im Chüan-a-shêng-
ching zum Tee. Das wiederholte sich an den beiden folgenden
Tagen. Am 11. Tage begab er sich zum Torgebäude des
Sommerpalastes, um die Geburtstagswünsche der Fürsten,
des Torguten-Khans und des Führers der koreanischen Gesandtschaft entgegenzunehmen. Am nächsten Tag empfing
der Kaiser den Pan-tschhen Lama, die Fürsten, hohen Beamten und den Führer der koreanischen Botschaft zum Tee im
Chüan-a-shêng-ching. Am 13. Tage (11. September) war der
Geburtstag Seiner Majestät, der Kaiser nahm die Glückwün-
sche der Fürsten, Mandarinen und anderer entgegen. (Der
Pan-tschhen Lama wird hier nicht erwähnt.) Am nächsten
Tag empfing der Kaiser die Gratulanten noch einmal am
gleichen Ort zum Tee (auch hier fehlt der Pan-tschhen
Lama). Am Abend begab sich der Kaiser zum Garten der
zehntausend Bäume und veranstaltete für den Pan-tschhen
Lama, die Fürsten und andere Großen ein Feuerwerk. Diese
Lustbarkeit wurde an den beiden folgenden Tagen wieder-
holt. Am 19. Tag (dem 17. September) gab der Kaiser ein
Bankett für den Pan-tschhen Lama, die Fürsten und andern

sogar darauf bestanden hatte, den Kotau vor dem Kaiser zu machen,
obwohl dieser selbst nur den gewöhnlichen Kniefall verlangt hatte.

Großen. Am 28. Tag verließ der Kaiser Jehol und begab sich zu den Gräbern seiner Ahnen. Am 2. Tag des 9. Monats (dem 29. September) kam der Kaiser in Ku-pei-k'ou an, und am 20. Tag (dem 17. Oktober) kehrte er nach Yüan-ming-yüan (in seinen Pekinger Palast) zurück.«

In dem Stück des Ch'i-chü-chu (eines von den Beamten der Han-Lin-Akademie verfaßten Tagebuchs), das im kaiserlichen Palast aufbewahrt wurde, fand Herr Koo noch einige kurze und trockene Bemerkungen über den Empfang des Großlama. »Nach dem Tee begab sich der Kaiser in die Hallen des buddhistischen Tempels zu Pao Fa Yü, Yen-po-chih-shuang und Yün-shan-shêng-ti, um dort Räucherwerk anzuzünden, der Pan-tschhen Lama nahm an der feierlichen Handlung teil.« Der Kaiser war im August und September dreimal zur Darbietung der Räucheropfer in Taschi-lunpo, doch wird nicht erwähnt, daß der Pan-tschhen Lama anwesend war. »Am 26. Tag des 9. Monats (23. Oktober) begab sich der Kaiser nach Yung-hokung (zum kaiserlichen Lamakloster in Peking) und Hsi-huang-szu (zum Gelben Tempel), um Räucherwerk anzuzünden. Am 3. Tag des 10. Monats (30. Oktober) empfing der Kaiser den Pan-tschhen Lama und den Tschantscha Hutuktu zu einem Bankett im Pao Ho Tien. Er beschenkte sie mit Stickereien.«[3]

Die chinesischen Quellen erwähnen mit keinem Wort, daß Ch'ien-lung den Pan-tschhen Lama während seiner Krankheit besucht habe, ja sie schweigen sogar über den Tod des Kirchenfürsten. Herr Koo fand in einer chinesischen Chro-

---

3 Herr Koo unterrichtet mich dahin, daß der Kaiser dem Lama kaum einen Ehrenplatz an seiner Seite angeboten habe. Der Kaiser war an bestimmte Regeln gebunden und durfte seinem Gast eine solche Aufmerksamkeit gar nicht erweisen, selbst wenn er wollte. Er konnte Titel verleihen, Geschenke machen, aber nicht seinen eigenen Rang schmälern. In Taschi-lunpo war ein besonderes Kaisergemach eingerichtet, in dem sich der Kaiser stets aufhielt, wenn er den Tempel besuchte.

nik den Bericht eines Mönches von »den Hügeln des Westens«, der den Großlama im Gelben Tempel besuchte und ihm Vorwürfe machte, weil er das Reine Land Tibet verlassen hatte. Es heißt dort, der Großlama habe die Worte des Tadels demütig angehört.

Porungheers Bericht in der Turnerschen Fassung und die Darstellung der chinesischen Quellen widersprechen sich auffallend. Die chinesischen Chroniken sind ohne Zweifel glaubwürdiger.

Im englischen Bericht heißt es weiter:

Täglich strömten ungezählte Fremde zum Gelben Tempel. Kaiserliche Prinzen, Fürsten, hohe Beamte, Mönche und anderes Volk drängten sich in den Gärten, um den Segen des Erhabenen zu empfangen oder doch wenigstens Seine Heiligkeit von fern zu sehen. Alle Angehörigen der kaiserlichen Familie wurden empfangen, der Lama legte ihnen die bloße Hand auf und sprach ein Gebet über sie. Bei der Segnung hoher Würdenträger und anderer Personen von Rang war die Hand des Großlama mit gelber Seide umwickelt. Das übrige Volk wurde nur durch Berührung mit einem Holzstab gesegnet.

Nach fünf Tagen erschien der Kaiser selbst zu Besuch im Gelben Tempel. Er wurde mit großem Prunk empfangen. Der älteste Sohn des Kaisers mußte dem hohen Gast alle Gemächer des Palastes, den Tempel und andere Sehenswürdigkeiten zeigen. Auch die Damen des Hofs wollten Seine Heiligkeit sehen. Der Großlama kam zu ihnen, nahm auf einem Thron Platz und segnete sie in der Reihenfolge des Ranges. Dabei saß er gesenkten Hauptes und mit niedergeschlagenen Augen, um nicht durch den Anblick weiblicher Schönheit besudelt zu werden.

Der Kaiser selbst führte seinen Gast zum Tempel der Rechten Lehre. Dann verbrachte Seine Heiligkeit eine ganze Nacht beim Tschantscha Hutuktu im gemeinsamen Gebet. Endlich wurde er sogar auf den Glockenturm geführt, dessen

Glocken nur geläutet wurden, wenn das Volk zu den Waffen gerufen oder ein großer Sieg gefeiert werden sollte.

Der Kaiser und Seine Heiligkeit tauschten im Laufe der Monate mehrmals Besuche aus und verrichteten im Tempel gemeinsam den Gottesdienst. Noch einmal kam der Taschi Lama auf Warren Hastings zu sprechen, mit dem er auf sehr freundschaftlichem Fuß stand. Er bat den Kaiser, die Verbindung mit Hastings aufzunehmen und ihm einen Brief zu schreiben. Der Kaiser antwortete, er sei gern bereit, den Statthalter von Hindostan kennenzulernen. Er wolle nach dem Diktat des Großlama einen Brief schreiben und schlug vor, der Großlama selbst möge die kaiserliche Botschaft bei seiner Rückreise mitnehmen und von Tibet aus an Hastings weiterbefördern. Der Lama bedankte sich innig für das Entgegenkommen.

Wenn an dieser Darstellung ein wahres Wort ist, so spielte der Kaiser eine Komödie. Er, der wenige Jahre später Georg III. wie einen gewöhnlichen Vasallen abkanzelte, hätte sich nie dazu herabgelassen, mit dem Beamten einer Handelsunternehmung in Briefwechsel zu treten. Ch'ien-lung spielte seine Rolle sehr geschickt. Sein Versprechen gehörte mit zur Komödie. Im Augenblick, wo er seine Zusage machte, wußte er genau, daß er sie nie erfüllen werde.

Eines Tages kam der Großlama trotz Schnee und Kälte zum Kaiser. Als er in den Gelben Tempel zurückkehrte, klagte er über Kopfschmerzen und Fieber. Am nächsten Tage hatte er die Pocken. Die allgemeine Bestürzung war groß. Der Kaiser eilte an das Krankenbett. Er brachte seine besten Ärzte mit und zeigte sich sehr besorgt und beunruhigt. Der Lama verteilte ein Vermögen an die Armen und Rechtgläubigen, damit sie für ihn beteten. Er selbst vereinigte sich mit seiner nächsten Umgebung im Gebet. Seine letzte Stunde hatte geschlagen.

Wie es im Krankenzimmer des Taschi Lama aussah und was dort geschah, läßt sich nur mit einiger Einbildungskraft vorstellen. Ich selbst besuchte den Gelben Tempel im Jahre 1923. Die dortigen Lamas zeigten mir das Gemach, in dem der Taschi Lama gestorben sein soll. Es war verfallen, verwahrlost und unbewohnbar geworden. An der einen Wand stand ein Möbel, das einer Plattform glich. Inzwischen ist ein Teil des Gelben Tempels völlig zerstört, ganze Flügel sind eingestürzt. Die wenigen zerlumpten Mönche, die mich im Jahre 1930 herumführten, wußten nichts mehr vom Sterbezimmer des Taschi Lama.

Der Sterbende mußte mit gekreuzten Beinen sitzen, die Hände mit den offenen Flächen nach oben auf die Knie gelegt. In dieser Stellung des über den Weg der Erlösung sinnenden Buddha muß der Lama den Tod erwarten.

Verliert der Kranke die Macht über seine Glieder, so stützen dienende Brüder den Leib mit Kissen und Polstern. Die hohe Geistlichkeit versammelt sich am Sterbebett, das eintönige Gemurmel betender Priester summt durch den Raum. Von Zeit zu Zeit berühren die Betenden, auf die Handfläche gestützt, mit der Stirn den Fußboden, sie verneigen sich vor der fliehenden Seele Amitabhas. Der müde Erdenpilger fühlt, wie das Leben aus seinem Leib entflieht, er möchte in seine Kissen sinken, aber ihm ist die Ruhe nicht gegönnt. Die ins Leere greifenden Hände werden immer wieder in die vorgeschriebene Lage gebracht, das schwankende Haupt wird gestützt, Kissen werden unter die Ellbogen geschoben, das Geleier der Betenden dröhnt ihm in die Ohren. Er scheint zu lauschen, aber schon hört er nichts mehr, das Haupt sinkt auf die Brust, er ist verschieden.

Die Mönche verstummen in tiefster Ehrfurcht. Der Geist Amitabhas hat die irdische Hülle verlassen, in der er mehr als 50 Jahre hindurch gewohnt hat. Dadurch beweist Amitabha seine Macht, seinen Willen und seine Gegenwart deutlicher als je zu Lebzeiten des Großlama. Im Augenblick des Todes hat er seinen Willen bekundet, die Wohnstätte zu wechseln. Noch schwebt er durch den Raum. Die Anwesenden glauben zu fühlen, wie sein Geist ihre Stirnen umweht. Sie wagen kaum zu atmen. Jeden Augenblick kann Außerordentliches geschehen. Der Großlama ist tot. Wieder ertönt das Gemurmel der Betenden, jetzt sprechen sie die Sterbegebete, nicht mehr die Bitte um langes Leben.

Amitabha hat die Wanderung angetreten, er sucht den neugeborenen Knaben, dessen Leib würdig ist, seines Geistes neue Hülle zu sein. Die Gottheit schwebt über den Jurten der Mongolen, die Rechtgläubigen hören das Brausen ihrer Schwingen von Khalkha bis Ordos, in Torgut, Alaschan und Tsajdam. Die Kunde vom Tod des Kirchenfürsten eilt durchs Land, so schnell nur immer reitende Boten eine Nachricht verbreiten können. In Amdo, Tangut und Tibet, in Nepal, Bhutan, Sikkim und Ladakh hoffen die Eltern neugeborener Knaben, die Gottheit werde bei ihnen einkehren. Sie haben am Geburtstag ihres Kleinen wunderbare Lichterscheinungen am Himmel gesehen, sie haben gehört, wie das Neugeborene sprach – die Gottheit hat aus seinem Mund gesprochen. Sie schicken die Botschaft nach Taschi-lunpo. Die heilige Kammer wird eines Tages entscheiden, in welchem Knaben Amitabha seinen Sitz aufgeschlagen hat.

Die Mönche im Sterbezimmer sorgen indessen dafür, daß die Leiche in der richtigen Stellung erkaltet. Sie bekleiden den Toten mit dem Ornat des Hohenpriesters. Die gelbe Seide mit Goldstickerei, die roten Tücher, die hohe gelbe Mitra, alles muß neu sein, kein Lebender darf es je getragen haben.

So sitzt der tote Großlama in voller Pracht auf seinem Thron. Am nächsten Tag erscheint der Sohn des Himmels in tiefster Trauer und bringt dem verstorbenen Gast unter Tränen die letzte Huldigung dar. Als überzeugter Anhänger des Lamaismus versenkt er sich zu Füßen des Sterbethrons in andächtiges Gebet, während er innerlich über den Aberglauben lacht. Ch'ien-lung war ein feiner Schauspieler, er wußte wohl, daß seine Ehrfurcht und Anbetung auf den Flügeln des Gerüchtes in alle Länder des Lamaismus dringen und die

Völker nur desto fester an seinen Thron fesseln würden. Andacht, Tränen und Trauer waren geschickte Züge im politischen Schachspiel.

Auf Befehl des Kaisers wurde die Leiche in einen pyramidenförmigen Sarg gelegt. Man gab Gewürzkräuter und Wohlgerüche bei. Dann wurde ein Tempelchen aus reinem Gold angefertigt, so groß, daß der Sarg darin Platz hatte. Als das Wunderwerk fertig war, begab sich Ch'ien-lung abermals zum Gelben Tempel und verteilte an die tausend Mönche des Tempels und an das Gefolge des toten Großlama reichlich Geld.

Es war Winter. Die Gäste aus Tibet blieben noch zwei Monate in Peking. Dann erschien der Kaiser eines Tages wieder im Sterbehaus und legte ein Lak Rupien (damals etwa 225 000 Mark) Stickereien und Seide vor dem Sarg des Großlama nieder, als ob der Erhabene noch lebte. Ch'ien-lung rief den Bruder des Taschi Lama herbei und wünschte dem Leichenzug eine glückliche Reise nach Taschi-lunpo. Er bat den Bruder des Verstorbenen, ihm durch die schnellsten reitenden Boten Nachricht zu geben, sobald es der Seele des Erhabenen gefallen habe, in einem andern Leib ihren Sitz zu nehmen, ja er lud ihn sogar ein, selbst nach China zu kommen und die Nachricht zu überbringen.

Ch'ien-lung wollte offenbar über die Thronfolge in Taschi-lunpo rechtzeitig Bescheid wissen und den Nachfolger gleich von vornherein darauf aufmerksam machen, daß er nicht ungestraft mit dem Generalstatthalter von Indien gemeinsame Sache machen könne.

Pater Amiot[4] gibt uns ein etwas anderes Bild von der Reise des Taschi Lama als die englischen und chinesischen Quellen. Die Engländer haben offenbar den Prunk, der auf der Reise entfaltet worden sein soll, arg übertrieben. Der Kaiser stellt

4 Mémoires concernant l'histoire etc. des Chinois. Tome IX. Paris 1783.
S. 446 ff.

die Sache so dar, als sei ihm die Reise des Taschi Lama ganz überraschend gekommen.

Der gelehrte Jesuitenpater schildert die einzelnen Etappen der Reise, berichtet auch von den Geschenken, die der Kaiser seinem hohen Besuch schon unterwegs entgegenschicken ließ. Er erwähnt vor allem einen Rosenkranz aus Perlen, Sattelzeug, Kultgegenstände, Sänften, Zelte, Standarten und Altargerät aus Gold und Silber.

Bei einem Prunkessen in Jehol brachten die mongolischen Stammesfürsten und Adeligen gemeinsam mit den Gesandten der Koreaner und Mohammedaner dem Kaiser ihre Huldigung dar. Der Kaiser schreibt in dem von Amiot wiedergegebenen Brief an den Dalai Lama nichts darüber, daß die auswärtigen Gäste auch dem Taschi Lama ihre Aufwartung gemacht hätten. Dagegen bedankt er sich ganz besonders dafür, daß der Taschi Lama so aufmerksam gewesen sei, eine Entfernung von 20 000 Li zurückzulegen, nur um sich an der Feier des kaiserlichen Geburtstages beteiligen zu können. »Ich habe mit Rührung bemerkt, daß der Hohepriester niemals von seiner Rückreise sprach. Es schien, als wollte er für immer in meiner Nähe bleiben.«

Zum Schluß schreibt der Kaiser, er habe den Priestern befohlen, die hunderttägigen Totengebete zu halten. Das ganze tibetische Gefolge wurde reich beschenkt, und der Bruder des Toten erhielt den Titel »Fürst des wirksamen Gebetes«.

Der Kaiser selbst folgte dem Leichenzug ein Stück Wegs, sein ältester Sohn blieb drei Tagemärsche weit im Gefolge, und zwei hohe Mandarinen reisten bis Taschi-lunpo mit. Sie überreichten dem Dalai Lama im Auftrag des Kaisers einen Rosenkranz aus Korallen und goldenes Tischgedeck.

Der Kaiser empfing den Lama vermutlich aus politischen Gründen mit großem Gepränge. Die chinesische Nachwelt sollte aber nicht darüber im Zweifel sein, daß Seine Kaiserliche Majestät hoch über allen Sterblichen stand, auch über dem Großlama. Deshalb gab der Kaiser wohl den amtlichen Chronisten Anweisungen, wie weit sie in der Schilderung der wirklichen Ereignisse gehen durften. Die Geschichtsschreiber stellen daher den Besuch des Lama als untergeordnetes Ereignis dar, vermengen die Schilderung absichtlich mit dem Bericht über den Empfang von Fürsten, Vasallen und Gesandten, die jährlich zum Geburtstag des Kaisers erschienen. Das Hinscheiden des Taschi Lama wird von den Chroniken bezeichnenderweise als nebensächliches Ereignis mit Stillschweigen übergangen. Vielleicht starb der Taschi Lama wirklich eines natürlichen Todes, vielleicht vermuten aber auch Abel Rémusat und Koeppen mit Recht einen politischen Mord. Jedenfalls war der Tod des Hohepriesters für die kaiserliche Außenpolitik von größter Bedeutung. Dieser Todesfall stärkte ein Glied in dem Ring von Schutzgebieten, der das eigentliche China umschloß. Die Jahrbücher mußten darüber schweigen, denn man hängt einen so wichtigen Erfolg in der hohen Politik nicht an die große Glocke.

Der gewaltige Leichenzug des dritten Taschi Lama verließ die Hauptstadt der Mandschu-Kaiser. Die äußeren Umstände, der endlose Weg, die Wildheit der Landschaft, durch die der Zug sich seinem Ziel zu bewegte, umgeben ihn mit dem Glanze des Abenteuers. Die Entfernung zwischen Peking und Taschi-lunpo beträgt 2200 Kilometer in der Luftlinie, die Umwege mitgerechnet, vielleicht 3000 Kilometer. Die Reise dauerte sieben Monate und acht Tage, die Tagesleistung beträgt also knapp 14 Kilometer. Das ist für so einen schwerfälligen Troß nicht wenig. In Tibet waren Pässe von mehr als 5000 Meter Höhe zu überschreiten, gerade zur Zeit der Schneeschmelze mußte der Zug über breite Ströme setzen, in der heißen Jahreszeit ging es durch wasserlose Wüsten und dann durch die Berge von Tibet, wo im Sommer Platzregen und Hagelschauer niedergehen.

Niemand hat uns eine Schilderung dieser einzigartigen Reise hinterlassen. Für die Mönche war es ein Trauerzug, sie hatten nur den einen Wunsch, recht bald wieder in die friedlichen Zellen des Klosters Taschi-lunpo einziehen zu können. Für die Offiziere der chinesischen Begleitmannschaft war es ein vom Kaiser angeordneter Truppenmarsch. Die meisten Teilnehmer der abenteuerlichen Fahrt konnten weder lesen noch schreiben, und die wenigen des Schreibens Kundigen dachten mehr an die Reit- und Zugtiere, die Verpflegung und die Lagerplätze als an den traurigen Anlaß des Unternehmens. Sie wußten nur, daß eine Bahre mitgetragen wurde, auf der unter dem goldenen Tempelchen der pyramidenförmige Sarg stand. Der Kaiser hatte für die Reise noch einen äußeren Schutztempel aus Kupfer anfertigen lassen. Er hatte für die schwere Last 1000 Träger zur Verfügung gestellt, die unterwegs schichtweise abwechselten.

Drei Tage, nachdem der Kaiser durch Erlaß kundgegeben hatte, daß alles bereit sei, verließ der Zug den Gelben Tempel. Eine unabsehbare Menschenmenge mag sich zu dem Schauspiel eingefunden haben, hatte doch auch kein einziger Einwohner von Peking versäumt, sich vom Großlama segnen zu lassen. Schon nach dem ersten Tagemarsch stellte sich heraus, daß die Last zu schwer war. Man entfernte den äußern Tempel aus Kupfer und den innern aus Gold, der Sarg wurde zum Schutz gegen das Wetter in gewachste Seide gewickelt und mit gelben Binden auf die Bahre gebunden. Diese Maßnahme machte eine Steigerung der täglichen Marschleistung möglich.

Der Großlama war mit einem Stab von Mönchen verschiedenen Ranges und andern Würdenträgern und mit einer Bedeckung von 1500 Mann von Taschi-lunpo abgereist. Die Begleitmannschaft war vermutlich in Kumbum oder Lantschou zurückgeblieben, weil sie dort durch kaiserliche Truppen abgelöst wurde. Nur der eigentliche Stab hatte die Reise bis Jehol und Peking mitgemacht. Die tibetische Leibwache schloß sich dann auf der Rückreise dem Zug dort wieder an, wo sie zurückgelassen worden war. Dafür konnten wohl die

200 Reiter, die der Kaiser dem Zug als Bedeckung mitgegeben hatte, an der Grenze zwischen China und Tibet entlassen werden.

Der Totenzug muß aus reisetechnischen Gründen den gleichen Weg gemacht haben, den der lebende Großlama auf der Hinreise genommen hatte. Durch Ordos und Alaschan nach Lan-tschou, Hsi-ning und über Kumbum, Amdo, Tang-la auf dem üblichen Wallfahrtsweg am Tengri-nor vorüber nach Taschi-lunpo. Aber der Geist Amitabhas begleitete den Zug nicht mehr.

Das Leichengefolge wälzte sich im Brand der Sommersonne durch Sunit und Durbet, durch die ostmongolische Wüste, an den Zeltlagern der Ölöten vorüber, durch die Sanddünen von Alaschan. Sandstürme hüllten die Bahre in gelbbraune Wolken, die heiligen Fahnen flatterten im Wüstenwind. Das glänzende Gold der Götterbilder wurde vom Flugsand blind gefegt, die bunten Farben der Thronhimmel mit ihren langen herabhängenden Fransen und Bändern verblichen in der Sonne, die Träger stapften gesenkten Hauptes dahin, um nicht im Flugsand zu ersticken. An klaren, windstillen Tagen wieder strahlten die Götterbilder, die bunten Tücher und heiligen Schärpen hingen farbenprächtig an ihren Stangen, ein wogender Wald frommer Symbole. Die Mönche ritten auf schwarzen oder weißen Pferden, die gelben Holzhelme auf dem Kopf, mit ochsenblutfarbenen oder safrangelben Gewändern angetan. Die Hellebarden der Soldaten blitzten in der Sonne, die grellfarbenen Uniformen hoben sich vom eintönigen Hintergrund des Wüstensandes ab.

Die endlosen Karawanen der Kamele mit Kisten, Zelten, Getreidesäcken und anderer Verpflegung folgten dem eigentlichen Zug. Mongolische Kamelreiter und Tibeter zu Pferde bewachten den Troß. Der Zug war vermutlich so geordnet, daß die hohen Herren beim Beziehen des Nachtlagers nicht auf Zelte und Lebensmittelkisten warten mußten. Wenn sie den vorgesehenen Lagerplatz erreichten, waren die Zelte wohl schon aufgeschlagen und das Essen zubereitet. Alle Bedarfsgegenstände waren doppelt vorhanden. Die eine Schicht brach schon vor Morgengrauen auf und eilte dem Zug voraus, um an Ort und Stelle alles vorzubereiten.

Die Lagerordnung war genau bestimmt. Die Zelte der Mönche von Rang waren im Geviert um die Bahre des Großlama angeordnet. Am Sarg selbst wurde ein Altar errichtet, darauf standen Opfergefäße, Götterbilder und symbolische Gegenstände. Das Ganze glich einem wandernden Mausoleum mit Leichenwache, Leibgarde und flammenden Opferfeuern in echt goldenen Brandpfannen. Nacht für Nacht lasen die Mönche in singendem Tonfall ihre Totengebete für den Entschlafenen. Die Posaunen, Hörner und Trommeln dröhnten dumpf und feierlich. Von Zeit zu Zeit wurde das eintönige Geleier unterbrochen, die Mönche sprachen mit erhobener Stimme die sechs heiligen Silben »om mani padme hum« oder die gewichtigen Worte »om a hum«.

Das Zeltlager des großen Heerhaufens legte sich in immer weiter werdenden Ringen um diese Grabkapelle, die Lagerfeuer brannten, das Nachtmahl wurde zubereitet, das Leichengefolge erholte sich von dem anstrengenden Marsch. Das war kein lauter, johlender Haufe wie die Handelskarawanen oder Truppenzüge. Die Stimmung war feierlich und ernst. Die abergläubische Scheu vor dem toten Großlama erstickte den Lärm ausgelassenen Lagerlebens. Wer die sterblichen Reste des Erhabenen tragen durfte, fühlte sich geehrt und wußte, daß seiner im Jenseits besonderer Lohn wartete. Wenn die Lagerfeuer erloschen waren, lag Grabesruhe über den Zelten. Nur die Hunde der Nomaden bellten in der Ferne, die Pferde schnaubten und kauten leise, von Zeit zu Zeit tönte der langgezogene Klang der Tempelposaunen oder ein Trommelwirbel durch die Nacht.

Beim ersten Morgengrauen trat eine neue Schicht von Bahrenträgern beim Sarg an, der Marsch wurde fortgesetzt. Wohin der Leichenzug auch kam, überall strömten die

Gläubigen von weitem herbei, um dem toten Kirchenfürsten die letzte Ehre zu erweisen. Häuptlinge und reiche Hirtennomaden erschienen mit Ehrengaben, das Leichengefolge hatte Nahrung in Hülle und Fülle. Durch Freigebigkeit gegenüber dem toten Lama und seinem Gefolge erwirbt sich der Gläubige besondere Verdienste vor dem Thron des ewigen Buddha. Wer bis zum Sarg vordringen und die seidenen Bänder mit den Händen berühren konnte, der fühlte sich über die Maßen beglückt und reichsten Segens teilhaftig.

In Kumbum, wo der Taschi Lama auf seiner Reise nach China überwintert hatte, blieb der Leichenzug wohl nur einige Tage. Der Sarg des Toten wurde während dieser Zeit im goldenen Tempel vor dem Bildnis Tsong Khapas aufgestellt. Der Oberpriester und Mönche des Klosters hielten beim trüben Schimmer qualmender Talglampen die Totenwache und murmelten ihre eintönigen Gebete. Zehntausende von Pilgern eilten herbei, eine ganze Stadt von Zelten legte sich im Ring um das Kloster, es wimmelte von Menschen, Pferden und Kamelen.

So wurde die Heimfahrt des entschlafenen Großlama zum Siegeszug, nicht weniger prunkvoll, wie seinerzeit die Ausreise gewesen war, nur daß damals festlicher Jubel herrschte, jetzt aber der feierliche Ernst der Trauer über dem Zuge lag.

Von Kumbum aus reiste das Leichengefolge auf dem uralten Wallfahrerweg weiter, den Hunderttausende mongolischer Pilger gegangen sind, die heiligen Städte Lhasa und Taschi-lunpo zu besuchen. Auf diesem Wege floß ein nie versiegender Strom von Silber in die Klosterkassen der großen Tempelstädte. Der müde Pilger schöpfte für seine mühselige Reise von Tag zu Tag neue Kraft aus der Hoffnung, er werde am Ende seiner Wanderschaft die beiden erhabensten Vertreter des Lamaismus von Angesicht zu Angesicht schauen. Die Frömmsten der Pilger hatten die Länge des Wegs mit ihrem eigenen Körper gemessen: Sie legten sich auf den Boden, machten ein Zeichen in den Staub, wo ihr Scheitel lag, erhoben sich, legten sich von neuem nieder, so daß nun die Fersen auf dem Zeichen ruhten, und so fort bis an die Schwelle des Tempels. Aber noch nie hatte ein Toter die Wallfahrt gemacht, wie jetzt der Großlama, der als Leiche zu seinem eigenen Tempel, seiner eigenen Grabkammer pilgerte. Ich war noch 127 Jahre nach dem Tode des Taschi Lama in der prunkvollen Grabkammer Zeuge davon, wie die Pilger aus fernsten Ländern dem Toten Anbetung zollten, wie sie den Boden vor dem pyramidenförmigen Sarg mit der Stirn berührten.

Von Kumbum wurde der Weg beschwerlich. Die Oberläufe der großen Flüsse Chinas und Indochinas kreuzten die Straße, Brücken gibt es in jener Gegend nicht. Inzwischen war es Herbst geworden, die Regenzeit ging zu Ende, die Schneeschmelze in den Bergen hatte aufgehört. Zwischen den Flüssen lagen Bergketten mit hohen, oft gefährlichen Paßübergängen. War die Höhe eines Passes erklommen, so wurde im Süden der nächste Gebirgszug mit seinen zackigen Umrissen sichtbar, Reihen schneebedeckter Gipfel, weite Gletscherhalden glänzten im kalten Licht. Auf der Paßhöhe fielen scharfe Winde über den Trauerzug her, die harten, feinen Schneekristalle wirbelten in Wolken um die heiligen Fahnen, um die ewig lächelnden Buddha-Bilder und die schwankende Bahre, auf der die Leiche in einsamer Majestät thronte. Wenn das Leichengefolge, in Wirbelschnee gehüllt, gleich einer Gespensterschar vorüberzog, hoben die äsenden wilden Yaks grunzend die Schädel und stoben davon, die Antilopen und wilden Schafe folgten der Warnung ihres Leittiers und nahmen Reißaus. Nur die wilden Esel ließen sich nicht stören, sie starrten neugierig den sonderbaren Zug an.

Bei kühlem Wetter, in klarer und ruhiger Luft, enthüllte die Landschaft ihre ganze überirdische Schönheit. Die Berge standen in violetten, braunen und gelblichen Tönen, auf den höchsten Kämmen schimmerte der ewige Schnee in reinstem

Weiß, die Gletscherschründe klafften blaugrün. Tausend-
köpfige Herden von Orong-Antilopen tauchten in der Ferne
auf, die blanken Hörner glänzten in der Sonne wie aufge-
pflanzte Bajonette. Die Murmeltiere verschwanden mit
schrillem Pfeifen in ihren Erdlöchern, die Bären mit ihren
halbmondförmigen weißen Abzeichen am Hals glotzten miß-
trauisch, die Königsadler hockten unbeweglich wie Bronze-
bildnisse auf hoher Felsklippe.

Die Monate kamen und gingen, endlich schimmerte fern
im Süden der türkisblaue Spiegel des Tengri-nor, hoch über
dem jenseitigen Ufer thronten die Schneegipfel des Nien-
chen-tang-las. Von der Höhe des Passes aus war es nicht mehr
weit bis zum Ufer des Tsang-po. Dort lagen schon die Boote
aus Yakhäuten bereit, die den Zug in einigen Tagen ans
andere Ufer brachten. Dann war nur noch eine Tagereise bis
Taschi-lunpo. Hinter der großen Kurve von Schigatse-dsong
wurde das Kloster in aller Pracht am Fuß des Felsens sichtbar.
Die goldenen Dächer der zwei Begräbnishäuser ragten strah-
lend aus dem Gewimmel der schwarzen, weißen und roten
Gebäude. Das eine Mausoleum war damals eben neu erbaut,
es war gerade fertig geworden, bevor der Großlama seine
Reise nach Peking angetreten hatte. Jetzt wurden die Grab-
kammern ausgeschmückt. Die reichen Geschenke, die der
Lama auf der Reise erhalten hatte, gestatteten besonders
reiche Prachtentfaltung.

Als alles fertig war, wurde der Entschlafene in dem mit
Edelsteinen besetzten Tschorten beigesetzt, das noch heute
an der Nordwand der Grabkammer steht. Über dem altan-
ähnlichen Eingang, den die Bilder von vier Geisterkönigen
zieren, hängt noch ein Schild, der den Namen des Kaisers
Ch'ien-lung in Gold trägt.

Die Erinnerung an jene dramatischen Begebenheiten lebt
heute noch in einigen halbvergessenen Urkunden, für den
Wissenden ist sie in dem verfallenen Kloster Hsin-kung wie
durch ein Denkmal festgehalten.

Mausoleum des Teschu Lama

Worterklärungen

Amban, (Bogle schreibt: *Amba*), chinesischer Distriktvorsteher, gemeint ist hier der von Lhasa.

Broad-cloth (englisch), feines schwarzes Tuch.

Chanzo Cucho, Bruder des Teschu Lama.

Chum Cucho, Schwägerin des Teschu Lama, Mutter der Pyn Cuchos.

Dalai Lama (mongolisch), »Ozean des Wissens«, geistliches und weltliches Oberhaupt Tibets, Inkarnation von Tschenresi, dem Gott der Gnade.

Deb Rajah, Titel des weltlichen Fürsten von Bhutan.

Derwisch (persisch), eigentlich Mitglied eines islamischen geistlichen Ordens, von Bogle allgemein für Mönch gebraucht.

Fakir (arabisch), Pilger, Bettelmönch.

Gesub, Gesub Rimpoché, Gesub Rin-po-tsche, Vorsitzender des Rates der fünf Minister in Lhasa, Regent während der Minderjährigkeit des Dalai Lama.

Gosain, Gosein, indischer religiöser Pilger, der auch Handelsgeschäfte betreibt.

Gurkhali Rajah, Fürst der Gurkha in Nepal.

Inkarnation (neulateinisch), Fleischwerden, Verkörperung. »Dem Volksglauben nach wie die Verkörperung eines Heiligen oder eines verstorbenen Gelehrten oder auch irgendeines anderen übermenschlichen Wesens, also eines Gottes, eines Dämons oder dergleichen ... An zweiter

Stelle stehen die Verkörperungen sagenhafter Persönlichkeiten, wie der des Dalai Lama, der Teschu Lama...«
(Alexandra David-Neel). Jedes Kloster hat eine oder mehrere Inkarnationen. Da nach dem lamaistischen Glauben
eine Folge von Inkarnationen auftritt, ist häufig von
»*Reinkarnation*«, im Sinne von »Wiedergeburt« die Rede.

Khadak, Pelong (s. d.).

Killadar, Gouverneur, Burgvogt.

Lama, »Lehrer«, »Großer Mönch«. Dieser Titel steht eigentlich nur den Inkarnationen zu und einigen wenigen anderen Mönchen, die sich durch ihre asketische Lebensweise
oder durch Wundertaten hervorgetan haben. Sie alle haben
das Vorrecht, Segen zu spenden, und werden wie Heilige
verehrt. Durch die Unkenntnis der nicht mit den wahren
Zusammenhängen Vertrauten wird diese Bezeichnung oft
auf alle Mönche und Nonnen übertragen, auch auf solche,
die keine Weihen besitzen und völlig ungebildet sind.

Lama Rimboché, Dharma Lama, geistliches Oberhaupt von
Bhutan.

Mahendra-Malli, Münzeinheit in Tibet und Nepal.

Pantschen Lama, Pan-tschen Lama, Panchen Rimboché,
Teschu Lama (s. d.).

Pelong Taschentuch, Schärpe aus Seide oder grobem, mit
Kalk gestärktem Baumwollstoff von hellblauer oder weißer Farbe, von unterschiedlicher Länge und Breite und
sehr verschiedenem Wert. Diese Schärpen spielen bei jeder
Begrüßung eine große Rolle und werden auch mit Geschenken und Briefen mitgeschickt. Bezeichnung in Tibet:
Khatag, Khadak oder Chadak.

Polyandrie (griechisch), Vielmännerei, Ehe einer Frau mit
mehreren Männern, meist Brüdern, kommt nur in Gebieten mit Ackerbau vor und bei unteren sozialen Schichten.
Ihr Zweck dürfte sein, eine Besitzzersplitterung zu verhindern, vielleicht ist sie auch eine Art der Geburtenkontrolle.

Pyn Cuchos, Neffen des Teschu Lama.

Rajah (Sanskrit), Fürst, König.

Sopon Chumbo, »Mundschenk« und Vertrauter des Teschu Lama.

Teschu Lama, Taschi Lama, Pantschen Lama, Panchen Rimboché, »Juwel des großen Gelehrten«, Vorsteher des Klosters Teschu Lumbo, Reinkarnation des Budda Amitābha, hat damit einen höheren geistlichen Status als der Dalai Lama.

Vakíl, Gesandter.

Ziegeltee, bei den Nomadenvölkern Zentralasiens allgemein verbreitetes Nahrungsmittel. Grobe Blätter, Stiele und kleine Zweige der Teepflanze werden in die Form großer Ziegelsteine gepreßt.

Literatur

MAXIMILIAN VON BRANDT (Hrsg.): *Aus dem Lande des lebenden Buddhas. Die Erzählungen von der Mission George Bogle's nach Tibet und Thomas Manning's Reise nach Lhasa (1774 und 1812). Aus dem Englischen des Mr. Clements R. Markham.* = Bibliothek denkwürdiger Reisen, 3. Band, Hamburg 1909.

CLEMENTS R. MARKHAM (Ed.): *Narratives of the mission of George Bogle to Tibet and of the journey of Thomas Manning to Lhasa.* London 1876.

– : Second Edition. London 1879.

– : Reprint der 2. Auflage London 1879, New Dehli 1971.

OTTO BAUMHAUER (Hrsg.): *Tibet und Zentralasien.* = Dokumente zur Entdeckungsgeschichte, Band 2. Stuttgart 1965.

NATALIE ETTINGER: *Asiens Herzland.* London 1971.

SVEN HEDIN: *Transhimalaya.* 3 Bände, Leipzig 1909.

SVEN HEDIN: *Jehol, die Kaiserstadt.* Leipzig 1932.

RÉGIS ÉVARISTE HUC: *Wanderungen durch die Mongolei nach Tibet 1844–1846.* Hrsg. v. Hans Walz. Stuttgart 1966.

RÉGIS ÉVARISTE HUC: *Travels in Tartary, Thibet, and China, during the years 1844–5–6. By M. Huc. Translated from the French by W. Hazlitt.* Illustrated. 2 volumes, London o. J.

PETER-HANNES LEHMANN/JAY ULLAL: *Tibet. Das stille Drama auf dem Dach der Erde.* Hamburg 1981.

Luciano Petech: The missions of Bogle and Turner according the Tibetan texts. In: *T'oung Pao.* Volume XXXIX, S. 330 ff., Leiden 1949.

H. E. Richardson: *Tibet and its history.* London 1962.

Samuel Turner: *An account of an embassy to the court of the Teshoo Lama in Tibet, containing a narrative of a journey through Bootan and a part of Tibet, by Captain Samuel Turner.* London 1800.

Besprechung dazu in: *Allgemeine Geographische Ephemeriden,* Band 7, S. 222 ff., Weimar 1801.

Samuel Turner's *Gesandschaftsreise an den Hof des Teshoo Lama durch Bootan und einen Teil von Tibet. Aus dem Englischen.* Hamburg 1801.

Samuel Turner: *Reisen nach Butan und Tibet vom Kapitain Samuel Turner. Aus dem Englischen in einem gedrängten Auszuge mitgetheilt von M. C. Sprengel.* Weimar 1801.

Mountain covered with Snow seen from the Valley of Jhansu in September

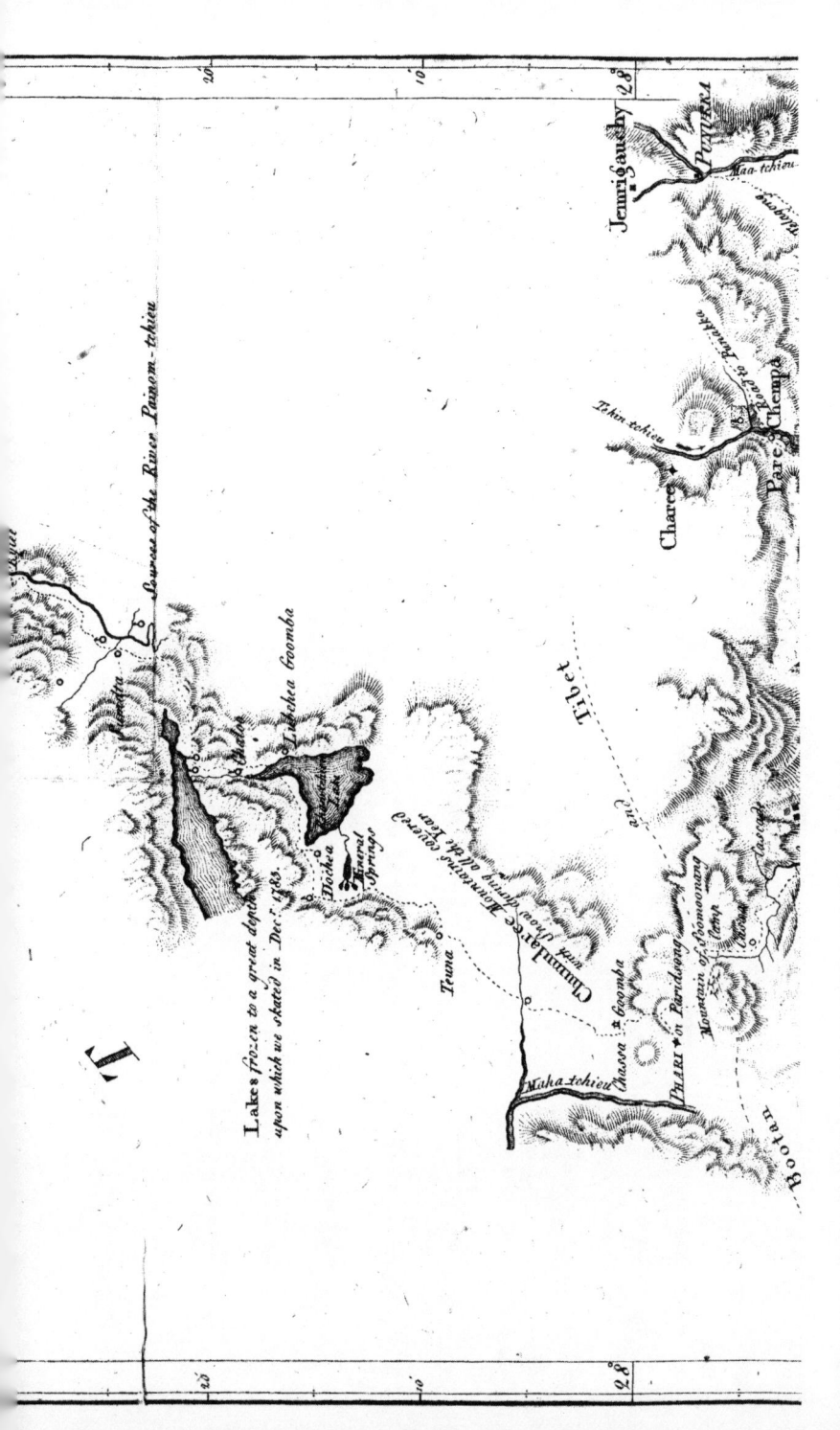

Jemrigaudry 28°

Ptaynga

Maa-tchieu

Tchin tchieu

Chare

Parc Chempa

Source of the River Painom-tchieu

Painom

Lingchea Goomba

Hoikea

Thermal Springs

Tibet

Lakes frozen to a great depth
upon which we skated in Dec.r 1783.

Chumalaree Mountains
with Snow dying the Year

Teuna

Chassa Goomba

Mountain of Soomonang

PHARI or Paridzong

Maha-tchieu

Booten

T

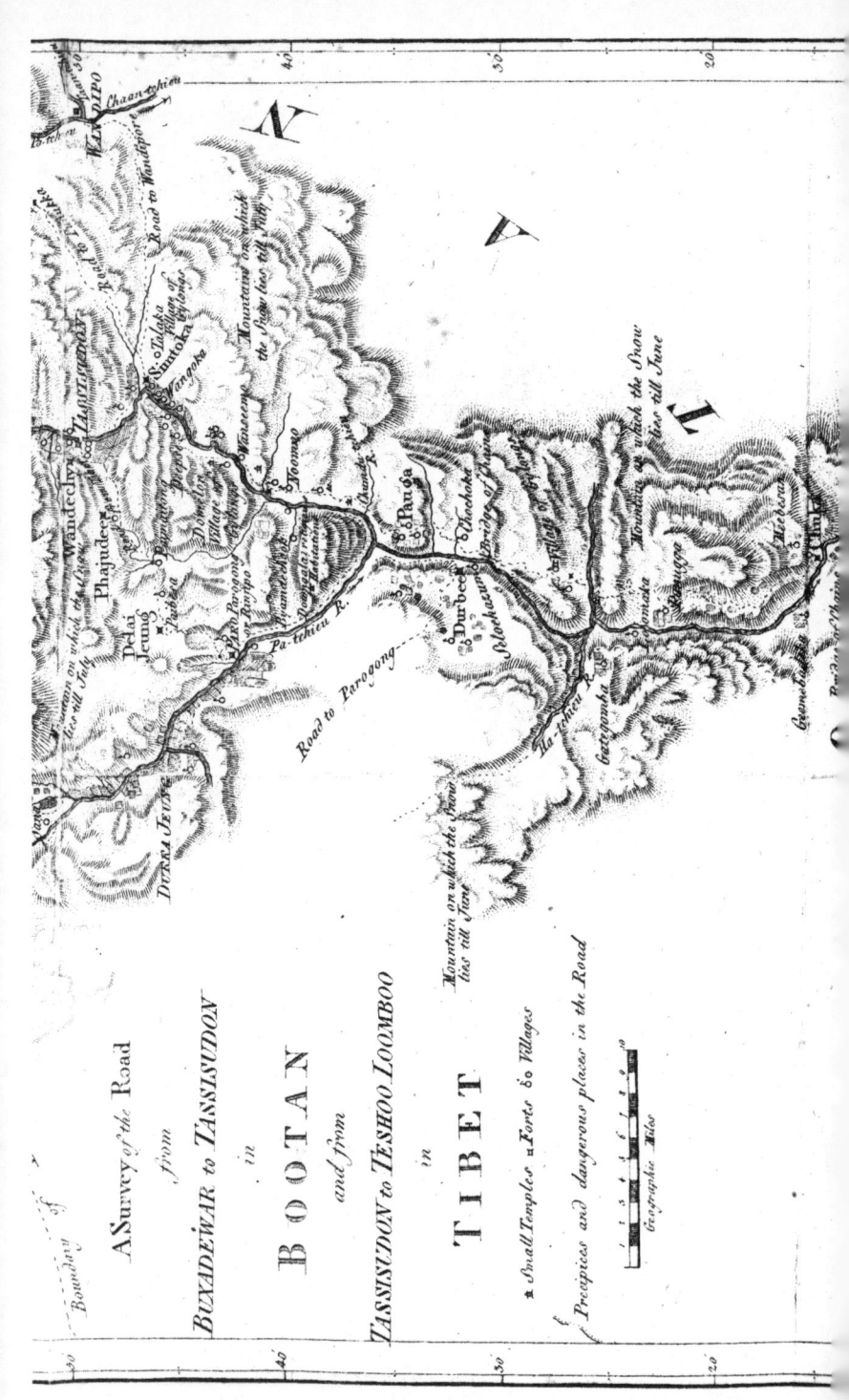

A Survey of the Road

from

BUXADEWAR to TANSISUDON

in

BOOTAN

and from

TANSISUDON to TESHOO LOOMBOO

in

TIBET

★ Small Temples ▪ Forts ○ Villages

Precipices and dangerous places in the Road

Geographic Miles

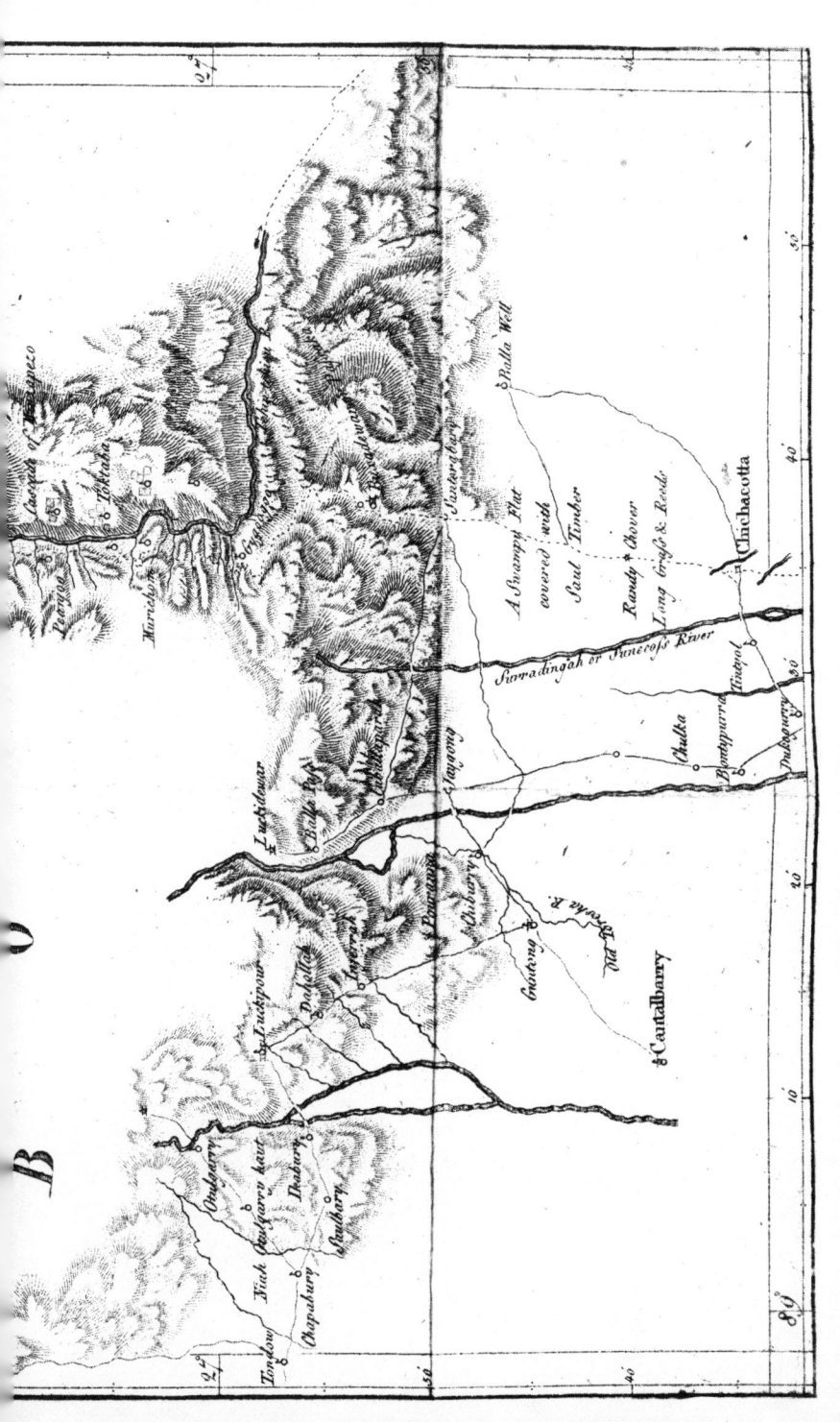